**A Experiência Balint:
História e Atualidade**

Dados Internacionais de Catalogação na Publicação (CIP)
(Câmara Brasileira do Livro, SP, Brasil)

A Experiência Balint: história e atualidade / estudos solicitados e coordenados por André Missenard a respeito de uma proposta de René Gelly; tradução Nelson da Silva Junior. — São Paulo: Casa do Psicólogo, 1994.

Bibliografia
ISBN 85-85141-35-2

1. Balint, Michaël 2. Psicanálise I. Balint, Michaël. II. Missenard, André. III. Gelly, René.

94-2310

CDD-616.8917

Índices para catálogo sistemático:
1. Psicanálise: Medicina 616.8917

Editor: Anna Elisa de Villemor Amaral Güntert

Capa: William Eduardo Nahme

Revisão: Sandra Rodrigues Garcia

Composição Gráfica: MCT — Produções Gráficas

Estudos Psicanalíticos
coleção dirigida por Latife Yazigi

A Experiência Balint: História e Atualidade

Estudos solicitados e coordenados por André Missenard a respeito de uma proposta de René Gelly

Tradução: **Nelson da Silva Junior**

Casa do Psicólogo®

Do original:
L'expérience Balint: histoire et actualité

© 1994 Casa do Psicólogo Livraria e Editora Ltda.

© 1982 Bordas, Paris.

Reservados os direitos de publicação em língua portuguesa à
Casa do Psicólogo Livraria e Editora Ltda.
Rua Alves Guimarães, 436 — CEP 05410-000 — São Paulo — SP
Fone (011) 852-4633   Fax (011) 64-5392

É proibida a reprodução total ou parcial desta publicação para qualquer finalidade, sem autorização por escrito dos editores.

Impresso no Brasil / *Printed in Brazil*

Prefácio

Grupo "Balint", trabalho "Balint", formação "Balint", movimento "Balint", não se carece de termos para designar a obra do autor e seus efeitos. Desde 1957, com a aparição de seu livro [1] na Grã-Bretanha, o nome de Michaël Balint, conhecido até então por renomados trabalhos psicanalíticos, está associado a pesquisas sobre o médico, o paciente e a medicina que, de modo crônico ou passageiro, os engloba.

Estas pesquisas nos informam que médicos detentores de responsabilidade clínica e terapêutica de pacientes podem, em colaboração com um psicanalista como M. Balint, adquirir uma compreensão nova a respeito de alguns desses pacientes e ampliar suas possibilidades terapêuticas.

O trabalho se realiza em grupo, a partir de casos clínicos relatados pelos médicos: um médico "em luta com" um paciente, para o qual a "ciência" se mostra insuficiente, faz o relato aos colegas e ao "líder" que se dedicam junto com ele ao estudo.

O método é novo na medicina, visto que não faz nada menos do que modificar a relação dos médicos com o saber médico, ao qual habitualmente se referem de modo exclusivo. Além disso, em certos casos pode-se estudar uma dimensão considerada freqüentemente como um resto indesejável, relativo à psique do paciente e à relação terapêutica. "Os pacientes que não têm nada" e que, contudo, retornam com insistência oferecem uma amostra, bem conhecida dos médicos.

A pesquisa de M. Balint foi empreendida em um momento — nos anos 50 — no qual um mal-estar era sentido por muitos médicos britânicos. Estes se viram expostos a

---

1 *O Médico, seu paciente e a doença*, tr. fr. de J.P. Valabrega, Paris, PUF, 1960

solicitações reiteradas de cuidados provenientes de pacientes funcionais inscritos em suas listas[2] e diante dos quais se sentiam impotentes. Foi uma época em que a medicina hospitalar estava em pleno progresso científico e tecnológico. Evocamos na França o "biombo" dos técnicos que se interpõe entre médico e pacientes. Chegou também o tempo em que as sociedades ocidentais manifestaram aspirações relativas a uma abordagem do que se denomina "problemas humanos". Alguns médicos estavam, assim, prontos para uma nova abordagem.

M. Balint, por sua vez, tinha experiência na formação de psicanalistas (através das supervisões) e de assistentes sociais, treinados a centrar sua reflexão no "cliente" e na sua relação com este. Ele propõe então aos médicos abordar com eles o estudo de sua prática, a partir de casos clínicos atuais e em grupo. O método — a pesquisa — mostrou-se prontamente capaz de dar uma formação aos médicos que se dedicaram efetivamente à experiência.

A proposta de M. Balint conheceu um inegável sucesso. Foi acolhida com imenso interesse por quantos tenham a responsabilidade de ensinar e cujo objetivo é ampliar o conjunto das possibilidades clínicas e terapêuticas dos generalistas. Em um momento oportuno, tomou um lugar original entre os métodos de formação então conhecidos, dos quais se distingue claramente, pois o grupo Balint não é um grupo para trocar experiências profissionais, nem tampouco um grupo de sensibilização às "relações humanas" e nem mesmo um lugar de descoberta e de apreensão de fenômenos transferenciais.

Os grupos Balint tampouco constituem uma aplicação particular do método de casos. Este é destinado a fornecer aos ensinamentos teóricos (gestão, economia, ciências humanas) um caráter concreto próximo da realidade profissional futura, da qual o estudante pode adquirir antecipadamente uma representação mais viva. Balint não visa nem sensibilizar nem informar os médicos.

Oferece uma possibilidade a generalistas cujo projeto profissional é curar, médicos que estão impedidos disto quando "racionalmente" nada deveria obstruí-los. Oferece-lhes uma possibilidade de submeterem seus "casos-problemas" a seus pares (que se vêem ante as mesmas responsabilidades e dificuldades) em colaboração com um psicanalista. O psicanalista mostra interesse e sensibilidade pela realidade profissional do médico, por seu desejo, por seu projeto.

Esta particularidade é importante. Ela é a garantia de que um duplo risco seja localizado e possivelmente evitado. O primeiro é o da "incorporação" da medicina pela psicanálise: este fantasma megalômano é representado por considerações que visam demonstrar que a medicina do futuro deveria se transformar e tornar-se a análise da "demanda" do paciente. O segundo risco é sustentado por um outro fantasma megalômano que se realiza no imperialismo científico da medicina. O psicanalista, por sua presença como tal, e não como psiquiatra, demonstra a possibilidade, para os médicos do grupo, de tomar distância com relação à ideologia da saúde, em que inevitavelmente se apóia a ação cotidiana destes.

---

2 Isto remete ao sistema nacional de saúde britânica, cuja instauração era recente.

Prefácio VII

A formação Balint, considerada sob este ângulo, pode talvez constituir o ponto de partida de uma reflexão sobre as modalidades de presença e de intervenção do psicanalista na formação de outras atividades profissionais diferentes da medicina. Nesta perspectiva, deve-se notar que, na situação posta em prática por M. Balint, as motivações, os objetivos, os alvos das pessoas da profissão guardam, aos olhos do psicanalista, seu relevo e densidade.

* * *

O início deste livro situa M. Balint no lugar em que sua pesquisa o coloca, "entre a psicanálise e a medicina" (A. Missenard).

R. Gelly faz um retorno à origem: expõe os pontos de vista teóricos de M. Balint, o vínculo com sua história e os destingue dos que são apoiados por colegas da Clínica Tavistoc de Londres, cujas referências teóricas derivam de W. Bion. O movimento Balint é, em seguida, discutido tal como se desenvolveu na Grã-Bretanha e na França.

A teoria e a prática da Clínica Tavistoc são, além disso, relatadas de modo detalhado em um artigo de R. Gosling e P. Turquet. É um texto a que M. Balint não teria dado anuência integral. Basta nos referir ao trabalho que publicou (*Revue de médecine psychosomatique*, 1946) retomado neste livro: o analista nunca tem que ensinar (o que fazem R. Gosling e P. Turquet, após um período inicial de trabalho dos médicos em grupo, tempo considerado suficiente e a que denominam "seminário"). O analista tampouco tem que intervir na dinâmica do grupo.

O cuidado que M. Balint tinha em "manter a coesão" do grupo era, a meu ver, seu modo de levar em consideração os fenômenos dinâmicos que nele se desenrolavam. A importância destes últimos, desde então, se confirmou amplamente. Parece interessante aproximar as duas diferentes maneiras de abordá-los e de os tratar.

M. Sapir retorna a esta questão com respeito ao "passado e ao futuro" do grupo Balint. Os grupos não são mais o que eram, em vista de sua evolução no tempo. O autor sublinha as diferenças e os questionamentos à luz de sua experiência de líder.

Os três textos que se seguem, textos de pesquisa, mostram como elaborações teóricas recentes se articulam com o trabalho Balint e continuam seu desenvolvimento.

Com M. Audras, J. Guyotat aplica ao funcionamento e aos efeitos dos grupos Balint as pesquisas que ele conduziu desde há vários anos sobre a filiação: o grupo Balint é um lugar de pesquisa e de requestionamento dos vínculos de filiação, tanto para os pacientes quanto para o médico em busca de novas referências, e até mesmo em busca de uma nova "mitologia".

Apoiando-se em ilustrações clínicas, E. Gillieron mostra como a terapia de família toma lugar nos grupos e como, em conseqüência, a função do generalista se transforma. "A modificação limitada, se bem que considerável" da personalidade do médico é, segundo M. Balint, uma possível resultante do grupo. Esta mudança é estudada através dos processos psíquicos que se desenvolvem nos grupos e através de uma teoria da organização da psique do médico (A. Missenard).

* * *

O desejo de R. Gelly de fazer conhecer os aspectos teóricos do movimento Balint e do trabalho de Gosling e de Turquet foi o ponto de partida deste livro, nascido da reunião das contribuições independentes dos autores. Entre estes, reconheceremos em M. Sapir e J. Guyotat dois daqueles que ocupam lugar marcante no movimento Balint na França.

Expresso meus agradecimentos a estes autores, assim como a R. Gelly, da Société Médicale Balint. Eles prolongam neste livro os encontros e as conversas que nosso investimento comum em psicanálise e medicina nos proporciona há mais de 20 anos.

Agradeço também a E. Gillieron por sua contribuição e a R. Gosling que nos autorizou reproduzir seu trabalho. Os co-diretores desta coleção, mais diretamente R. Kaes, e nosso editor também têm direito à nossa gratidão. Que eles encontrem aqui de bom grado sua expressão.

André Missenard

Índice

1. Entre Psicanálise e Medicina:
   Michaël Balint, André Missenard............................ 1
   A questão das relações da psicanálise e da medicina; a reserva dos psicanalistas com respeito às aplicações da análise; a reserva dos médicos com respeito à psicanálise: lugar e papel fundador de Michaël Balint no encontro entre médicos e psicanalistas; o trabalho em comum é possível com gerenciamentos específicos do quadro (o grupo) e ao se utilizar conceitos elaborados a partir da experiência clínica.

2. Psicanálise e Prática Médica, Michaël Balint............... 9
   I.   Os Psicanalistas e a Formação Psicoterapêutica dos Médicos ... 9
   II. O Psicanalista, Educador ou Líder de uma Equipe de Pesquisa? 11
   III. Exemplo de um Caso 14
   IV. Discussão 19

3. Aspectos Teóricos do Movimento Balint, René Gelly..... 23
   I.   As Idéias de Michaël Balint 24
      1. As relações de objeto primitivas 24
      Concepções de Melanie Klein e de Fairbairn; o amor primário de M. Balint: o mundo das substâncias e a harmoniosa mistura por interpenetração; o surgimento dos objetos; ocnófilos e filóbatos.

2. M. Balint e a técnica 26
A herança de Ferenczi e os contatos corporais; crítica da escola kleiniana; M. Balint e a psicoterapia; a psicoterapia focal; a psicoterapia na medicina; a consulta prolongada; o médico-medicamento; os dois sentidos do termo "psicoterapia"; a dupla prática; o tempo na medicina; o *flash*.

3. Balint e a formação 31
O método húngaro; a transferência na análise didática; a originalidade da relação médico-paciente; a modificação da personalidade; a dinâmica de grupo; as relações primitivas.

II. A Tavistock e os Tavistockianos 34

1. A Clínica Tavistock 34
Histórico; o *case-work*; Michaël Balint na Tavistock.

2. Quem foi W. R. Bion? 36
Elementos biográficos; psiquiatria de guerra e dinâmica dos pequenos grupos; comparação entre Balint e Bion.

3. O método Tavistock 37
A tarefa primária; o papel do líder; o processo de aquisição; o grupo de trabalho; relação médico-doente e relações sociais.

III. O Movimento Balint na Grã-Bretanha 39
A divergência; a declaração de independência; formação Balint e psicanálise; relações entre analistas-líderes e médicos-participantes; a pesquisa na Tavistock; os balintianos e a pesquisa.

IV. O Movimento Balint na França 43

1. J. A. Gendrot 44
Crítica da psicossomática; ambigüidade em relação à ortodoxia da psicanálise; a clivagem psicanálise/medicina.

2. M. Sapir 45
Psicanálise e psicossomática; a medicina de acompanhamento; a pesquisa; os problemas relacionais na medicina.

3. Outros líderes 47
V. Gachkel; P. Benoit; Ginette Raimbault; L. Israel; J. Guyotat; o grupo "Marignan".

4. A Sociedade Médica Balint 50
Inícios e desenvolvimento; a declaração de independência; um lugar de encontro.

Índice

V. Conclusão 51
A "falta básica" do movimento Balint; originalidade do pensamento de M. Balint; o movimento perpétuo.

4. A Formação dos Médicos Generalistas
R. Gosling e P. Turquet 53

I. A Tarefa Primária do Seminário 55
   1. A necessidade de manutenção por parte do médico de uma distância psicológica adequada entre ele e seus pacientes 56
   2. A necessidade do médico de aceitar a regressão dos pacientes 56

II. A Dinâmica de Grupo: Atividades Ligadas às Hipóteses de Base 59
   1. O grupo de hipóteses de base. 59
   2. O grupo de trabalho 60
   3. Hipótese de base de dependência. 61
   4. Hipótese de base luta e fuga 62
   5. Hipótese de base acasalamento 63
   6. O papel do líder 65

III. O Papel do Líder no Seminário 67
   1. O líder como especialista 68
   2. O líder na função de fronteira 69
   3. O líder como fonte de previsões 70
   4. O líder como expressão de um modelo 70
   5. O líder como professor 71
   6. O líder na função de escuta 72

IV. O Médico Relator e o Grupo 73
As necessidades do médico; a influência do paciente no seminário; analogia com o sonho.

V. A Transferência e sua Interpretação 75

VI. O Modelo 83
   1. Por que um modelo? 83
   A necessidade de um modelo; a escuta do líder; o papel de consultante; a condução da discussão; as catamneses.

2. O médico generalista e seu fantasma 87
A vivência do médico na relação médico-paciente; a técnica do líder

3. A utilização do "aqui e agora"................................. 87
A regressão do paciente e do médico; os limites; papel da teoria.

VII. A Utilização do Grupo para a Aquisição de Capacidades....... 89

1. A vida de um grupo... 89
Fase de dependência; depressão; as mudanças.

2. Por que um grupo?... 90
O saber público; a crítica do líder; variedade dos pontos de vista; disponibilidade do líder; as intervenções do líder; outras vantagens do grupo.

3. A aquisição de capacidades.................................... 92
   3.1. Ensino direto.. 93
   3.2. Introjeção do modelo 93
   3.3. As repercussões terapêuticas 95

VIII. Problemas de Organização 96

1. A unidade de formação 96
   1.1. A mudança de seminário.................................. 96
   1.2. A duração da formação................................... 98
   1.3. Término 99
   1.4. As sessões de despedida................................... 99
   1.5. O seminário de manutenção................................ 100
   1.6. Número de casos discutidos em uma sessão 100
   1.7. Programa de conferências 101
   1.8. As reuniões de líderes de seminários 101

2. Implicações para a clínica..................................... 102
   2.1. Ganhos do doente 102
   2.2. Ganhos do médico 103
   2.3. Ganhos da clínica.. 104
   2.4. Ganhos da medicina...................................... 106
   2.5. A descoberta de uma nova linguagem 106

IX. Conclusão... 107

Índice   XIII

5. O Grupo Balint, Passado e Futuro, Michel Sapir 109

I. O Grupo Balint 111

    A herança mantida; a clínica do grupo Balint; os eventuais perigos; as escolhas a evitar; o apresentador, seu paciente e o grupo; a filiação dos casos; a dinâmica de grupo; o peso da medicina.

II. Grupo e Identidade 114

    A evolução da identidade do estudante; a ausência de filiação na medicina científica; a identidade do médico hospitalar, e a do clínico; o que é didático em um grupo Balint? O método dos casos e o modelo.

III. A Modificação é Limitada? 117

    A modificação é limitada ao plano profissional? O conflito Freud-Ferenczi; rigor, repetição, mudança; a regressão: seus riscos; a evolução que conduz ao *flash*; a medicina de acompanhamento.

IV. Ainda a Modificação 119

    Os estereótipos do agir médico; modelo médico e orfandade balintiana no nível dos médicos e dos coordenadores

V. Dinâmica de Grupo e Grupos Heterocentrados 120

    A concorrência das idéias e das clientelas no passado recente; oscilações entre tarefa e hipótese de base; a noção de possessão para o médico; podemos definir o papel do coordenador?

VI. O Médico Hoje 122

    A curiosidade, o domínio do saber, a erotização da guerra contra a doença; as atitudes contrafóbicas e as investigações; a culpa; a dependência diante da Mãe-Medicina.

VII. Efeitos Psicoterapêuticos 124

    Relação edípica pressentida, mas não interpretada; relação inconsciente do grupo com os coordenadores; as resistências; a colocação à prova dos coordenadores.

VIII. Após o Grupo Balint 125

    Sem perfil específico; soluções diversas; evolução desde há vinte anos; as falsas psicoterapias; a psicologização.

IX. Por que, como se chega a um Grupo Balint? 127
> Seleção ou não? Como se chega a um grupo Balint? Os doentes da medicina.

X. As Derivações do Grupo Balint............................ 128
> O funcionamento sem analista; os grupos Balint ao longo dos estudos; dificuldade da coordenação; os grupos de casos com temas; os seminários descontínuos com o acréscimo de outras técnicas, etc.

XI. Medicina e Grupo Balint 130
> Mãe-Medicina e Mãe-Saúde; a prevenção; o mito e sua propagação; o aspecto sociológico; o grupo Balint pode se dirigir ao conjunto do corpo médico?

XII. Sobre alguns Objetivos do Grupo Balint 132
> O grupo sobre histeria; o diagnóstico global: seu engodo; a psicoterapia específica do médico; signo e sintoma; ser heterogêneo.

6. Problemas de Filiação nos Grupos Balint
J. Guyotat e M. Audras de la Bastie......................... 135

I. Casos de Filiação relatados nos Grupos Balint 137
> A relação médico-paciente e a transmissibilidade psíquica particular que ela causa; leitura de nível pulsional e de nível narcísico nos casos de filiação relatados; exaltação do pensamento mágico: relato do caso como alegoria; os rituais mágicos na prática médica como evocação da origem e da filiação.

II. Os dois Eixos do Vínculo de Filiação 139
> 1. A Filiação Instituída 140
> O médico como elo da filiação instituída do paciente
>
> 2. A Filiação Narcísica 141
> Mitologia e filiação narcísica; as marcas (estigmas) no corpo da filiação; a filiação de corpo a corpo e o originário; aparelho psíquico grupal e aparelho psíquico genealógico; desejo de cuidar primário e vínculo de filiação narcísica: um exemplo clínico; grupo Balint. Local de uma mudança de filiação e sentimento de falta; imaginário e realidade na psicoterapia do médico; câncer-segredo-magia e corpo desunido.

Índice XV

III. Síntese 147
Os casos relatados como romance das origens; etiologia e faltas originais; filiação do paciente e filiação médica: um exemplo clínico.

IV. Conclusão 151

7. Grupo Balint e Terapia Familiar, Edmond Gilliéron..... 153

I. Elementos Teóricos 153

1. Introdução 153
Medicina geral, famílias e distúrbios funcionais; função pedagógica do grupo Balint?

2. A família do paciente em clínica geral 154
Duas pesquisas: influência da doença sobre o equilíbrio familiar; funções da família — dinâmica da família (interações) e doença — disfunções da família.

3. Abordagem teórica 156
Relações interpessoais e manifestações somáticas individuais — o "corpo grupal" — conflitos — símbolos — somatizações — demanda latente do grupo familiar.

II. Aspectos Clínicos..................................... 158

1. Consultas repetidas — homeostase — mudança — ruptura.......... 158
Comportamentos do médico: uma pesquisa; caso da "Bela da Tarde — Bela da Noite"; discussão: dualismo do sintoma: abertura ou resistência?; caso da "Mulher Abandonada"; discussão: exames repetidos — homeostase — interpretação — ruptura.

2. Primeiras consultas e consultas de urgência 162
Consulta médica e homeostase — o médico cúmplice da família — urgências médicas e crises: uma pesquisa; caso da "Mãe com o filho não disponível"; discussão: interação e mentalização — considerações terapêuticas gerais — exemplo de aplicação.

3. Consultas em casal e ruptura de homeostase (tática de intervenção) 165
Caso nº 4: "O Marido previdente, o bom e o mau médico"; discussão: da utilidade de fracassar para ter sucesso.

4. Influência da família do doente sobre a família do médico 168
Caso nº 5: "A família desunida" (consultas em cadeia) e o "médico-continente".

5. Conclusões.. 169

8. Médicos se formam (Ensaio sobre o processo
psíquico nos grupos Balint), André Missenard 171

    I.   Modo de Abordagem. 171
    II.   Constituição do Grupo e Motivações 172
    III. O Caso e o Relator do Caso 173
    IV. O Funcionamento do Grupo e seus Efeitos 176
    V.   Funções do Líder 178
    VI. Trabalho do Grupo Balint e Personalidade
         Profissional do Médico. 180
    VII. Resistência à Mudança na Formação Balint 183

Bibliografia 187

1 Entre Psicanálise e Medicina: Michaël Balint

A. Missenard

Por muitos anos, ainda vigentes para alguns, as relações entre a psicanálise e a medicina foram ao mesmo tempo difíceis e inevitáveis. No umbral deste livro, produção coletiva centrada no trabalho Balint, expressão esta que designa tanto a obra quanto os efeitos a que ela deu origem, eu gostaria de retomar a abordagem de suas relações conflitivas. Isto permitirá talvez compreender como M. Balint pôde intervir nesta área de encontro, onde, com certeza, não lhe havia sido reservado um lugar.

A questão das relações entre a psicanálise e a medicina foi debatida por muito tempo pela comunidade psicanalítica[1] sem resultar em posições uniformemente admitidas pelo conjunto dos analistas. Isto é demonstrado hoje pela diversidade dos cursos de formação de analistas, assim como pelo conjunto dos títulos geralmente requeridos para se tornar analista, conforme cada país. A medicina ocupa por vezes um lugar principal, mas nem sempre.

Basta observar aí os numerosos médicos que chegaram mais tarde à análise para constatarmos a distância que se criou entre duas práticas sucessivas: o tratamento de uma "doença" denominada neurose só pode ser psicanaliticamente considerado ao darmos sentidos diversos dos da medicina[2] ao "tratamento" e à "doença". O médico espera —

---

1 S. Freud, ver também E. Jones, *A Vida e Obra de Freud*, vol. 3, 1953, tr. fr., Paris, PUF, pp. 327-343.
2 Estas observações são de J.L.Donnet, "Psychanalyse et médecine", em *La Psychanalyse,* col. "Le point de la question", Paris, S.G.P.P., 1969. Diversos elementos de seu trabalho se encontram na primeira parte deste artigo.

faço aqui uma esquematização — de seu paciente que se submeta a seus regulamentos, justamente o que o analista não espera de quem se analisa com ele.

Além disso, o restabelecimento da saúde perdida, que é considerada um bem, é o objetivo do ato médico, ato que o analista não pode subscrever inteiramente. Com efeito, por vezes lhe parece que determinado sintoma, motivo de uma demanda de tratamento, é indicador de um modo de funcionamento, que é preferível não colocar em questão novamente. Por outro lado, se a atividade médica, através da cura, visa fazer o sintoma desaparecer pela terapêutica, tal não ocorre na análise. Aqui, o efeito não negligenciável e satisfatório de algumas análises se situa, por exemplo, em uma nova relação do sujeito consigo mesmo, com sua história, e mesmo com seus problemas, sem que, necessariamente, os sintomas tenham desaparecido.

Desde a era anatomoclínica, o médico se esforça para localizar os sinais que "objetivam" a lesão ou a disfunção do paciente. O analista, é claro, leva em consideração as particularidades clínicas que caracterizam o candidato e dão forma à sua demanda, mas também trabalha com suas reações pessoais, com os movimentos conflituais e com as modalidades associativas que o paciente provoca nele. O "material" da "transferência-contratransferência" com que opera é precisamente aquele do qual se espera que o médico esteja distante. O médico centra-se no ato de cuidar, o analista, na condução do tratamento. Ambos têm sua ética própria.

Diferenças teóricas se somam a estas diferenças predominantemente clínicas. A formação dos analistas deve estar aberta ao conjunto das ciências humanas: "a instrução médica se faz bem ao contrário do que convém ao analista", sustentava Freud em 1925. Nesta data, Freud teme que a psicanálise seja reduzida a uma forma de tratamento entre as outras, e que se veja privada de sua essência: "A terapêutica das neuroses é apenas uma das aplicações da psicanálise; talvez o futuro mostre não ser ela a mais importante."

Devemos portanto manter a distância entre a psicanálise e a medicina. Esta separação é tanto mais necessária quanto o fato de a psicanálise só poder prosseguir em seu desenvolvimento através da relação com os pacientes e num incessante vaivém entre a clínica e a teoria. Relação inevitável e carregada de perigos: vemo-lo através da experiência americana, quando a análise recuperada pela psiquiatria se tornou uma questão de adaptação ao *american way of life* que Lacan (1966) iria denunciar vigorosamente. Vemo-lo através da tendência biologizante que se evidenciou por um curto período na história da psicanálise.

Além disso, todos os dias, cada analista, médico ou não, é solicitado, na instituição ou alhures, a se tornar terapeuta: psicoterapias analíticas, psicodramas e outras formas de trabalho terapêutico são indispensáveis a inúmeros pacientes. Aqui também há um perigo: as adaptações do tratamento, as disposições empíricas sistemáticas, o uso preferencial de pontos isolados do conjunto do corpo teórico comportam o risco de que o analista, ao se tornar terapeuta, seja invadido pelo "fantasma do curandeiro todo-poderoso" (J. L. Donnet

Entre Psicanálise e Medicina: Michaël Balint 3

op. cit.). A distância deve ser afirmada, ressaltada e mantida: o analista só pode ser um psicoterapeuta analítico se, paralelamente, continuar analista.

* * *

Quanto ao mais, S. Freud (1926) não era contrário à extensão da análise para além de seu campo de origem. Pelo contrário, suas tomadas de posição em relação à medicina não indicavam uma recusa de aplicar a análise a esta última, fora do domínio da psiquiatria. Freqüentemente esquecemos o considerável número de trabalhos seus dedicados à psicanálise aplicada. Entre 1901 e 1919, período da vida de Freud estudado no volume II da biografia de E. Jones (1955), trinta artigos ou livros tratam das suas aplicações à criação literária ou artística, à civilização, à cultura, à religião e à antropologia.

São sobretudo os analistas contemporâneos que demonstram reservas diante deste tipo de pesquisas.[3] Podemos nos perguntar as razões disto:

a) Em nossa época a psicanálise se encontra em todos os domínios do saber e da cultura. Sua difusão não concerne mais aos analistas. Sentir-se-iam estes, a este respeito, com um "dever de reserva"?

b) Alguns, a propósito, sustentam que a psicanálise, nascida da prática de tratamento no divã, não poderia, fora desta situação, conservar o necessário rigor. Não teria que se aventurar para além do lugar onde nasceu, ao preço de se perder. Podemos ilustrar isto com as observações formuladas acima a respeito do destino da psicanálise recuperada pela psiquiatria, nos Estados Unidos, da qual Woody Allen nos dá interpretações humorísticas (existem outras, infelizmente, piores).

c) Há algumas décadas a evolução da psicanálise se fazia no sentido de um distanciamento, e mesmo de uma ignorância para alguns, dos textos fundadores. J.Lacan, não sem razão, pôde empreender assim um trabalho de retorno ao Freud das primeiras descobertas, e, ao mesmo tempo, dar aos analistas uma possibilidade de tomada de distância ante uma prática e uma teoria impregnadas, com o tempo e apesar de Freud, de um pensamento médico e terapêutico. Retorno a Freud que, apesar dos avatares de sua história, marcou integralmente a psicanálise na França.

Desde então, ao longo deste período, não seria difícil para os analistas uma incursão para além do campo do tratamento?

Do lado dos médicos, a perspectiva de uma aproximação entre a psicanálise e a medicina encontra um contexto profissional que interfere em suas possibilidades de evolução. O "discurso científico" (J. Clavreul, 1978) que constitui o ponto de referência atual da medicina é um desses aspectos: constitui um obstáculo importante, mas certamente superável. É, contudo, mantido pelo modo atual de recrutamento e seleção, cientí-

---

3 Existem trabalhos de psicanálise aplicada, mas são, proporcionalmente, em menor número.

fica, dos estudantes. Ele é mantido também por um certo poder do corpo médico, correlato da ideologia da saúde, e de que os médicos estão igualmente impregnados. A ciência aqui tem não somente valor intrínseco, graças ao qual a medicina fez progressos consideráveis, mas também a função de evitar aproximações da fantasmática relacional que reúne médico e paciente e a cujo respeito a psicanálise pode trazer uma clarificação (em condições favoravelmente preparadas para este objetivo).

Uma evolução, contudo, se evidencia discretamente. As mudanças da sociedade, de seus ideais, de suas representações da autoridade são igualmente sensíveis no mundo médico. As demandas que sustentam os comportamentos dos pacientes e as "respostas" que esperam já não são as mesmas, pelo menos em certos casos. A sensibilidade dos estudantes evoluiu e experiências como as de Guyotat em Lyon[4] ou as de Bobigny (realizadas por um "cientista", o decano Cornillot)[5] encontram eco em um número importante de estudantes. Tais propostas de formação não seriam imagináveis há vinte e cinco ou trinta anos, e, sem dúvida, não teriam tido nenhum sucesso.

* * *

Há trinta anos M. Balint iniciou seus primeiros trabalhos com grupos de médicos. Há vinte e cinco anos publicou "*O médico, seu paciente e a doença*". Este livro é o primeiro de uma série de trabalhos que tratam de medicina, e onde o autor, psicanalista, abre, nas relações entre a psicanálise e a medicina uma etapa decisiva. Examinemos rapidamente qual foi a contribuição de M. Balint neste campo.

No artigo de R. Gelly, encontraremos especificadas as particularidades da história de M. Balint, e as condições nas quais empreendeu o trabalho com os médicos. Aqui sublinharei apenas que o quadro instituído por M. Balint na Clínica Tavistock é próprio de uma pesquisa: médicos e líder são todos pesquisadores. O domínio de sua investigação comum é a clínica dos casos contra os quais os generalistas se chocam, por razões que lhes escapam e que podem ser psicológicas. Constatemos aqui a verdadeira revolução que é então realizada: em vez de instituir de antemão um saber prévio sobre a psicologia e sobre as relações, que responderia às interrogações e ao "não-saber" dos participantes, M. Balint institui o não-saber e o questionamento como base comum de funcionamento para o grupo. Ele próprio rejeita a posição de mestre.

Psicanalistas e médicos podem se encontrar em condições novas. Têm um projeto de trabalho, a respeito de um objeto investido por todos — o caso clínico relatado — e, na atividade comum, é reconhecida a especificidade de cada um.

---

4 Inúmeras realizações foram feitas desde então. Um balanço exaustivo delas é difícil. Citemos principalmente: J.M.Alby, G.Darcourt, L.Israël, M.Laxenaire.

5 Cf. o trabalho recente de A.M. Reynolds e de L. Velluet, "Quelques difficultés rencontrées dans la pratique de l'enseignement de la médecine générale en petit groupe", U.E.R. Bobigny (48 p. dat.), 1980.

Entre Psicanálise e Medicina: Michaël Balint

Os efeitos desta disposição aparecem em toda a obra de Balint, naquilo que denominarei seu reverso médico. Não temos aqui que fornecer uma lista destes. Apontemos apenas seu caráter progressivo, evolutivo. Partindo da ampliação do diagnóstico, do diagnóstico "aprofundado", das reações emocionais do médico e de suas possibilidades psicoterápicas particulares (ligadas ao fato de cuidar do corpo), Balint é conduzido, em seus últimos anos, à pesquisa sobre o *flash*. O *flash* é o fenômeno que ocorre entre o médico e alguns pacientes: com uma espécie de relâmpago, em pouco tempo, ocorre em sua relação algo de muito particular e importante, que depois da "droga-doutor" proporciona seu mais positivo efeito. Creio que o médico que pode localizar, em um trabalho em grupo, este modo de relação que lhe é específico, dispõe de uma possibilidade terapêutica nova. Talvez pudéssemos estudar o *flash* de um ponto de vista psicanalítico. Mas é pouco provável que o médico tirasse qualquer benefício disto. Por outro lado, creio que somente um trabalho com um analista pode fazer certos médicos tomarem consciência desta disposição que se acrescenta às suas capacidades terapêuticas. Estas observações encontram lugar na questão das relações psicanalista-médico.

Os efeitos da colaboração de M. Balint e de seus grupos devem ser aqui examinados no âmbito da medicina e da psicanálise. A modificação da medicina se deve à revelação de um aspecto essencial até então ignorado (ou rejeitado) do trabalho do generalista, aspecto específico, contudo, e que concerne tanto à função do médico quanto à sua pessoa. A função do generalista é completada a partir daí por conhecimentos novos: o diagnóstico aprofundado, a função apostólica, o *flash*, etc. Mas sua função também se esclarece pela descoberta de que as reações pessoais do médico, consideradas parasitas (que cada um "metaboliza" como pode) são fatores essenciais da função terapêutica e que se o desejarem, os médicos podem descobri-lo, em grupo, e adquirirem a experiência a respeito do assunto.[6]

Do lado do analista, as modificações trazidas por Balint dizem respeito às condições de intervenção do analista. M. Balint cria uma situação sem divã, plural e não dual, centrada em casos clínicos e não deixada ao acaso das associações do paciente. É aqui que, como psicanalista, se coloca à escuta:

- Não sem precauções, pois o objetivo aqui não é o tratamento, mas a iluminação dos obstáculos relacionais que tornam o exercício da arte médica difícil. Isto implica um mínimo de aceitação, senão de partilhamento da *ideologia da saúde*, com os médicos. Também implica o cuidado rigorosamente analítico de não intervir no "material" relatado a não ser se for pertinente e oportuno fazê-lo, isto é, sobre o material que estiver em relação com o procedimento profissional dos participantes, vindos ao grupo por motivos profissionais.

---

6 N. Ben Said (1974-1981) demonstra isto em duas obras da evolução de sua prática médica como generalista após sua experiência em um grupo Balint com V. Gaschkel.

- Para tanto elaborou novos conceitos. Na teoria das *três zonas do psiquismo* (Balint, 1969) após considerar o conflito edipiano (triangular) e a falta básica (em que tem importância apenas uma das duas pessoas envolvidas) propõe a teoria da criação. Aí não existe relação, objeto, transferência, mas dela procedem, além da criação artística, "as fases precoces" de entrada na "doença" — física ou psíquica — e a cura espontânea da "doença".

Porque as regulagens — o termo é fraco — das condições de funcionamento do analista foram aceitas? Porque Balint não foi considerado um dissidente distante "do tratamento puro", mas sim um inovador?

Razões para isto não faltam. Nos últimos trinta anos, a área do tratamento analítico se estendeu a problemas clínicos além das neuroses. O interesse se orientou para casos-limites, estruturas narcísicas, depressões latentes, os casos *borderline*, as pré-psicoses, cuja abordagem freqüentemente não pode ser feita através do tratamento "clássico". Outros analistas, paralelamente a Balint, que com os médicos exploram a área da doença, aprofundaram o funcionamento psíquico dos psicóticos e mencionam modificações necessárias para o tratamento. O próprio Balint se situa ao lado de W. R. Bion, opondo o "continente e o conteúdo" de M. Khan, propondo o "escudo protetor", de Spitz "o mediador do meio", de M. Mahler a "matriz extra-uterina", de M.Little a "unidade fundamental".

Surgiu a necessidade de individualizar o *quadro psicanalítico*, isto é, o conjunto das constantes do tratamento: lugar, horários, repetição das sessões, regras, contrato analítico. Para os analisandos, o quadro é o lugar de projeção das partes arcaicas da psique. Alguns pacientes, em certos momentos do tratamento, colocam de novo em questão estes dados constantes, como se devessem refazer em suas análises a experiência de uma instabilidade, de uma "não-constância" inaugural em sua história. M. Balint considera que o analista é levado a aceitar o que a seus olhos é uma regressão a este nível de funcionamento da psique para que uma "renovação" (termo de Balint) se torne possível.

As modificações do quadro nas quais o analista às vezes trabalha são inúmeras: não estão todas reunidas neste termo. O *setting* analítico, evocado por Winnicott, diz respeito ao quadro, conceito que é utilizado por Bleger, Green e Donnet. Um trabalho analítico atualmente é compatível, para muitos autores, com um quadro modificado. Este é freqüentemente o caso das psicoterapias analíticas. Para R. Kaës (1980) o "dispositivo" no qual se colocam o analista e aquele (ou aqueles) que fala (m), não põe em movimento as mesmas partes do aparelho psíquico. O trabalho não é impossível, é apenas diferente, considerando-se ainda analítico. Quanto a mim, assinalei que as organizações psíquicas arcaicas, onde "a identificação e a relação de objeto são difíceis de serem distinguidas uma da outra" (S. Freud), onde as identificações e o narcisismo primário são prevalentes, põem-se em movimento nos grupos.

Ao aceitar novos tipos de pacientes para novas práticas, em novos quadros, o psicanalista corre certos perigos: o "manejo" da transferência pode ser ameaçado de manipulação, e um novo dispositivo pode nos fazer temer, por exemplo, que a "onipotência do curandeiro" se torne lei. Só temos as balisas da teoria para nos manter no caminho. Na medida em que o inovador demonstrar a exatidão de suas elaborações teóricas, suas inovações se tornarão aceitáveis.[7]

A este respeito, as diferentes organizações que M. Balint propõe aos grupos de médicos para o tratamento de pacientes em estado de "regressão grave" são baseadas em elaborações teóricas articuladas entre si, assim como com a teoria freudiana. Às três "zonas do espírito" correspondem conceitos e "dispositivos" específicos: a zona dos conflitos edípicos teorizada por Freud pode ser abordada pelo tratamento; a zona da "falta básica", que causa efeitos de regressão grave no tratamento, necessita de uma modificação da atitude do analista; a zona "da criação", na qual a doença nasce, é aquela em que o médico intervém por vezes como especialista, mas principalmente se quiser se preparar com um analista, para tornar-se psicoterapeuta não comparável a qualquer outro, visto que ele cuida do corpo.

Podemos não estar de acordo com todas as propostas teóricas de M. Balint, com sua teoria do amor primário, com sua crítica do narcisismo e seu repúdio do sadismo primário. Mas não podemos desprezar sua contribuição. Ele deu à medicina uma possibilidade de renovar-se — de fazer uma revolução? —, ampliando a teoria analítica e as possibilidades de trabalho do analista. Desta maneira, de modo algum desconsiderou a distância necessária entre a psicanálise e a medicina. O médico pode mudar ininterruptamente sem deixar de ser médico, o psicanalista pode trabalhar de modos diferentes sem deixar de ser analista,[8] sem perder sua especificidade, entendendo com isto, de acordo com Pontalis, sua função de desvelar (acrescento: "com discernimento") os efeitos do inconsciente.

---

[7] Gostaríamos de nos referir, sobre o tema da inovação em psicanálise, ao texto de G. Rosolato, "La Psychanalyse transgressive", Topique, 26, 55-83.

[8] Enid Balint (1976) por sua vez, coloca a questão das relações entre médicos e psicanalistas nos seguintes termos: "Como o psicanalista pode ser utilizado?"

2 Psicanálise e Prática Médica[1]

M. Balint

I. Os Psicanalistas e a Formação Psicoterapêutica dos Médicos

Nos últimos anos, a formação do clínico geral, assim como de especialistas não-psiquiatras em psiquiatria e nos métodos psicoterapêuticos tornou-se uma questão pública de certa importância. A mudança surgiu quando compreendemos que um grande número de pessoas que demandavam uma intervenção cirúrgica ou médica, na verdade, sofria de problemas afetivos. Oferecer-lhes um tratamento cirúrgico ou médico mostrou-se ineficaz e inútil, um gasto de dinheiro, de tempo e de energia que freqüentemente se revelou provir de uma grave negligência ou mesmo de crueldade.

Freud foi um dos primeiros a prever este desenvolvimento. Em sua comunicação no Congresso de Budapeste, em 1918, previu que viria o tempo em que a sociedade iria ter que aceitar que a pessoa teria o mesmo direito a uma ajuda para o sofrimento neurótico ou afetivo quanto o que tem para as doenças orgânicas. Atualmente, em todo o Ocidente, e particularmente nos Estados Unidos, os cofres públicos destinam somas importantes, seja sob a forma de bolsas aos não-psiquiatras, especialmente aos clínicos gerais, a fim de levá-los a se formar em psiquiatria, ou organizando cursos para o ensino de uma forma qualquer de psicoterapia para aqueles que querem ficar em sua especialidade.

---

1 Este texto corresponde a duas conferências feitas, a primeira no Instituto de Psicanálise de Chicago, em 9 de outubro de 1964, a segunda por ocasião do 25º aniversário do Instituto de Psicanálise de Melbourne. A tradução francesa foi publicada na *Revue de médecine psychosomatique*, tomo 9, (1967) número 4, pp. 243-257.

Vemos aqui uma questão importante. Nós, analistas, iremos aceitar qualquer responsabilidade neste domínio? Em caso positivo, que forma de responsabilidade? Ou iremos nos manter a distância? Como a resposta para a questão é muito complexa e entremeada de dificuldades, vale a pena lembrar que já encontramos problemas semelhantes em duas ocasiões anteriores, e que nestas o movimento psicanalítico forneceu duas respostas diametralmente opostas.

A primeira ocasião ocorreu no início dos anos 20. A questão era a seguinte: nós, analistas, devemos aceitar responsabilidades no desenvolvimento de técnicas de psicoterapia infantil? A resposta foi um "sim" sem restrições, e o resultado da decisão foi o desenvolvimento da análise de crianças, real motivo de orgulho para nós assim como um grande incentivo para o desenvolvimento de nossas teorias e técnicas.

A outra ocasião ocorreu na segunda metade dos anos 40, quando a questão era a seguinte: nós, analistas, devemos aceitar qualquer responsabilidade no que diz respeito ao desenvolvimento de técnicas destinadas à psicoterapia de grupo? A resposta foi um "não" hesitante, devido a que a terapia de grupo e a psicanálise se desenvolveram, em grande parte, independentemente, com grande prejuízo para ambas.

Talvez valha a pena sublinhar que, apesar destas duas respostas diametralmente opostas, havia muitas semelhanças entre as duas situações. Poderíamos considerar que a análise de crianças se origina na via aberta por Freud nos *Três ensaios* e no *Pequeno Hans*, validando inicialmente suas descobertas e, em seguida, ampliando-as e desenvolvendo-as. Poderíamos argumentar que a situação era semelhante para a terapia de grupo, podendo-se considerar que sua origem a partir da via aberta por Freud em *Luto e Melancolia* e *Psicologia das Massas* e acima de tudo em *Psicologia de Grupo e Análise do Ego*, com o objetivo de validar, inicialmente, a idéias ali expressas e, em seguida, de ampliá-las e de desenvolvê-las. Um interessante estudo psicológico e histórico poderia ser a pesquisa das razões pelas quais, no primeiro caso, a resposta foi "sim" e, no segundo, "não".

Atualmente, nos anos 60 — eu não sei realmente se os ciclos de dez anos têm uma significação profunda ou se se trata apenas de coincidências — encontramos uma questão análoga: nós, analistas, devemos aceitar qualquer responsabilidade na prática médica? Apresso-me em acrescentar que, aqui também, nos engajamos na via aberta por Freud, por exemplo, nesta frase freqüentemente citada: "O Ego é antes de tudo um Ego corporal.", de modo a validar, em princípio, esta idéia, e, em seguida, desenvolvê-la.

Ao examinar a opinião pública da psicanálise hoje, tal como é expressa em comunicações de diferentes sociedades, e publicada em nossos periódicos, é impossível prever qual será a resposta. Na verdade, a conversão — esse "misterioso salto no orgânico" — é um dos conceitos analíticos mais antigos e sempre dos mais atraentes. Por outro lado, as novas psicologias do Ego dedicaram-se sobretudo às relações normais ou alteradas entre o Ego e suas diversas funções, negligenciando em maior ou menor grau os processos que podem levar a um funcionamento patológico do corpo. É verdade que as idéias a respeito das relações psicossomáticas, desde os grandes pioneiros neste domínio — Ferenczi, Jellife e Groddeck — sempre despertaram simpatia em nossas fileiras, mas este interesse

Psicanálise e Prática Médica 11

permaneceu limitado a casos isolados, e o pensamento psicossomático jamais se tornou parte integrante da teoria psicanalítica, como, por exemplo, a análise de crianças.

Tal como o demonstra este breve exame, a decisão de tomar ou não parte no desenvolvimento de técnicas psicoterapêuticas específicas, destinadas à prática médica, será uma decisão difícil. Além do mais, isto irá implicar uma decisão a respeito do futuro de nossa atitude de interesse benevolente, porém não engajado, em relação às condições patológicas do corpo, o que não é uma decisão fácil. Há muitos outros problemas, ao mesmo tempo internos e externos, que devem ser reconhecidos antes que qualquer decisão possa ser tomada. Eu não posso nem mesmo tentar desemaranhá-los nesta curta comunição. A única coisa que posso fazer é escolher um destes problemas e submetê-lo aos leitores. Escolhi a questão dos papéis, que, como analistas, podemos considerar nesta nova área de formação, e o que significaria aceitar um ou outro papel.

Até o ponto em que conheço a situação, dois papéis bastante diferentes nos são oferecidos. O primeiro está implicado no tipo de projetos de "formação" descrito por frases tais como : "Educação pós-universitária em psiquiatria e psicoterapia para clínicos gerais e especialistas não-psiquiatras". Se entrarmos neste campo com esta bandeira, nosso papel será o de "educador". Este tipo de formação, muito freqüente nos Estados Unidos, foi tentado com sucesso desigual também no Reino Unido. Outro tipo de formação, desenvolvido por mim em Londres, foi descrito por uma frase empregada desde o início: "Seminário de discussão a respeito dos problemas psicológicos na prática médica." Nosso papel neste contexto é o de líder de uma equipe de pesquisa.

Estes dois papéis são fundamentalmente diferentes. A seguir, procurarei discutir as conseqüências que provêm do fato de adotarmos um ou outro papel.

II. O Psicanalista, Educador ou Líder de uma Equipe de Pesquisa?

Comecemos examinando a primeira destas duas hipóteses. Devo, antes de mais nada, reconhecer que não tenho um conhecimento de primeira mão deste tipo de formação porque tudo o que dela vi, deixou-me, sobretudo, em alerta. Conseqüentemente, tudo o que direi a respeito da matéria repousa no trabalho de outras pessoas, em parte observado diretamente por mim, e em parte recolhido simplesmente em obras sobre o assunto. A discussão irá se desenvolver sob duas rubricas: 1. O que os analistas realmente fazem quando "educam" os não-analistas? 2. Qual é a justificativa do papel especial que adotam?

É certo dizer que qualquer analista engajado neste tipo de educação é profundamente cuidadoso para evitar o perigo de ensinar "a análise selvagem". Isto é, uma violação e uma exploração irresponsáveis, sem consideração pelo inconsciente do analisando. Tenho a impressão de que estes analistas têm uma idéia tão clara deste perigo, que consideram como seu primeiro dever prevenir os colegas sem formação analítica do que estes não devem fazer.

Por exemplo, recomenda-se intensamente aos clínicos gerais para não tentarem analisar os sonhos, pelo fato de que, sem uma formação psicanalítica adequada, ninguém pode compreender o conteúdo latente de um sonho, ou seja, os mecanismos mais sutis do inconsciente. Do mesmo modo não se deve tentar criar condições que facilitem o surgimento de desejos, de formas de experiência, de estados mentais primitivos, enfim, formas primitivas de transferência, porque a compreensão de todas as implicações disso, assim como sua utilização, pode ultrapassar os limites das possibilidades de um não-analista. Conseqüentemente, os não-analistas não devem nem tentar descobrir os conflitos inconscientes, profundamente reprimidos, nem tentar remediar a *falta básica*: eles devem se contentar com um *trabalho de superfície*.

Falando de maneira positiva, os educadores psicanalistas recomendam aos alunos: 1. que organizem para os pacientes sessões psicoterapêuticas "formais", preferencialmente face a face. 2. que encoragem as associações livres. 3. que sigam as associações intervindo tão pouco quanto possível e que sempre trabalhem *mais na superfície*.

Como compensação a esta última restrição o analista oferece: 1. caso necessário, nós analistas, estaremos prontos a oferecer o auxílio de nossos conhecimentos superiores. 2. uma outra ajuda, que não é de todo má, e da qual, apesar de não ajudar sempre a manejar uma situação concreta na prática médica, nós analistas, temos um grande conhecimento: conferências sobre a estrutura da personalidade, baseadas em nossas idéias a respeito do desenvolvimento da sexualidade infantil e das relações de objeto infantis, como também sobre a psicopatologia e aspectos da psicodinâmica. Assim, apesar de ter-se dito alhures que este tipo de pensamento e de terapia é "dinamicamente orientado", não estou certo de que isto deva ser contado em nosso favor.

Nossa tarefa seguinte será a de examinar em que medida estas recomendações técnicas são justificadas. Todas as nossas medidas técnicas — e mesmo nossos críticos mais hostis devem admitir que a técnica psicanalítica é talvez, de todas as técnicas psicoterapêuticas, a mais segura e a melhor validada — foram desenvolvidas e validadas dentro de e para uma situação psicanalítica. Isto é, uma situação artificial criada por nós, o que é a tal ponto importante, que insistimos unicamente no fato de que cada nova geração de psicanalistas deve aprender a análise dentro desta situação. Uma imensa literatura se acumulou sobre o significado, os diferentes aspectos e diversos "parâmetros" desta situação.

Conseqüentemente, posso limitar a discussão às características mais importantes daquilo que vi. Antes de mais nada, a situação analítica é uma relação exclusivamente de duas pessoas. Qualquer terceira pessoa, qualquer perturbação exterior é evitada tanto quanto possível. Em seguida, a influência da personalidade real do analista é nela reduzida, novamente tanto quanto possível. O analista é levado a permanecer impassível, imóvel, aconteça o que acontecer, permitindo e mesmo induzindo o paciente a incorporá-lo em sua vida fantasmática interior — é o que se denomina "transferência primitiva". Enfim, o analista intervém tão pouco quanto possível nas associações livres do paciente — atitude do "espelho bem polido" — porém as segue aonde quer que elas conduzam.

A despeito desta grande liberdade, desde o início uma disciplina bastante rígida é imposta ao paciente no que diz respeito ao tempo e ao espaço. Não pode haver quase nenhum contato físico entre ele e o analista. Se possível, deve tentar permanecer deitado no divã durante toda a hora de análise. Tanto a duração quanto a freqüência das sessões são determinadas pelo analista. O próprio paciente não tem quase nada a dizer a este respeito. Mesmo Alexander e French, talvez os mais revolucionários dos reformistas, aconselham ao analista, se o julgar desejável, que varie a duração e a freqüência das sessões, mas que não permita senão raramente ao paciente fazê-lo.

Todas estas medidas estão a serviço do objetivo dominante de que todas as comunicações entre o paciente e o analista se façam, tanto quanto for humanamente possível, através da linguagem.

Nossas técnicas, todas bem experimentadas e bem demonstradas, visam dois objetivos: 1. estabelecer e preservar a situação analítica. 2. permitir ao paciente que se torne consciente de suas experiências interiores nesta situação, que as traduza em palavras e que, finalmente, no-las comunique. *A priori*, não é certo que uma técnica que funciona bem em nossa situação analítica artificial se revele automaticamente útil em condições diferentes. Por isso, quanto mais estreito for o vínculo entre uma medida técnica particular e a situação analítica, tanto mais prudentes devemos ser para recomendá-la em outras situações médicas, como por exemplo, na situação do clínico geral. A seguir, discutirei apenas o caso do médico de família. O caso dos especialistas difere em mais do que apenas um aspecto daquele do médico de família. Conseqüentemente, as idéias expostas aqui não serão inteiramente válidas para eles.

Contrariamente ao analista, o clínico geral é o médico de toda a família. Alguns médicos, na Inglaterra por exemplo, não recebem membros separados de uma família. Evidentemente, o médico mantém uma relação terapêutica estreita com cada membro da família, relação cuja intensidade varia com a personalidade do membro e com a gravidade da doença. Entretanto, esta raramente é uma situação exclusivamente bipessoal. Se um membro da família tem qualquer motivo de queixa, desconforto, ou está "doente", a relação entre ele e o médico se torna durante um certo tempo mais intensa, mais íntima, e ele é alvo de uma atenção especial. Ao "cabo da doença", contudo, esta atenção especial lhe é automaticamente retirada, recaindo sobre outro membro da família, e assim por diante.

Além disso, é importante lembrar que os membros de uma família estão ligados entre si pelos laços da relação de objeto original e não pela transferência. Ou seja, estão ligados entre si pelo amor, pelo ódio, pelos ciúmes, pela dominação e submissão, obediência, revolta, identificação, etc.

O médico, naturalmente, tem um contato físico constante com o corpo de seu doente: toma o pulso, mede a pressão arterial, ausculta o peito, os sons do coração, apalpa o abdômen, inspeciona os diferentes orifícios do corpo, e pode mesmo examinar e tocar as zonas erógenas mais recônditas. Além disso, serve-se de todo o tipo de instrumentos para inspecionar o interior do corpo do paciente, tal como o endoscópio e os Raios-X. Tem, igualmente, métodos para analisar o sangue, os excrementos e as secreções do paciente. Enfim, pode prescrever pílulas e poções mágicas, injeções e supositórios, etc., e mesmo os mais cépticos dentre nós devem admitir que algumas dessas drogas têm uma eficácia farmacológica mais ampla, independentemente do que o paciente lhes atribua em suas fantasias.

Para demonstrar os limites de nossos conhecimentos analíticos, posso destacar, por exemplo, que nós analistas ainda não estudamos a arte de combinar os efeitos reais das drogas com as fantasias que elas provocam em nossos pacientes, de modo a obter um resultado terapêutico seguro e sólido. Do mesmo modo, nós não sabemos grande coisa a respeito do momento e da maneira de examinar o corpo de um paciente, nem sobre a verdadeira arte de manter uma relação terapêutica contínua com todos os membros de uma família, etc.

Em resumo, podemos dizer que a situação do clínico geral, mesmo contendo muitos elementos de ordem fantasmática, é mais próxima da realidade do que a situação psicanalítica. Para poder enfrentar problemas inerentes a seu universo profissional, o clínico geral precisa de uma técnica psicoterapêutica que, devemos admiti-lo, será consideravelmente diferente da nossa. A utilizar amplamente nossas descobertas, esta técnica *não será uma forma superficial* ou enfraquecida da técnica psicanalítica.

III. Exemplo de um Caso

Se aceitarmos a mínima responsabilidade de formar não analistas em psicoterapia, seja ela qual for, devemos antes de mais nada compreender que teremos que formá-los em algo que conhecemos bem menos do que a técnica analítica. A formação dos médicos se tornará não mais um ensino de partes escolhidas de nosso saber e de nossa arte, mas um projeto de pesquisa com o intuito de descobrir o que é necessário aos médicos se quiserem fazer psicoterapia, elaborando com eles a resposta às suas necessidades.

Para ilustrar o que quero dizer, desejo relatar o caso de um clínico geral que, temo, seja bastante complexo. Em primeiro lugar, porque se trata de um problema multipessoal e, em segundo, porque eu teria de relatar várias cenas, a título de ilustração, para demonstrar o que aconteceu.

O caso foi relatado em um seminário de clínicos gerais, na época datando de cerca de um mês. O médico foi chamado às 6 horas da manhã pela senhora Q. Sua filha, Leslie, de 4 anos, estava com uma grave crise de asma. O médico, que conhecia bem a família, veio imediatamente, aplicou uma injeção de adrenalina na criança e observou-a até que retomasse o fôlego. A senhora Q. lhe pediu então que viesse a outro cômodo, onde ela começou a se queixar de uma forte dor abdominal e ameaçou desmaiar. O médico sugeriu que se deitasse no sofá e voltou para junto da criança.

Para descrever estes casos um pouco complexos, em nossos seminários, utilizamos dois conceitos: "diagnóstico tradicional" e "diagnóstico completo" (*overall*). O diagnóstico tradicional é bastante simples neste caso. Leslie acaba de desenvolver asma. As crises começaram há alguns meses, e até um período recente, o médico hesitava em dizer que se tratava de asma. Cerca de três semanas antes, Leslie ingressou no hospital pela primeira vez, quando, na recepção, foi mencionado a termo na presença da senhora Q. Esta sofre de dores abdominais funcionais e histéricas, complicadas por uma constipação crônica.

Passemos agora às informações úteis para o diagnóstico completo (*overall*). O médico descreve o casal como neuróticos agressivos, algo paranóides. O senhor Q. era maquinista de grandes linhas das estradas de ferro, e, recentemente, por insistência da mulher, foi designado para um serviço local. Como sempre acontece com mulheres um tanto paranóides, a senhora Q. considerara seu parto como uma prova e, desde então, temia até mesmo o pensamento de estar grávida. Começou a trabalhar em tempo integral, o que significa que Leslie tinha que passar um tempo considerável com os vizinhos ou com a empregada.

Mãe e filha faziam parte da clientela do médico desde há mais ou menos dois anos e meio. O senhor Q. recorreu a um outro médico, sinal sempre importante, que sugere uma considerável tensão na família. Desde o início, a senhora Q. se queixava de uma séria constipação e de dores. De fato, sua constipação remonta há cerca de 10 anos, desde que ela deixou sua Irlanda natal, para vir para Londres. O médico diagnosticou uma doença funcional devida a algum problema afetivo indeterminado. A senhora Q. insistiu no fato de que era orgânico e pediu para ser examinada por um especialista, o que o médico julgou mais sábio recusar. Em vez disso, ofereceu ajuda psicoterapêutica que foi rejeitada com indignação. De fato, o marido e a mulher acabaram dizendo ao médico mais ou menos nestes termos que "se preocupasse com sua própria vida". Foi sobre esta base que uma relação feita de hostilidade, discussão e desconfiança se estabeleceu entre a família Q. e seu médico.

Os médicos do seminário debruçaram-se sobre os diferentes problemas deste caso com um vivo interesse. Alguns se identificaram com a atitude da "firmeza". Outros advertiram seriamente contra a possibilidade de uma doença de Hirschsprung e aconselharam a aceitar o pedido da paciente de fazer o exame com um especialista, etc. Este tipo de discussão patológica erudita oferece algum alívio às tensões causadas pela preocupação constante com as implicações psicológicas. Quando isto foi compreendido, com a ajuda do psiquiatra, o grupo começou a investir sobre as causas possíveis da atmosfera francamente hostil entre a família e o médico. Gradualmente foi ficando claro que talvez a atitude de "firmeza", o sentimento de irritação abertamente reconhecido pelo médico, e a atmosfera geral de hostilidade poderiam ser alguns dos sintomas da doença da paciente.

Para percebermos isto, estabelecemos um princípio segundo o qual se o médico sentir alguma coisa enquanto cuidar do paciente, de modo algum deve agir segundo seus sentimentos, mas fazer uma pausa e considerá-los como um possível sintoma da doença do paciente. Neste caso, o fato de o médico experimentar tais sentimentos significaria que o paciente os provoca e que o médico poderia ser uma vítima — talvez, consentida — que não poderia evitar responder assim ao paciente.

O médico em questão era homem muito conscienciouso e lógico, de modo que teve de aceitar a interpretação, por assim dizer, ratificando-a. Sob essa pressão decidiu mudar a atitude com relação à família inteira. Antes de mais nada, entrou em acordo com o hospital para se encarregar ele próprio de Leslie. Em seguida, propiciou à Sra. Q. uma "longa conversa" durante a qual se informou francamente a respeito do estado de seus intestinos, e, persuadido de que sua doença era funcional, propôs-se enviá-la a um especialista para fazer um exame. Ela aceitou a oferta com prazer, ocasião em que o médico escreveu uma carta de recomendação e lha deu.

Em resposta a essa mudança de atitude, detalhes suplementares foram espontaneamente levantados pela Sra. Q. O médico soube que seu pai era um homem afável e muito pacato, enquanto a mãe era uma mulher autoritária e dominadora. Quando o médico a interrompeu para dizer: "Um pouco como a senhora?", a paciente sorriu, e prosseguiu dizendo que sua mãe havia deixado seu pai para viver junto da paciente, o que provocou querelas e uma atmosfera tensa. O médico lhe perguntou então se toda essa agressividade e estas discussões poderiam ter tido algum efeito sobre a asma de Leslie, ao que a paciente respondeu: "Talvez", e partiu num estado de espírito amistoso.

Dois meses mais tarde, o caso da Sra. Q. foi novamente discutido. Após a conversa, o médico tirou quinze dias de férias, mas soube, no seu retorno, que a Sra. Q. ainda não havia ido ao especialista, apesar de ter consigo a carta de recomendação. A despeito disto, suas dores abdominais haviam desaparecido e seus intestinos estavam funcionando todos os dias.

Isto parecia verdadeiramente uma cura mágica, sobretudo se levarmos em conta que a mudança se produziu após dois anos de chicanas desagradáveis. Gostaria de sublinhar que o médico não abandonara seu diagnóstico. A Sra. Q. sabia que ele continuava a considerar suas dores histéricas. A única diferença era que o médico a tratava de outro modo, isto é, em vez de lhe impor sua opinião, ele se esforçava para *compreender* seus problemas e dificuldades.

É notável que o médico não fizesse mais do que isto. Não levou mais adiante seu interrogatório nem tentou compreender ou interpretar o que havia acontecido. Pelo contrário, dirigiu a conversa para uma discussão da relação mãe-criança. Soube que a asma de Leslie havia começado no novo apartamento. Leslie estava bastante bem enquanto a família morava em uma casa um tanto deteriorada, e da qual as autoridades locais a fizeram mudar, para ir morar em um novo apartamento em um prédio popular. Além disso, Leslie não tinha crises quando lhe permitiam brincar fora com outras crianças, mas quando tinha de ficar em casa com a mãe, reagia com duas ou três crises semanais.

Podemos dizer que a atmosfera mudou consideravelmente. Atualmente, em vez de discutirem e argumentarem entre si, médico e paciente cooperam com a produção de um material impressionante.

Finalmente, a Sra. Q. decidiu ir ao especialista, o qual fez os exames habituais, inclusive o de alimentação bárica e de trânsito, sem que houvesse qualquer resultado positivo. Conseqüentemente, foi-lhe dito que "não tinha nada", e que devia aceitar que seus intestinos só funcionassem a cada três ou cinco dias. A única coisa que poderia fazer era tomar um laxante que, aliás, o especialista lhe prescreveu. Imediatamente, a constipação se reinstalou com todo o vigor.

Evidentemente, o que o especialista lhe disse era absolutamente correto e sensato — pelo menos dentro dos limites de seu diagnóstico — e é isto que nós denominamos "diagnóstico tradicional". O que não fez foi se preocupar com o diagnóstico completo (*overall*). Conseqüentemente, sua prescrição e seus conselhos judiciosos se revelaram tão vãos quanto a atitude de "firmeza" igualmente razoável de nosso clínico geral.

Em uma mulher como a Sra. Q., um tratamento desse gênero desperta, antes de tudo, cólera, desprezo e ressentimento, conduzindo a um agravamento dos sintomas, provando que o especialista "sensato" e o clínico geral são maus médicos, talvez estúpidos. Se esta seqüência de fatos não for reconhecida pelo médico, sua reação será de irritação o que, por sua vez, conduzirá inevitavelmente a um círculo vicioso de hostilidade crônica.

Durante o seminário em que tudo isto foi discutido, soubemos igualmente que, alguns dias antes, o médico havia sido chamado às 7 horas da noite para ver Leslie, que estava tendo uma crise grave. Ele lhe deu um espasmolítico de ação rápida e, pensando na noite que teria de enfrentar, julgou judicioso acrescentar, a título preventivo — ao mesmo tempo em seu interesse e no da família —, um supositório de aminofilina de ação lenta. Tirou um de sua maleta, o estendeu à Sra. Q., pedindo-lhe que o colocasse na filha. Uma cena tumultuada se seguiu entre uma criança de quatro anos que se debatia furiosamente e uma mãe absolutamente incapaz de dominá-la. Finalmente, visto que sempre estivera em bons termos com Leslie, o médico retomou o supositório da Sra. Q., e o colocou ele próprio na criança sem nenhuma dificuldade. Logo Leslie se acalmou, e o médico a colocou na cama carinhosamente, beijou-a desejando-lhe boa noite e a deixou. Algumas horas mais tarde, soube por telefone que Leslie dormia calmamente.

Gostaria de acrescentar aqui a discussão tal como ocorreu no seminário após o relato do caso. O médico admitiu que estava plenamente consciente da sua decisão de mudar uma atitude que havia causado a alteração de atmosfera entre ele e a família, e este fato lhe era muito agradável. Contudo, temia agora ser "devorado" (literalmente, "sugado, aspirado"). Como explicou, compreendia agora que toda a família Q. era, por assim dizer, faminta de ternura e de afeto. Percebia que, tendo descoberto a possibilidade de obter algo do médico, pediria sempre mais.

Uma médica do seminário respondeu que não via razões para se alarmar. A Sra. Q., talvez pela primeira vez na vida, tivesse visto o que é um comportamento afetuoso. Agora poderia se identificar com o modelo apresentado pelo médico. Outro médico, homem circunspecto, pouco mais velho do que o relator do caso, foi muito crítico. Para ele, a senhora Q. não passava de uma criança frustrada que não podia evitar responder a qualquer sinal de afeição com uma rivalidade invejosa, invejosa ou ciumenta, o que a forçava a pedir sempre mais afeição para si mesma e que se expressava por um aumento dos sintomas psicossomáticos ou de conversão.

Um outro médico chamou nossa atenção para o Sr. Q., testemunha de todo o desenrolar dos fatos. Ele podia prever complicações por parte do Sr. Q., visto que, tal como sugere a história do caso, não recebia qualquer prova de amor ou afeição da esposa, como o demonstra o temor desta em estar grávida e sua insistência em trabalhar em tempo integral. Poderíamos esperar que seu desejo de afeição levasse a alguma vaga doença.

Finalmente, havia o problema da reação de Leslie, em plena fase edipiana. Que influência teriam sobre seu desenvolvimento os atos praticados pelo médico: tomar o supositório das mãos da mãe, colocando-o ele próprio com um efeito maravilhosamente calmante, levando-a depois para a cama, beijando-a ao lhe desejar boa noite? Certamente o médico lhe devia parecer um grande mágico ou um cavaleiro em brilhante armadura que salvava do inferno uma jovem princesa.

Enfim, e isto não carece de importância, suponhamos que se espalhe entre os clientes o boato de que este médico se deixa levar tão longe quanto o queiram seus doentes. É possível que parte deles comece a esperar algo do gênero. O que fará para evitar ser "devorado"?

Não tenho resposta para estas perguntas. Após admitir minha ignorância, poderia eu reverter a situação e perguntar se nós, analistas, temos respostas precisas para estas questões?

O que pretendo dizer é que, além de algumas idéias espertas, mas muito vagas sobre a possível psicopatologia de qualquer família, não conseguimos fazer nenhuma previsão precisa.

Por exemplo, não podemos predizer se a Sra. Q. irá se identificar com o bom médico e se tornar uma mãe melhor, mais afetuosa, ou se se tornará agressiva, invejosa e altiva; ou, se desenvolverá cada vez mais sintomas psicossomáticos ou conversivos, numa espécie de sobredemanda, algo como um estado de necessidade. Do mesmo modo, não podemos prever se o Sr. Q. irá preservar sua existência indiferente, porém um pouco paranóide e obscura, ou se — estimulado pelo espetáculo da ação do médico — irá desenvolver alguma obscura doença em busca de um pouco de afeição. Ou então, voltando-nos para Leslie: não podemos dizer se suas crises irão piorar para obter mais supositórios, ou se ela estará curada pelo "grande mágico" enquanto este a levar para cama e a beijar, desejando-lhe boa noite de tempos em tempos. Também não podemos dizer se sua hostilidade para com sua mãe e outras mulheres aumentará, de modo que possa demonstrar que somente os homens valem alguma coisa, e assim por diante. Evidentemente, temos ainda menos idéias a respeito da maneira pela qual o médico deveria modificar o "tratamento" da menina ou de qualquer outro membro da família de modo a evitar ou prevenir algo indesejável.

Em vez de responder a estas questões vitais, podemos nos contentar com conferências específicas a respeito da psicopatologia e da psicodinâmica da família Q. Porém, como já vimos, os médicos também podem fazer isso. Na verdade, nossas conferências serão mais inteligentes e um pouco menos pertinentes, visto que sabemos muito mais a seu respeito, mas sua utilidade para o manejo da situação concreta não será muito maior.

IV. Discussão

Em resumo, proponho que nós, analistas, não façamos o que sabemos criticável. Não deveríamos formar ninguém numa forma enfraquecida de análise. Não deveríamos tentar dar conselhos ao sujeito de uma situação multipessoal complicada, conselhos baseados naquilo que aprendemos de nossos pacientes em uma relação exclusivamente bipessoal, como é a situação analítica. Não deveríamos nos perder nas generalidades da psicopatologia e da psicodinâmica, mas sim concentrarmos nossa atenção no caso concreto de uma situação *hic et nunc*.

Uma questão surge então: o que devemos fazer? Minha resposta está contida na história do caso relatado acima. Nós deveríamos concentrar nossa atenção no que conhecemos bem e no que podemos observar diretamente durante o relato do caso, isto é, a contratransferência do médico, ou a função apostólica do médico.

Assim como toda contratransferência, a do clínico geral é parcialmente consciente e parcialmente inconsciente. Conseqüentemente, seus efeitos são, com freqüência, totalmente diferentes daquilo que o médico se propunha conseguir. É este o nosso verdadeiro campo. Além disso, não há nenhuma necessidade de descobrir, de acordo com o relato do médico, quais eram exatamente os fatos exteriores deste caso, o que seria essencial para uma avaliação psicopatológica e psicodinâmica adequada. A maneira de falar do médico a respeito de sua paciente, com todas as falhas e inexatidões de seu relato, as omissões, os pensamentos secundários, as adições tardias e as correções, etc., incluindo a seqüência na qual isto foi revelado, todas essas coisas contam uma história — semelhante ao conteúdo manifesto de um sonho — familiar e facilmente inteligível para nós, analistas. Esta história é aquela, evidentemente, da implicação afetiva do médico, de sua contratransferência.

Aqui, estamos em nosso próprio domínio de conhecimento e podemos utilizar aberta e francamente nosso saber e nossa arte particular, demonstrando sua utilidade para compreendermos relações humanas complexas. Podemos fazê-lo de maneira direta, sem qualquer subterfúgio, pretexto ou falsa superioridade. Além disso, na prática médica corrente, o médico faz parte da situação da realidade, e sua contratransferência é um dos elementos mais importantes desta. Se puder alterar sua contratransferência, para torná-la mais eficaz terapeuticamente, a situação poderá mudar integral e rapidamente, como aconteceu no caso relatado.

Aqui uma breve advertência — a técnica de interpretação no contexto de um seminário de formação difere, evidentemente, ao mesmo tempo, da técnica de interpretação analítica condicionada pelo contexto da situação analítica e da técnica de interpretação de grupo, condicionada pelo contexto do grupo terapêutico.

A diferença essencial é talvez que nas duas situações terapêuticas o objetivo da interpretação é descobrir um conteúdo do inconsciente, por exemplo, a motivação de um tipo particular de comportamento. Isto necessariamente cria uma desigualdade entre terapeuta e paciente, favorecendo, através disto, o surgimento e a transferência de emoções primitivas e infantis. No contexto de nossos seminários de discussão, estamos particularmente atentos em preservar a dignidade, a independência e a responsabilidade adulta dos médicos que deles participam, sem o que não poderiam funcionar como membros auto-suficientes de uma equipe de pesquisa. Por esta razão, nossas interpretações quase nunca dizem respeito às motivações latentes do comportamente terapêutico do médico, esfera esta que chegamos a denominar "transferência privada". Não se toca nesta, tanto quanto em sua vida privada particular. O que nos interessa é sua "transferência pública", ou seja, o aspecto de seu trabalho profissional que, através do relato do caso e de sua participação da discussão, torna-se pouco a pouco conhecida por todos os membros do seminário. E mesmo no que diz respeito a este ponto, nosso objetivo é antes de mais nada torná-lo capaz de fazer, ele próprio, suas descobertas. Não é por outra razão que utilizamos tão raramente as interpretações diretas. Os melhores momentos para fazer descobertas independentes são quando a maior parte dos membros do seminário está manifestamente tocada por um relato e quando lhe é indiferente mostrar que todos estão afetivamente implicados. Estes momentos proporcionam boas ocasiões a vários membros para se tornarem conscientes de suas formas individuais de comprometimento. A diversidade das respostas evidencia, por contraste, a resposta individual de cada médico. A discussão do seminário após o relato citado é um bom exemplo deste tipo de trabalho.

Mantendo tudo isto em mente, examinemos o que foi e o que não foi feito no caso relatado. Para um analista, não haveria muita dificuldade em ligar: 1. A contribuição do médico para a atmosfera hostil existente no início; 2. Sua repugnância — após a cura milagrosa e a recaída — em informar-se mais a respeito dos problemas intestinais da Sra. Q. e de sua pressa em se colocar contra a relação mãe-criança; 3. A escolha de um supositório e o fato de ele próprio administrá-lo no final; 4. Seu medo de ser "devorado". Muito provavelmente, mesmo um iniciante entre nós seria capaz de ter idéia a respeito de algumas interpretações sensatas, e é bem provável que a maior parte delas seriam mais ou menos corretas.

Porém, irão nos perguntar: Qual seria o resultado disso? Se essa interpretação particular não fosse pertinente, seu efeito seria a irritação e nada mais. Se, pelo contrário, fosse correta, o médico se sentiria embaraçado, talvez envergonhado, provavelmente reforçando muito sua resistência. Isto poderia conduzir a uma ruptura do grupo, alguns membros tomando partido do analista "inteligente" e outros do médico injustamente tratado. Enfim, interpretações deste tipo se chocariam com o espírito de uma equipe de pesquisa. Aumentariam a desigualdade entre psiquiatras e clínicos gerais e conduziriam à instalação dessa perigosa relação terapeuta-paciente ou professor-aluno.

Ao invés disso, o que se produziu no grupo foi o seguinte. O médico foi ajudado a descobrir por si próprio que sua "firmeza" , isto é, sua maneira de praticar a medicina, era o resultado de um efeito recíproco entre a paciente e ele, sendo, na verdade, um sintoma da doença de sua paciente que provocava uma reação da parte (contratransferência). Ele se tornou consciente, após algum tempo, de que sua "firmeza" conduzia a resultados terapêuticos indesejáveis. Assim, nova descoberta aumentou sua carga de responsabilidade terapêutica. Naturalmente, poderia ter-se recusado a reconhecer todo este encadeamento, porém, decidiu experimentar novas atitudes.

O que não aflorou foi a questão de seus motivos pessoais para reagir daquela maneira, isto é, para praticar a medicina como o fez. Denominamos esta área de "contratransferência privada" do médico, em que quase nunca se toca. Em compensação, trabalhamos continuamente a "contratransferência pública" do médico. Em nosso caso, decidi não intervir quando o médico relatou que, após a cura milagrosa, ele deixou de lado o problema das dificuldades abdominais da Sra. Q., para se voltar para a relação mãe-criança. Pensei que tal intervenção poderia colocar em jogo a contratransferência privada do médico. Se o grupo não fosse tão recente, isto é, se tivesse mais experiência para identificar esse tipo de problema, talvez eu tivesse tomado uma outra decisão.

Finalmente, após o médico ter admiravelmente reconhecido seu medo de ser "devorado", ao observar a tensão emocional do grupo, decidi não intervir. Da maneira que as coisas se desenrolaram, o fato deu uma frutuosa ocasião aos membros do grupo para se tornarem conscientes de sua implicação individual, para verbalizá-la e, assim, fazer surgir os diversos aspectos de possíveis relações médico-paciente, assim como de suas conseqüências. Além disso, as preocupações dos médicos ilustraram as diversas maneiras próprias a cada indivíduo de praticar a medicina, isto é, as diferentes formas de contratransferência, a imensa força de convicção que se esconde por trás dessas formas individuais, assim como os motivos, na maior parte inconscientes, desta diversidade.

Desta forma, creio eu, o médico foi ajudado a compreender mais profundamente em que sua maneira individual contrastava com as outras maneiras expressas na discussão, assim como os motivos fartamente inconscientes de sua maneira pessoal de atuar. Espero que isto lhe tenha aberto novas possibilidades para escolher outras maneiras e que o tenha conduzido à convicção de que era sua a responsabilidade de escolher uma maneira terapêutica mais eficaz. De um outro ponto de vista, ao invés de escutar conferências ou de receber ensinamentos, ele foi levado a experimentar e a descobrir por si e com risco próprio. Ao mesmo tempo, foi-lhe permitido escolher o que sentia melhor lhe convir, mas foi também levado a sentir que lhe cabia escolher e que era responsável por isso.

Existe um perigo importante em todo este trabalho e desejo terminar ressaltando-o. O analista que aceita o papel de líder de uma equipe ao invés do de educador deve estar pronto a aceitar que os médicos não demorem em descobrir que o fenômeno da transferência é geral. Não apenas os clínicos gerais participantes, mas também o analista-líder tem sua maneira individual de compreender as relações dos casos, de colocar em evidência certos aspectos, ao invés de outros, de dar certas interpretações e não outras, etc. Tudo isso é uma expressão de sua contratransferência, que podemos compreender e interpretar de várias formas. Naturalmente, os médicos se servirão desta descoberta às expensas de seu líder.

Isso não deve apenas ser aceito, mas estimulado. De outro modo, se estabelecerá uma atmosfera inibitória, inimiga de toda a liberdade e progresso verdadeiro. E, o que ainda é pior, a medicina será apresentada sob uma forma negativa: como **não** se comportar, como **não** tratar um paciente. Por outro lado, se o líder puder aceitar críticas, admitir que, também ele, tem uma função apostólica, isto é, uma contratransferência, e estiver pronto para aprender algo do grupo, uma real psicoterapia terá uma demonstração em ato, na situação *hic et nunc*, trazendo em conseqüência uma grande liberação para praticamente todos os participantes.

Este é um ponto muito importante para o futuro, pois, se os médicos puderem se libertar de seus esquemas (*patterns*) rígidos de contratransferência, poderão se voltar para seus pacientes com melhor capacidade de observação e de fazer relatos mais fidedignos. Assim sendo, verdadeira pesquisa do que se produz e pode se produzir na prática corrente pode começar com uma equipe muito melhor.

É bem provável que o estudo apropriado das relações e das transferências multipessoais, tal como se dão na prática comum, fornecerá dados tão importantes para o estudo da personalidade quanto o fez o estudo da relação bipessoal na situação analítica. Contudo, até o presente, não tivemos equipes seguras de observadores neste domínio.

Sabemos que o problema de muitos corpos perturbou, durante séculos, ao mesmo tempo, a astronomia e a física teórica, mas encontram-se algumas soluções úteis e extremamente precisas para questões especiais atinentes ao assunto. Esperemos que, se pudermos formar nossos clínicos gerais, tornando-os observadores sensíveis e relatores dignos de confiança, um grande passo será dado na compreensão tanto da personalidade do indivíduo quanto da estrutura desta célula tão importante: a família.

3 Aspectos Teóricos do Movimento Balint

R. Gelly

Há trinta anos, médicos se reúnem em pequenos grupos com um ou dois coordenadores psicanalistas (em princípio) para discutir os problemas que seus pacientes lhes colocam e para tentar descobrir soluções originais. Esta prática, instaurada por Michaël Balint, em 1950, tem se desenvolvido constantemente desde então, mantendo o nome de seu fundador. Este, falecido em 1970, é talvez, após S. Freud, o psicanalista mais conhecido pelos médicos, mesmo quando não são adeptos de seu método.

Será isto suficiente, para falar de um movimento, no sentido em que falamos, por exemplo, do movimento psicanalítico? Isto é, falar de alguma coisa que ultrapassa a corrente de idéias ou o sucesso de uma teoria e que se concretiza em organizações mais ou menos estruturadas, coordenando atividades individuais e assegurando um mínimo de consenso através das diversas práticas. Deste ponto de vista, podemos afirmar que o movimento Balint possui várias sociedades nacionais e uma federação internacional as quais, mesmo sendo bastante recentes, são chamadas a desempenhar o papel de coordenação.

Mas então surge uma estranha pergunta: o movimento Balint é balintiniano? Dito de outra forma, as bases teóricas às quais se remetem os praticantes deste método correspondem realmente aos trabalhos de Balint e aos objetivos que ele visou durante os vinte anos de seu trabalho com os médicos?

O problema apareceu desde o início das relações de M. Balint com a Clínica Tavistock. É por esta razão que quisemos traduzir o texto de R. Gosling e P. M. Turquet, incluídos neste livro, mostrando que a condução de um grupo de médicos pode seguir uma inspiração diferente da de Balint. O efeito de contraste é marcante e deveria permitir compreender melhor a originalidade de cada tendência. Mas, quando sabemos que estas divergências foram ocultadas por vários anos e que levaram a uma ruptura quase total, temos o direito de nos preocupar com as conseqüências da ignorância sobre a evolução posterior do movimento. É preciso salientar que o movimento apresenta muitas divergências e ambigüidades. Foi para tentar esclarecê-las um pouco mais que propusemos um reexame das bases teóricas da formação psicológica dos médicos em pequenos grupos e das pesquisas a ela associadas.

Uma parte do trabalho teórico já foi efetuada por Franck Faure, em seu livro *La Doctrine de Michaël Balint* (1978). O autor mostra a originalidade de Balint no interior do movimento psicanalítico e a estreita correlação que existe entre sua obra de psicanalista e seu trabalho com médicos. Chega mesmo a pensar que Balint encontrou na área médica um campo de aplicação para idéias que não fora capaz de fazer aceitar por seus colegas psicanalistas, o que o colocaria então à margem do movimento psicanalítico. A questão merece ser discutida, porém devemos observar terem sido os próprios psicanalistas que, em sua grande maioria, asseguraram a difusão dos métodos preconizados por Balint. Evidentemente, não se trata sempre dos psicanalistas melhor posicionados na hierarquia das instituições psicanalíticas, mas a referência a Freud e ao inconsciente é constante. O que está em questão é sobretudo a diversidade das escolas psicanalíticas, pois estaríamos enganados em considerar a psicanálise como um bloco monolítico. Como se situa Balint no interior das diversas tendências? Quais são suas afinidades e incompatibilidades? Estas são algumas das questões que pretendemos abordar.

I. As Idéias de Michaël Balint

A obra psicanalítica de Balint foi estudada em detalhe por Franck Faure, no livro já citado. Isto permite não nos estendermos em considerações de conjunto e centrar nossa exposição num ponto preciso: o das relações de objeto primitivas.

1. As relações de objeto primitivas

A teoria das relações de objeto, após ter sido um pouco negligenciada pela psicanálise em seu início, ocupa, desde há vários anos, um espaço crescente nos trabalhos psicanalíticos. Historicamente, foi Melanie Klein quem, em primeiro lugar, chamou a atenção para as relações de objeto precoces, mas, de fato, as relações das quais fala são puramente imaginárias e conservam apenas um vínculo muito vago com o objeto real. O bebê, de acordo com a concepção kleiniana, está fechado em seu mundo interior, e as experiências relacionais com as pessoas que estão à sua volta têm pouca importância em sua evolução. O que denomina relações de objeto diz respeito essencialmente aos objetos internos, inicialmente parciais, e, em seguida, inteiros, cujas características provêm mais das instâncias pulsionais que neles se atualizam do que das particularidades reais dos objetos do mundo exterior.

W. R. D. Fairbairn (1952) elaborou uma teoria original que merece atenção, já que ocupa uma posição intermediária entre a teoria kleiniana e a de Balint. Tal como Melanie Klein, Fairbairn tentou explicar a organização do mundo interior através de mecanismos de introjeção e clivagem, que atuariam simultaneamente sobre os objetos e sobre o ego. Ele não deixa de considerar as experiências precoces do bebê com os objetos do mundo exterior, mas se interessa sobretudo pelas relações interiorizadas a partir dos primeiros meses de vida. Conseqüentemente, parece considerar que as relações externas apenas reproduzem o que se passa no mundo interior, sendo o objeto exterior escolhido somente em função de sua capacidade de realizar as principais características do objeto interno. Estas idéias receberam aplicações particularmente interessantes nos trabalhos de H.V. Dicks (1967) sobre a patologia conjugal.

O interesse de Balint pela teoria das relações de objeto precoces manifestou-se desde o início de seus trabalhos psicanalíticos. Ele se situava então na linha de pensamento de seu mestre Ferenczi, para quem biologia e psicologia devem ser consideradas como dois aspectos de uma mesma realidade fundamental. Foi nesta óptica que elaborou o conceito de amor primário para caracterizar as relações primitivas do bebê com seu meio. Este amor primário se opõe à noção clássica de narcisismo primário, segundo a qual não existiria, durante os primeiros meses de vida, nem comunicações nem trocas entre o mundo interior e o mundo exterior. Para Balint, pelo contrário, logo após o nascimento ou mesmo antes deste, o contato e as trocas com o meio são importantes e carregados de sentido, mesmo se ainda não são representados e simbolizados. Foi com muita fineza que se esforçou em descrever estas relações primitivas, reconhecendo ao mesmo tempo que estas experiências eram, a bem dizer, indescritíveis, visto que se situavam em uma fase de desentendimento, na qual o ser humano ainda não possui linguagem.

Em um primeiro estágio, não podemos falar de relação de objeto propriamente dita, visto que as capacidades perceptivas do bebê ainda não estão suficientemente desenvolvidas para que ele possa distinguir objetos no mundo indiferenciado que o cerca. Percebe apenas substâncias, isto é, realidades com propriedades perceptíveis, como o calor, o movimento, a consistência, mas não limites definidos. São, poderíamos dizer, objetos sem contornos. Aliás, ele próprio não se percebe como claramente delimitado em relação ao seu meio. Mas estas substâncias que lhe trazem o bem-estar e a satisfação de todas as necessidades têm uma importância capital pelo fato de que ele depende delas de modo absoluto para sua sobrevivência e de que ele não pode fazer nada para proporcioná-las a si mesmo. É preciso que elas estejam presentes, à sua disposição, e na justa medida de suas necessidades. Quando tudo vai bem, o recém-nascido goza de uma felicidade tranqüila, um estado que Balint denomina: uma harmoniosa mistura por interpenetração. Tal é a forma mais primitiva das relações, de acordo com Balint em *Le Défaut Fondamental* (1968).

O estado posterior é o do surgimento dos objetos no campo perceptivo do bebê. Balint foi obrigado a inventar uma nova terminologia para designar suas concepções a respeito da revolução das relações de objeto neste estágio. Com efeito, ele não adere de modo algum à concepção clássica que faz derivar as relações de objeto da evolução pulsional e das migrações da libido, segundo o percurso marcado pela maturação das zonas erógenas. Para ele, o desenvolvimento libidinal e o desenvolvimento relacional são dois fenômenos paralelos, que podem se influenciar mutuamente, mas que, não obstante, permanecem separados. Pensa, portanto, que no estágio de emergência dos objetos podemos descrever atitudes relacionais fundamentais, sem referi-las à predominância de tal ou qual zona erógena. Enquanto na teoria clássica supõe-se que todos os seres humanos seguem mais ou menos a mesma cadeia de desenvolvimento, Balint aventa a hipótese de uma espécie de bifurcação neste estágio precoce da história individual, que desemboca em duas atitudes opostas em relação aos objetos do mundo exterior.

Na primeira atitude, o sujeito só se sente em segurança na proximidade do objeto. Qualquer tentativa de separação provoca um retorno ao objeto e um verdadeiro reflexo de preensão. É o que Balint denominou de tendência *ocnófila*. No pólo oposto, descreve a tendênia *filóbata*, que desenvolve desde muito cedo capacidades individuais permitindo ao sujeito distanciar-se dos objetos e mesmo considerá-los com desconfiança, como se ameaçassem sua segurança, enquanto movimentar-se no espaço, longe dos objetos, lhe daria um sentimento de invulnerabilidade. De fato, a maior parte dos seres humanos se situaria em uma posição intermediária com relação a essas duas atitudes extremas.

As noções de ocnofilia e de filobatismo não tiveram grande sucesso em psicanálise, não sendo jamais retomadas por outros autores. Preferiu-se continuar a falar de dependência e de contrafobia, sem compreender-se o interesse da concepção balintiana, que introduzia uma diversidade fundamental na descrição do seres humanos, diversidade que iria ser encontrada outra vez no âmbito de suas inovações terapêuticas.

Podemos interromper aqui a exposição dos trabalhos de Balint a respeito das relações de objeto precoces para nos voltarmos à sua crítica da técnica psicanalítica clássica e a seu trabalho de pesquisa, que visou descobrir novos métodos terapêuticos.

2. M. Balint e a técnica

Balint foi sempre muito crítico com respeito à técnica psicanalítica clássica, censurando-lhe restringir demasiado o número de pacientes capazes de se beneficiar de uma análise. Pensava que não cabia ao paciente curvar-se ante os rigores da análise, mas sim que era preciso inventar novos métodos terapêuticos que permitissem responder às necessidades e às capacidades do maior número possível de pacientes.

Ferenczi havia igualmente inovado muito para tentar tratar de casos difíceis ou aparentemente inanalisáveis. Tentou inicialmente o método ativo, em seguida, o método de relaxamento e, finalmente, tentou colocar-se totalmente à disposição de certos pacientes, sem nenhuma limitação. Faleceu quando realizava estas experiências e Balint, ao se encarregar de alguns pacientes seus, pôde obter informações de primeira mão a respeito dos efeitos destas inovações técnicas. Apesar de não haver descrito em detalhe este material, ele encontrou aparentemente ali motivos para certa prudência, mantendo intacta sua esperança de desenvolver métodos menos perigosos e mais eficazes.

É de seu trabalho sobre o "Renouveau" (1932) que datam suas propostas para uma nova técnica. Descreveu uma fase do tratamento analítico na qual o paciente formula seus pedidos, particularmente de contatos corporais, pedidos que retornam com tanta insistência que o analista é obrigado a se perguntar não somente sobre seu significado, mas também sobre o partido a tomar com relação à sua eventual satisfação. Balint tentou aceder a este tipo de pedido, que na maior parte das vezes visava simplesmente segurar um dedo do analista ou mesmo um pé de sua poltrona, e pôde constatar que os resultados eram muito variáveis, conforme o sentido que o paciente dava a esta experiência de satisfação. Por vezes o paciente que se sentia reconhecido, desenvolvia rapidamente um "renascimento", ocasião de um desenrolar favorável do tratamento. Por vezes, pelo contrário, a satisfação apenas provocava novos pedidos cada vez mais insistentes e apaixonados e, qualquer que fosse a atitude do analista, chegava um momento em que este processo circular tornava praticamente impossível o prosseguimento do tratamento.

Estes fenômenos foram descritos, na última obra de Balint (1968), sob as expressões: *regressão benigna* e *regressão maligna*.

Balint, assim como Ferenczi, se defrontou com o problema das gratificações a serem concedidas ao paciente em análise, e, em particular, à questão da oportunidade dos contatos corporais. Aparentemente, Balint compreendeu que os contatos só poderiam ser muito limitados, ou mesmo ausentes durante a análise. Porém, também percebeu que, para certos pacientes ou em uma certa etapa de sua evolução, os contatos corporais conservavam um potencial terapêutico considerável. A constatação, feita desde 1982, talvez tenha relação com o fato de que, dezoito anos mais tarde, se engajou em um trabalho que visava descobrir novos métodos terapêuticos no campo da medicina, na qual os contatos corporais são não somente permitidos, mas também integrados à prática profissional. Aqui contatos podem ser gestos de rotina, o que não impede que, em certas circunstâncias e com alguns pacientes, assumam todo seu valor simbólico.

Contudo, as críticas de Balint com respeito à técnica psicanalítica não se reduzem a censurá-la por não permitir contatos corporais. É a propósito da utilização da linguagem no tratamento e do recurso à interpretação que ele tomou as posições mais originais.

Antes de mais nada, atacou a tendência à interpretação sistemática da escola kleiniana e o uso de uma linguagem esotérica, que coloca o paciente em uma posição de inferioridade, obrigando-o a aprender a falar a língua do analista.

Para Balint, a interpretação é uma arma perigosa, pois reforça as tendências ocnófilas do paciente. Ao contrário da escola kleiniana, ele recomenda a discrição e a sobriedade nas intervenções, de modo a permitir ao paciente viver em completa paz o estado de regressão, o que deve lhe permitir sair dele a seu tempo, e não no momento escolhido pelo analista.

Após ter examinado os trabalhos de Balint a respeito da técnica psicanalítica, vejamos as propostas feitas por ele para renovar e melhorar as técnicas terapêuticas em dois outros campos: a psicoterapia e a medicina geral.

Balint se interessou bastante pela psicoterapia, que representava a possibilidade de ajudar inúmeros pacientes impossibilitados, por uma ou outra razão, de fazer psicanálise.

Em especial participou da utilização de novos métodos psicoterapêuticos, visando diminuir a duração do tratamento, mantida sua eficácia. Não hesitamos em dizer que tentou melhorar seu rendimento, pois, se a expressão pode chocar espíritos de elite, não é, contudo, estranha às preocupações que levaram Balint em direção à medicina geral.

No campo da psicoterapia, esta tendência pragmática se concretizou, sobretudo, nas pesquisas sobre psicoterapias breves e psicoterapias focais. À primeira vista, existe um contraste marcante entre os métodos preconizados e ilustrados por Balint em seus trabalhos e a atitude de discrição que recomendou em psicanálise. O segredo para limitar uma psicoterapia mantendo sua eficácia é, segundo Balint, escolher seu objetivo — o problema nodal que está no cerne da psicopatologia do paciente — e manter-se nele, seja qual for o material posteriormente trazido. Isso implica necessariamente em uma atitude bastante ativa por parte do terapeuta e uma boa parcela de diretividade, visto que este é levado a escolher entre as associações do paciente aquilo que remete ao objetivo focal e a desprezar todo o resto, mesmo tratando-se de elementos muito interessantes. Isto demonstra que Balint não preconizou a passividade sistemática e que seu gosto pelas inovações terapêuticas o levava a pôr à prova os mais variados fatos e métodos. Podemos aproximar estas variações técnicas da distinção que ele fez entre as atitudes ocnófila e filóbata nas relações de objeto. A psicoterapia focal pareceria assim, sem isso nunca ter sido dito por Balint, uma técnica de estilo filobático, tendo a participação ativa do terapeuta o efeito de permitir ao paciente ser também ele ativo e se lançar na exploração de seu espaço psíquico, sem ser levado pela mão, mas permanecendo a uma distância de segurança que, em caso de perigo, poderá lhe permitir encontrar refúgio. Além disso, em sua obra póstuma, *La Psychothérapie focale* (1972), Balint observa cuidadosamente o que denomina "descobertas independentes" do paciente, demonstrando igualmente que a diretividade aparente da técnica não tinha o efeito de acentuar a dependência do paciente. Observaremos também seu cuidado com a qualidade dos resultados a longo termo, visto que é sobre um seguimento de mais de seis anos que o autor se apóia para afirmar o interesse do método.

Mas é sobretudo na utilização de técnicas psicoterapêuticas em medicina geral que a criatividade de Balint teve livre curso. É uma pesquisa que realizou até sua morte, em dezembro de 1970, e que continua na via por ele iniciada.

Esquematicamente, podemos descrever duas fases nesta longa pesquisa: a primeira, centrada em uma conversa prolongada, e a segunda, sobre a técnica do *flash*. A primeira é a mais conhecida, sendo mesmo a única conhecida pela maior parte das pessoas que têm uma noção apenas superficial dos trabalhos de Balint. É preciso dizer que ela deu lugar à publicação de obras que foram verdadeiros *best-sellers*: *Le Médecin, son malade et la maladie* (1957), e, em menor grau, *Techniques psychothérapeutiques en médecine* (1961). Contudo, Balint havia dito, claramente, desde essa época, que buscava descobrir a farmacologia do remédio-médico, o que implicava uma variedade dos modos de administração e das posologias que não poderia se reduzir à prescrição da conversa prolongada. Era, por assim dizer, a única forma de descobrir os princípios farmacológicos de base a respeito deste novo medicamento, ou melhor, este medicamen-

Aspectos Teóricos do Movimento Balint

to muito antigo, cujas virtudes terapêuticas haviam sido mais ou menos ocultadas durante as últimas décadas pelos progressos espetaculares da quimioterapia e da cirurgia.

A redescoberta do médico-medicamento parece ser uma conseqüência direta das idéias de Balint a respeito das relações primitivas do ser humano com o meio. O médico-medicamento não é apenas um objeto oral que é consumido e incorporado, é uma qualidade de acolhimento, uma situação na qual nos sentimos bem, são palavras e contatos físicos, em suma, todo um ambiente no qual o paciente se encontra imerso por ocasião do encontros com o médico e sobre o qual seria vão querer dar uma descrição detalhada.

Isto não quer dizer que o médico, durante todo o ato médico, perca os contornos de objeto definido e que se aproxime mais ou menos das substâncias tais como elas surgem no mundo perceptivo do recém-nascido. Não podemos admitir isso senão como caso-limite ou como linha de fuga das tendências regressivas. O importante é que esta possibilidade exista e que o paciente possa se sentir cuidado em um plano diferente do da biologia científica e racional.

O fato de Balint ter iniciado a experiência das relações primitivas em sua prática psicanalítica nos permite compreender que tenha preconizado primeiro a conversa prolongada como a técnica mais apropriada para permitir ao paciente aceder ao mundo das substâncias. Apesar de jamais ter afirmado que esta conversa prolongada devesse se desenrolar segundo o modelo da sessão psicanalítica, havia uma força de atração que levava os médicos a buscar na análise um modelo mais elaborado e uma formação mais completa. Foi pelo menos isto que freqüentemente ocorreu na França, ao passo que na Inglaterra a preocupação de Balint, e também a da Tavistock, de manter a formação no interior de limites preestabelecidos, parece ter impedido o desenvolvimento deste fenômeno. De qualquer modo, a conversa prolongada marcou uma mudança radical na maneira de funcionar de certos médicos formados por este método. Nesta fase, poder-se-ia ter avaliado o resultado da formação simplesmente fazendo-se as seguintes perguntas: O senhor faz uso de conversas prolongadas? Com que freqüência? Com quais pacientes?

Mas, podemos dizer que, mesmo nesta época, as conversas prolongadas constituíam equivalentes de tratamentos psicoterapêuticos. Uma certa confusão reina neste domínio e o uso extensivo que Balint fez do termo psicoterapia não contribuiu para colocá-lo em ordem. Somos obrigados atualmente a dizer que o vocábulo tem pelo menos dois significados: há psicoterapias em sentido amplo, ou seja, o conjunto dos métodos que visam obter efeitos terapêuticos através de métodos psicológicos, e há psicoterapia em sentido estrito, que designa a aplicação de uma técnica precisa de expressão e de comunicação, visando a uma reordenação do mundo interior do paciente, através da mobilização de elementos psíquicos inconscientes na situação de uma relação inter-humana privilegiada.

Balint teria, sem dúvida, aderido à segunda definição, pois a primeira, que chega à sugestão e ao direcionamento da consciência, não conviria para designar o trabalho de renovação da prática médica a que se dedicou. Trata-se, portanto, de psicoterapia no sentido estrito, e mesmo técnico, do termo quando Balint tenta desenvolver o potencial terapêutico da relação médico-paciente. Mas, esta psicoterapia não deve ser um carbono da terapia analítica, é uma técnica original que só poderá ser descoberta e utilizada através de um trabalho de pesquisa com os médicos. Daqui nasceram talvez os mal-entendidos e as ambigüidades. Assim como a natureza tem horror ao vazio, o espírito humano tem horror às lacunas do saber, que constituem os conceitos designativos de objetos a serem descobertos, desafios ao conhecimento que são, contudo, os motores da pesquisa. Foi talvez por isso que inúmeros balintianos, ou que assim se denominavam, se apressaram em preencher, com o modelo psicanalítico que havia sido designado por Balint como próprio, o espaço vazio da psicoterapia do clínico geral.

O resultado foi estigmatizado por ele próprio em sua exposição no Congresso de Medicina Psicossomática de Paris, em 1970, alguns meses antes de sua morte. Ali disse claramente que a conversa prolongada havia sempre permanecido como um corpo estranho no interior da medicina, o que resultou em uma prática dupla, tendo o médico tendência a dividir seus pacientes em duas categorias: um pequeno número de eleitos com os quais mantém conversas prolongadas, mais ou menos regulares e freqüentes, e os outros pacientes, com os quais pratica uma medicina de tipo clássico, sem praticamente beneficiar sua formação. Balint considerou que essa evolução era contrária ao objetivo buscado, pois ela resultava em uma descaracterização da prática médica, ao invés de contribuir para o desenvolvimento e o progresso do conjunto da medicina. Foi esta constatação que o levou, a partir de 1966, a iniciar os trabalhos sobre o *flash*, os quais ainda prosseguiram quando de sua morte, e que resultaram na publicação do livro *Six minutes par patient*[1] (1973).

O título do livro talvez tenha gerado mal-entendidos, pois deu ocasião para se crer que Balint aderira a considerações socioeconômicas, ou mesmo políticas, que o faziam tomar partido contra a medicina lenta que, até então, preconizara. Seria um engano a respeito da personalidade de Balint pensar que ele pudesse ser sensível a algo diferente das condições reais de sua pesquisa e do fundamento de suas descobertas. Para ele, os fatores socioeconômicos tinham, naturalmente, importância, mas considerava-os sem qualquer traço de oportunismo, como fatos que era preciso levar em conta se se quisesse atuar com eficácia e não se contentar com anelos piedosos, cuja realização só poderia ser considerada no reino da utopia.

O problema do tempo em medicina pareceu-lhe então um dado irredutível da realidade. Podemos observar que, por vias completamente diferentes, um autor como R. N. Braun (1970) chegou a conclusões idênticas. Para ele, o generalista é necessariamente um médico com pouco tempo para dedicar a cada um de seus pacientes. Ele demonstra isto rigorosamente ao examinar o conjunto das cargas e das obrigações que pesam sobre o clínico geral e, após considerar todas as hipóteses que permitiriam modificar o sistema, chega à conclusão de que, de qualquer modo, é preciso que haja médicos de primeira linha capazes de responder ao pedido de cuidados tal como se apresenta e, assim, organizar o campo da utilização da medicina.

---

1 Seis minutos por paciente.

Encontramos, portanto, a propósito do *flash*, este dado fundamental da pesquisa balintiana que é o de deixar a medicina aos médicos e de ajudá-los a progredir em seu próprio campo, sem pretender de modo algum ensinar-lhes o que deveriam fazer com referência a critérios diferentes dos da prática médica.

O *flash* não é magia ou prestidigitação, é um fato da observação corrente em medicina geral ou especializada, sob a condição de que concedamos toda a atenção que merecem fenômenos freqüentemente discretos e fugazes. Cada médico tem a experiência destes privilegiados nos quais ele tem a impressão de ter "tocado fundo" com uma frase, uma palavra, um gesto, um olhar com conseqüências incalculáveis. A idéia de Balint foi justamente avaliar estas conseqüências e estabelecer os princípios de uma posologia do remédio-médico, sob uma forma completamente diferente do que a das prescrições maciças que constituem as formas habituais da psicoterapia. Encontramos de novo o gosto de Balint pelo estilo filobático, podendo o *flash* ser considerado como o exemplo típico da ação pontual supereficaz que necessita de um domínio completo do espaço terapêutico, assim como as ações de comando só podem ter sucesso se tiverem os meios de operar de surpresa. Este domínio do espaço terapêutico só pode ser obtido na situação de uma relação de longo termo e é isso que fez Balint privilegiar sempre a medicina geral, na qual médicos e pacientes estão associados por longo tempo, no que denominou uma "companhia de investimento mútuo".

3. Balint e a formação

Os problemas da formação psicanalítica e psicoterapêutica sempre foram um dos grandes centros de interesse de Balint. Ele parece ter ficado algo insatisfeito com o sistema clássico de formação psicanalítica, que ele denomina de sistema berlinense, caracterizado por uma certa rigidez, conforme o modelo universitário.

As críticas de Balint com relação ao sistema clássico de formação psicanalítica estão reunidas em dois artigos (Balint, 1947 e 1953) que marcam o início de seus trabalhos sobre a formação dos médicos (primeiro seminário para clínicos gerais, 1950). Em outras ocasiões ele afirmou explicitamente que seus grupos de formação-pesquisa se inspiravam no método húngaro de formação psicanalítica.

É curioso que, nos meios psicanalíticos, a questão seja considerada como encerrada e que jamais tenha entrado em discussão retomar o método húngaro, ou mesmo discuti-lo seriamente. Recordemos do que se trata: na prática didática de Ferenczi e seus discípulos, era o analista do candidato que se encarregava da supervisão do primeiro caso de análise. Dito de outro modo, o analista iniciante era supervisionado por seu próprio analista. Observamos facilmente as vantagens deste método com relação à análise da contratransferência, fenômeno sobre o qual Ferenczi foi dos primeiros a insistir, do mesmo modo que fora um dos primeiros a preconizar e a tornar obrigatória uma análise bastante extensa para o futuro analista. Por outro lado, podemos objetar que esta mudança nas posições respectivas do analista e do analisando ameaça prejudicar a qualidade do trabalho analítico. Mas, Balint não preconiza um retorno ao método húngaro: insiste apenas no fato de o método não ter sido profundamente discutido residir em puro dogmatismo. Ele considera tratar-se de um verdadeiro recalque coletivo, o que permitiu simultaneamente abandonar este método e esquecer todos os problemas que ele levanta, particularmente os que se referem às dificuldades da resolução da transferência na situação de análise didática. Apesar de se insistir sobre o fato de que a análise didática não difere em nada de qualquer outra análise, somos obrigados a levar em consideração os problemas de identificação inerentes ao projeto do analisando de se tornar analista. Mesmo se o projeto não estiver presente no início do tratamento, ele muda as posições respectivas a partir do momento em que se delineia. Não podemos mais tratar como um simples fantasma ou como um mecanismo de defesa um fenômeno psíquico que se apóia em uma realidade profissional, precisamente a do parceiro, com quem se desenvolve o processo analítico.

Balint não propôs uma receita miraculosa para resolver a transferência na análise didática, porém pediu com insistência que o problema não fosse escotomizado, o que arriscaria tornar estéril toda a pesquisa psicanalítica. Assim se explica a severidade de suas críticas, pois ele teme pelo futuro da psicanálise. Em sua opinião, as novas gerações têm a tendência a carecer do espírito de pesquisa e de iniciativa, pois a formação que receberam constitui uma alimentação demasiado rica e demasiado rapidamente ingerida, tendo como conseqüência bebês bem alimentados e satisfeitos, mas lerdos.

À parte essas críticas, Balint aparentemente não fez muitas inovações no domínio da formação psicanalítica propriamente dita. É sobretudo em seus trabalhos sobre a formação dos médicos que acharemos a aplicação de suas idéias nos problemas ligados à educação, à aprendizagem e à aquisição de novas aptidões profissionais. Ele insistiu repetidamente no parentesco existente entre o método húngaro e os grupos de médicos que atualmente são denominados grupos Balint. Essa insistência é um pouco surpreendente, pois não vemos *a priori* o que aproxima tanto os dois sistemas. Nesse caso, seria preciso retirar o grupo Balint do âmbito da análise de grupo e afirmar que nele realizamos simultaneamente análise e supervisão, conforme à segunda fase do método húngaro. Porém, existe aqui uma objeção. Balint sempre afirmou que seus grupos não eram grupos terapêuticos e não deveriam tornar-se tais, mesmo se os participantes tivessem tendência para adotar esta orientação. A referência húngara não deve, portanto, ser tomada no sentido da análise individual do médico, o que seria um deslizamento em direção à psicoterapia. A única solução para o dilema é considerar, como fez Balint, que a relação médico-paciente tem uma originalidade tal que podemos tomá-la como objeto de estudo, sem com isso colocar em questão o conjunto da personalidade do médico. É a natureza da relação médico-paciente que permite introduzir um limite no trabalho de elucidação que com ela se relaciona. Isto se deve ao fato de que a relação médico-paciente é tão diferente de qualquer outra relação profissional, mesmo paramédica, quanto de qualquer outra relação interpessoal, mesmo no caso de modelos comuns que mobilizam afetos análogos.

O grupo Balint funciona, portanto, com referência ao método húngaro, mas somente no âmbito da vida profissional do médico, facilitando a compreensão do que

Balint denominou "transferência pública", excluindo tudo o que se refere à "transferência privada" do médico.

Essas considerações nos permitem compreender a extensão exata da formulação de Balint, quando quis caracterizar os resultados da formação: "uma mudança limitada, embora considerável, da personalidade do médico". Esta frase é ambígua: se há uma modificação de personalidade, há psicoterapia, mesmo se os resultados foram limitados, o que nos colocaria no registro da terapia focal. Mas, por outro lado, se o problema dos limites for colocado em primeiro plano, fica claro que o objetivo não diz respeito ao conjunto da personalidade e que não nos encontramos diante de uma perspectiva tão aberta quanto em um trabalho terapêutico. Podemos observar que foi este fechamento do campo dos possíveis que irritou ou contrariou certos balintianos, levando-os a se voltar para outros métodos de formação, onde esperavam encontrar um meio de ampliar incessantemente seus limites. O fato é que Balint quis fixar limites para sua ação, permanecendo suficientemente impreciso com respeito a seus objetivos para manter sua liberdade de ação no domínio da pesquisa. Isto explica a escolha do adjetivo "considerável" para caracterizar a modificação projetada, adjetivo que salienta a importância do processo, mas que não traz nenhum esclarecimento a respeito de sua natureza. Evidentemente, de um ponto de vista psicanalítico, ou mesmo simplesmente psicodinâmico, seria desejável ter algumas explicações sobre a natureza desta mudança. Trata-se simplesmente de uma aquisição ou de um remanejamento das estruturas da personalidade e, neste caso, em que nível? Balint utilizou uma curiosa comparação que pareceria remeter a formação a um simples processo de aprendizagem. Disse ele que qualquer aquisição causava, *ipso facto*, uma modificação da personalidade e que, por exemplo, quando aprendemos a esquiar, não somos mais os mesmos que antes. Poderíamos ver nisto uma brincadeira, mas a comparação vai talvez mais longe do que parece. De fato, o exemplo não foi escolhido ao acaso. Antes de mais nada, Balint gostava muito de esquiar e o fazia com entusiasmo. Mas, acima de tudo, o exemplo nos remete ao filobatismo, pois aprender a esquiar é uma modalidade da conquista do espaço, enquanto que a neve é uma substância exemplar, associando a brancura nutriente do leite ao fornecimento ilimitado de um suporte indestrutível sobre o qual, todavia, a segurança só é garantida pelo talento do esquiador. Não é surpreendente, portanto, que neste nível de simbolização a aprendizagem do esqui tenha sido escolhida como modelo de uma modificação da personalidade a qual, mesmo limitada, importa na aquisição de uma habilidade maravilhosa nas relações com certo meio, o que, evidentemente, implica uma evolução correlativa no mundo interior do sujeito.

É preciso acrescentar, enfim, que Balint permaneceu sempre muito ligado à perspectiva de pesquisa e que foi talvez esta a razão que o levou a não definir melhor os objetivos e as técnicas da formação. Sempre se recusou a falar dos fenômenos observados em seus seminários em termos de dinâmica de grupo. Não se explicou claramente a respeito disto e a polêmica que poderia ocorrer com seus colegas da Clínica Tavistock em torno desta questão jamais explodiu. Talvez isto explique que suas divergências tenham evoluído em surdina para uma ruptura. Se recolocamos a questão da dinâmica de grupo no conjunto dos escritos balintianos, podemos pensar que ele recusou esta linha de pensamento porque dava demasiado importância ao líder e que, pelo uso imoderado que fazia das interpretações de grupo, arriscava-se a induzir os participantes a tomar, diante do líder, atitudes ocnófilas, análogas às que já detectara em jovens analistas formados pelo método berlinense, assim como em alguns casos na Inglaterra, fruto da preponderante influência de Melanie Klein.

Se quisermos resumir agora o que, na extraordinária abundância de idéias de Balint, nos parece estar mais diretamente em relação com seu projeto de ajudar os médicos a descobrir novas modalidades de prática médica, será à sua concepção das relações primitivas que precisaremos voltar. Tudo parece decorrer dela com uma lógica admirável. Esta é a razão de sua obstinação em combater a teoria do narcisismo primário. Se admitirmos que em um dado momento, por mais primitivo que seja, o ser humano puder viver sem relação com o meio, então já não poderemos compreender as causas mais íntimas da dinâmica relacional. O amor, para Balint, é o fato primitivo, correlato de qualquer existência e de qualquer fenômeno vital. É também por isto que ele jamais aderiu à hipótese da pulsão de morte e que, ao contrário de Melanie Klein, não acredita na existência de um sadismo primitivo. Para ele, "o amor do objeto arcaico, ingênuo e confiante, deve ser considerado como a primeira fase pós-natal do desenvolvimento humano" (M. Balint, 1972, p.129).

Estamos aqui longe dos fantasmas agressivos, frutos da pulsão de morte, que povoam o mundo interior do bebê, segundo Melanie Klein.

O paradoxo é justamente que será com os kleinianos que Balint se verá estreitamente associado durante o seu trabalho na Clínica Tavistock. Este encontro histórico merece ser agora considerado sob um outro ponto de vista: o da história de uma instituição prestigiosa e dos trabalhos nela efetuados.

II. A Tavistock e os Tavistockianos

1. A Clínica Tavistock

Fundada em 1920, essa era, originalmente, uma instituição filantrópica, destinada a aliviar a miséria moral das populações, miséria legitimamente considerada como um mal crescente em um mundo em plena transformação. No período entreguerras, a Clínica Tavistock se desenvolveu rapidamente, tornando-se o centro piloto da psiquiatria social na Grã-Bretanha, e empregando métodos psicoterapêuticos capazes de uma ampla difusão. Contudo, nesta época, a psicanálise ainda não era a referência dominante nas atividades da clínica. A inspiração era, antes, psicodinâmica em sentido amplo e comportava sobretudo uma oposição à psiquiatria hospitalar e biologizante.

A Segunda Guerra Mundial deu ocasião a uma revolução importante na orientação da clínica e a uma renovação de seus métodos. A experiência psiquiátrica militar operacional, que muitos especialistas da Tavistock conheceram nesta época, parece tê-los marcado sobremaneira, dando-lhes idéias para assegurar a eficácia da instituição em seu combate incessante contra a neurose.

Aspectos Teóricos do Movimento Balint   35

Após a guerra, a psicanálise tornou-se a ideologia dominante, com uma predominância da teoria kleiniana. Contudo, foram desenvolvidos quase com exclusividade métodos de grupos no afã de responder a uma demanda crescente e de permanecer fiel às opções da psiquiatria social inicialmente escolhidas.

Essa orientação naturalmente levou a acentuar a importância das relações humanas para o funcionamento psíquico do indivíduo e para uma vasta política de higiene e de saúde mental. As relações humanas tornaram-se, de certo modo, a especialidade da Tavistock, que, a propósito, desdobrou-se em um Instituto de Relações Humanas. Todos os fenômenos relacionais foram estudados pelos pesquisadores deste Instituto. Citemos particularmente as relações precoces mãe-bebê e as conseqüências da separação (Bowlby), os conflitos conjugais (Dicks), as relações no mundo do trabalho e na indústria (Jaques). Nessas condições, não é surpreendente que os diretores da clínica e da instituição tenham, desde muito cedo, se interessado pela formação daqueles cuja função é intervir nas relações interpessoais das pessoas que têm a seus cuidados. A orientação no sentido da psiquiatria social já implicara a constituição de equipes de intervenção nas quais os trabalhadores sociais assumiam um papel crescente. Foi a respeito destes que o problema da formação se colocou, inicialmente, pois, considerando as opções psicanalíticas da clínica, parecia absolutamente insuficiente dar-lhes uma formação psicológica de tipo clássico. Contudo, estando claro que o objetivo era responder à demanda do maior número possível de pessoas e praticar uma espécie de psicoterapia de massa, excluía-se uma formação psicanalítica para todos os trabalhadores sociais, seja por motivos econômicos, seja por razões puramente técnicas. Foi então, logo após a Segunda Guerra Mundial, que se desenvolveu o *case-work*, discussão de caso em grupo com vistas à formação. Esse método não foi inventado por Balint. Pelo contrário, foi Enid Balint quem esteve entre os pioneiros da utilização e da difusão do *case-work*. Só secundariamente Michaël Balint chegou a participar, com sua mulher, na formação dos trabalhadores sociais e, a partir desta época tentou modificar o *case-work* em um sentido conforme sua experiência com o método húngaro de formação psicanalítica. Essa primeira etapa da elaboração do método Balint merece uma pausa, pois ela pode estar presente na origem de mal-entendidos sobre a própria natureza da formação Balint. O fato de ele ter começado grupos com trabalhadores sociais serviu de argumento àqueles que pretendem não haver diferença entre a formação dos médicos e a de outros profissionais da saúde, inclusive de todas as profissões onde há fortes implicações relacionais.

Ora, é preciso ver que o trabalho de M. Balint com os *social workers*[2] foi uma experiência centrada num único ponto, cuja duração não excedeu mais de um ano e que não provocou, de sua parte, qualquer elaboração teórica. Parece ter sido um simples modo de entrada na Clínica Tavistock, em 1949, o que lhe permitiu aplicar suas idéias sobre a formação dos médicos já a partir do ano seguinte, em outubro de 1950. Além disso, não se deve esquecer que a aproximação entre a psicanálise e a medicina preocupava M. Balint desde o início de sua formação, como freqüentemente afirmou (Balint,

---

2 Em inglês no original (N.R.).

1970). Podemos portanto dizer que, em sua atividade na Clínica Tavistock, foi o trabalho com os médicos que principalmente o interessou, e não o trabalho social e as relações humanas em geral, o que o distingue dos outros tavistockianos.

Para marcar mais claramente o lugar original de Balint no interior da Tavistock, agora falaremos um pouco a respeito de um outro tavistockiano célebre, o grande inspirador da dinâmica de grupo tal como foi e ainda é praticada na conceituada clínica londrina: Wilfred Ruprecht Bion.

2. Quem foi W. R. Bion?

Um ano mais jovem do que M. Balint, (nascera em 1897), W. R. Bion seguiu uma trajetória completamente diferente. Em sua biografia, vemos que nascera na Índia e se separou de sua família aos 8 anos para fazer seus estudos na Inglaterra. Estava no segundo grau quando a Primeira Guerra Mundial estourou e, a partir de 1915, com 18 anos, entrou para o Royal Tank Corps. Participou da guerra por três anos e sua conduta corajosa levou-o ser condecorado com o D.S.O. (*Distinguished service order*) e com a Legião de Honra. Após a guerra foi professor de história moderna e de francês em um colégio. Foi quando começou a se interessar pela psicanálise, deixando o ensino em 1924 para começar estudos de medicina e de psiquiatria, que terminou em 1930, com 33 anos. Trabalhou então como psicoterapeuta em uma instituição para delinqüentes e em um hospital de neurologia. Aqui encontrou John Rickman, figura importante da psicanálise britânica entre as duas guerras, e que se tornaria seu primeiro analista. Contudo, sua formação analítica se estendeu por um longo período, visto que não a havia acabado quando sobreveio a Segunda Guerra Mundial, fazendo sua segunda análise, desta vez com Melanie Klein, após 1945.

Em 1933, entrou na Clínica Tavistock onde permaneceu até 1948. Durante a Segunda Guerra Mundial foi de início mobilizado para hospitais e, em seguida, para um centro de seleção de oficiais. De todas estas experiências, a que mais o marcou foi seu comissionamento para o serviço de reeducação das neuroses traumáticas do Northfield Hospital. Ali permaneceu não mais do que seis semanas, mas parece que durante este curto espaço de tempo, descobriu todas as bases de suas teorias posteriores sobre os fenômenos de grupo. Essa experiência forneceu igualmente material para seu primeiro artigo psiquiátrico (Bion, 1943) e para seu livro posterior *Experiences in groups* (escrito em 1948, mas publicado sob a forma de livro em 1961).

Neste ponto, impõe-se uma observação: Bion é considerado como o grande teórico dos grupos, o papa da dinâmica de grupo, mas deve-se notar que, em sua carreira, o período em que se interessa pelos grupos é muito breve: é o período da guerra e dos três anos que se seguiram, até sua despedida da Clínica Tavistock em 1948. Aparentemente, quando da sua permanência no Northfield Hospital, teve intuições geniais que aplicou, em seguida, à coordenação dos grupos terapêuticos. Mas após este período de interesse intenso, e também pelo fato de se ver cada vez mais polarizado pelas teorias de Melanie Klein, com quem fez uma segunda análise, cessou de se dedicar aos grupos, centrando

Aspectos Teóricos do Movimento Balint 37

todos os seus trabalhos posteriores nas teorias do funcionamento psíquico e na psicanálise das psicoses.

Após sua partida da Tavistock, trabalhou como psicanalista autônomo e assumiu funções importantes na Sociedade Britânica de Psicanálise, da qual foi presidente de 1962 a 1965.

Em 1968, instalou-se na Califórnia e permaneceu muito ativo até a morte em 1979, tendo adquirido uma reputação internacional com seus trabalhos sobre as psicoses.

Se quisermos fazer uma comparação entre Bion e Balint, perceberemos mais o que os separa do que o que os aproxima, pelo menos no que concerne aos temas que abordamos aqui. Em relação à medicina, em primeiro lugar, Balint é um médico, poderíamos dizer, de primeira intenção, mesmo tendo-se interessado por outras disciplinas: seu caminho provém do antigo sonho de reconciliar a medicina com a psicanálise. W. R. Bion, ao contrário, é médico apenas secundariamente. Professor de história, interessou-se pela psicanálise e apenas cursou medicina para adquirir uma formação de base e uma posição social que lhe permitisse ser psiquiatra e psicanalista. No interior da própria psicanálise, observamos tudo o que separava Balint de Melanie Klein, enquanto que Bion parece ter aderido inteiramente às teorias desta última, desenvolvendo-as em seus próprios trabalhos. Finalmente, no que concerne à formação, as idéias dos dois autores são provenientes de fontes inteiramente diferentes. Balint jamais foi um terapeuta de grupo: utilizou-se do grupo com o objetivo de formação-pesquisa, porque sentiu que este era o meio de criar um ambiente favorável que lhe permitisse observar os fenômenos relacionais na medicina e descobrir suas afinidades com suas próprias concepções das relações primitivas. Bion, por sua vez, foi um terapeuta de grupo genial, descobrindo na prática, em plena guerra, os princípios do funcionamento de pequenos grupos, e conseguindo, em alguns anos, elaborar a partir destes princípios uma teoria original e completa. Permaneceu, porém, no grupo terapêutico e não se interessou de modo especial pela formação e pela pesquisa em grupo, seja em psicanálise ou medicina.

Pudemos observar, portanto, que estes dois homens, Balint e Bion, não tinham muitas coisas em comum, o que nos deixa ainda mais surpresos, se constatarmos que surgem como as duas referências principais dos trabalhos de formação, praticada na Clínica Tavistock.

3. O método Tavistock

O texto de R. Gosling e P. M. Turquet, publicado neste volume, constitui uma exposição suficientemente completa da Tavistock para que possamos nos contentar com algumas observações apenas.

A primeira é que se trata de grupos orientados unicamente para a formação. A idéia de que uma pesquisa possa estar associada a esta não parece agradar aos autores. A tarefa primordial do seminário é ensinar o médico a encontrar a "correta distância" nas relações com os pacientes. A noção de distância correta evoca, por si própria, mais o trabalho social, visto que a prática médica na qual a distância que separa o médico do paciente, tanto física quanto psiquicamente, é um dado eminentemente variável, implicando possibilidades imensas na influência recíproca deste par.

No texto de Gosling e Turquet, trata-se sobremaneira de normas e de modelos, o que se compreende bastante bem dentro da perspectiva unicamente formativa adotada por eles. Entretanto, eles compreenderam muito bem que o psicanalista líder de grupo não pode ser considerado um especialista da relação médico-paciente, tal como se estabelece e se desenvolve em medicina geral. A partir deste ponto de vista, não há especialista, o que poderia abrir caminho para a pesquisa. Mas não podemos dizer que os autores a ela se dediquem francamente, pois substituem essa falta de competência específica por uma competência mais geral em matéria de relações humanas, o que automaticamente os distancia dos fenômenos mais originais da prática médica. Nesta concepção, o líder parece um pouco enrijecido no papel de especialista da dinâmica de grupo, qualquer que seja o interesse dos fenômenos patentes nesta perspectiva.

Essas observações poderão parecer injustas, pois não levam em conta o caráter original de certas formulações destes dois autores, bem como das numerosas advertências que demonstram bem o quanto estão conscientes das dificuldades do trabalho e das emboscadas a serem evitadas. Nosso objetivo não é criticá-los, sistematicamente, mas sim demonstrar como seu trabalho pode clarificar, por um efeito de contraste, a própria especificidade do trabalho de Balint.

Desde a introdução do artigo, Gosling e Turquet definem claramente seus objetivos e métodos. Para eles, trata-se essencialmente de um processo de aquisição: aprender novas modalidades de condutas profissionais. Evidentemente, podemos sempre dizer que este gênero de aquisição é necessariamente acompanhado por fenômenos de transformação no âmbito da personalidade. Vemos que Balint havia igualmente se defrontado com este problema, tendo-o evitado, cabalmente, com o recurso a formulações provisórias, em vez de resolvê-lo. Entretanto, Gosling e Turquet adotam um estilo muito diferente: definem aquilo que deve ser adquirido e especificam as condições de sua aquisição. Se os autores propõem que o líder encarne a tarefa primordial do seminário, é com a preocupação da eficácia e para assegurar o êxito do processo de aquisição.

Com respeito à tarefa primordial, podemos nos perguntar se o próprio termo relação médico-paciente não se presta a confusão e se não se devem fazer distinções no próprio interior deste conceito. De fato, quando Gosling e Turquet falam da relação médico-paciente, temos a impressão de que a consideram um caso particular das relações humanas em geral, e talvez mesmo das relações sociais. Evidentemente, este ponto de vista é absolutamente justificado para inúmeros aspectos da prática médica, que é, em larga medida, uma atividade social entre membros de uma mesma comunidade. Porém, ao colocar o acento sobre o aspecto das relações humanas da medicina, nos arriscamos a minimizar justamente o que constitui a especificidade das transações entre o médico e o paciente, as quais, em vista da presença real ou imaginária da doença, comportam uma dimensão arcaica mais ou menos importante, conforme o caso, porém sempre prestes a abrir a porta para atitudes regressivas. Gosling e Turquet afirmam claramente que a relação médico-paciente é sempre atravessada por fenômenos transferenciais e que ela constitui o espaço de vibrações afetivas de origens profundas, mas que seu ensino (visto que empregam este termo), parece orientar-se no sentido do controle e da redução destes processos parasitas, em vez de dirigir-se a sua utilização terapêutica.

O interesse que estes autores têm pelas teorias de Bion a respeito da dinâmica de grupo os conduz, igualmente, a fazer o real prevalecer sobre o imaginário. Com efeito, a própria noção de grupo de trabalho, em oposição à de "grupo de hipótese de base", os conduz a valorizar as atitudes realistas, escoradas na eficácia e privilegiando as condições materiais da prática. Também aqui podemos dizer que têm razão em uma vasta medida, e que seu método pode servir como "cerca de proteção" para os médicos que possam se deixar seduzir por uma nova prática incompatível com suas condições de trabalho. Mas é preciso ver a contrapartida da concepção de Bion, que foi elaborada — devemos nos lembrar — para devolver ao combate soldados que apresentassem neurose de guerra. A retribuição pelo realismo e pela vontade "de fazer bem o trabalho", constitui necessariamente uma certa limitação na exploração do imaginário e da expressão da vida afetiva. A interpretação sistemática dos fenômenos de grupo em termos de hipóteses de base, a réplica exata da técnica kleiniana em psicanálise, conduz necessariamente a interromper a regressão, mesmo se a interpretação der ocasião a uma expressão mais profunda da vida fantasmática do grupo.

Podemos pensar que o relativo desconhecimento de Balint com respeito à dinâmica de grupo tem, de fato, como fundamento, a vontade de trabalhar em um espaço que ofereça a possibilidade de descobertas originais, em vista da ausência de limites determinados *a priori* por um saber teórico.

Quanto à relação médico-paciente, podemos dizer que, para Balint, pertence mais ao domínio das relações de objeto do que ao das relações humanas. Pelo menos, foi sob este ângulo que ele decidiu abordá-la. Se nos referirmos ao que foi dito a propósito dos trabalhos de Balint, sobre as relações primitivas, perceberemos tudo o que separa Balint dos tavistockianos no que concerne à relação médico-paciente. Ao invés de insistir sobre caracteres gerais da relação humana e social, ele se interessa por sua especificidade, enquanto esta mobiliza, mais do que qualquer outra, instâncias arcaicas que a enriquecem e, ao mesmo tempo, a perturbam. Deixamos então o domínio da simples formação relacional, como pôde ser desenvolvida pelos profissionais que operam no campo do trabalho social e das atividades paramédicas, e chegamos a uma formação-pesquisa, especificamente destinada aos médicos que aspiram um renovamento de sua prática.

III. O Movimento Balint na Grã-bretanha

O texto de Gosling e Turquet foi inicialmente apresentado em 1964, sendo publicado em 1967. Nesta época, Balint já havia deixado a Clínica Tavistock, visto que havia sido aposentado em 1961. As divergências não são muito aparentes, apesar de podermos observar a reduzida extensão das referências dos dois autores tavistockianos às concepções de Balint. A mesma impressão é obtida na leitura de um outro livro, publicado em

1966, *A study of doctors*, onde as duas correntes aparecem, antes como justapostas, do que verdadeiramente integradas. Observaremos também que, em 1970, ano de sua morte, Balint escreveu em um artigo publicado na *Gazette Médicale*: "O método foi descrito de uma maneira deveras breve no apêndice I de meu primeiro livro... contudo, ele ainda aguarda tornar-se objeto de um estudo mais detalhado", demonstrando assim que não aderia às idéias expostas no texto de Gosling e Turquet, publicado três anos antes, ou, pelo menos, que ele não o considerava uma exposição fiel e completa de seu método. Podemos, portanto, falar de uma divergência já a partir da metade da década de 60 e, talvez mais cedo, sobretudo após a morte de Michaël Balint. O movimento Balint inglês, que então se desenvolve e que dá lugar, em 1970, à criação da *Balint Society*, é praticamente separado da Clínica Tavistock. Ele é obra dos médicos da "velha guarda", reagrupados em torno de Enid Balint.

O motivos dessa divergência nunca foram claramente expostos e, certamente, se misturam a questões pessoais, disputas de poder, rivalidades institucionais, o que torna seu exame difícil. Porém, além destes fatores parciais ou ocasionais, podemos encontrar para esta divergência um sentido geral que explica o dinamismo do movimento: é uma declaração de independência dos médicos com relação a seus formadores e à instituição formadora. Desejou Balint isto ou ele simplesmente manteve-se à parte após ter dado o impulso inicial? É uma questão cuja resposta não é simples, pois as intenções profundas de Balint permanecem, em parte, misteriosas, e não podemos saber exatamente se ele havia fixado limites ao seu empreendimento.

Podemos observar uma ilustração da atitude de Balint, ante as iniciativas dos médicos formados por ele, no prefácio que escreveu para o livros de Max Clyne, *Night call* [3] (1961). Trata-se de um livro que expõe os resultados de um grupo de pesquisa sobre os chamados noturnos. O que desejamos salientar é que Balint se declara ultrapassado por seus próprios alunos, que se permitem expor coisas que ele próprio teria mantido veladas, como demonstra a seguinte passagem:

"... De fato, eu tive por várias ocasiões a impressão de que a franqueza ia demasiado longe e me propus parar. A cada vez, meus colegas iam além, o que resultou na redação deste livro. Devo acrescentar que ele contém, com respeito a alguns médicos, em particular, e as suas motivações, várias passagens que eu não teria ousado escrever a respeito de nenhum de meus colegas."(*op. cit.*, p.IX -X).

Foi ele sincero em sua proposta de interrupção ou, pelo contrário, sentia um secreto júbilo em ver seus filhos espirituais se lançarem ousadamente à conquista de novas terras no espaço médico? Podemos fazer esta pergunta ao ler esta surpreendente passagem.

Encontramos a mesma atitude quando da criação da *Balint Society* em 1970. Balint havia lhe dado seu aval, mas não foi ele quem tomou a iniciativa. É preciso dizer que os britânicos também haviam recebido um impulso estrangeiro, visto que desde 1967 a

---

3 Chamados noturnos.

Aspectos Teóricos do Movimento Balint

"Societé française des groupes Balint" havia sido fundada, como veremos adiante. De qualquer modo, a criação destas sociedades demonstra que o movimento Balint tomou uma envergadura considerável, manifestando um dinamismo que não se deve unicamente ao impulso inicial dado pelo inventor do método.

A garantia de Enid Balint e o fato de os membros da "velha guarda" estarem nos postos de comando asseguram, todavia, uma fidelidade completa às idéias de Balint. Mas o que ocorreu com a orientação do movimento no que concerne à psicanálise? Apesar de sua originalidade, Balint sempre permaneceu no interior da psicanálise e de suas instituições, visto que foi presidente da Sociedade Britânica de Psicanálise. Se ele manifestou sua marginalidade, não foi com relação à psicanálise, mas sim com relação às diferentes escolas que nela se desenvolveram. Ele próprio sempre se considerou apenas como o cabeça de uma escola psicanalítica.

Ele sempre se sentiu um pouco isolado no interior do movimento psicanalítico e não foi por acaso que procurou alhures um campo de expansão para suas idéias mais originais. Porém, manteve até o fim da vida a função de ligação, no sentido pleno do termo, o que permitiu a vinculação de seu movimento ao pensamento psicanalítico. Uma vez desaparecido, Enid conservou a mesma função, talvez com mais ortodoxia ainda. Porém, seu domínio sobre o movimento não foi o mesmo e podemos nos perguntar se a declaração de independência dos médicos balintianos ingleses, com relação a Tavistock, não encerra um certo desvio da psicanálise.

Com efeito, um dos pontos cruciais da discussão entre o pessoal da *Balint Society* e o da Tavistock é a qualificação dos líderes de grupo. Eles devem ou não ser psicanalistas? A questão nunca pôde ser solucionada, mesmo quando Balint estava vivo, tendo sido confrontado com o que se passava na Holanda. De fato, neste país, o movimento de formação psicológica dos médicos em pequenos grupos conheceu um desenvolvimento extremamente rápido, sendo vários grupos coordenados por líderes não-psicanalistas. Balint não excomungou estas experiências holandesas, mas disse que, na sua opinião, era preferível que o líder fosse psicanalista.

Atualmente, a polêmica prossegue, caminhando aparentemente para uma solução de compromisso na qual o líder deve ser analista, mas o co-líder pode ser um médico não-analista que tenha uma longa prática de grupo Balint como participante. Apesar deste compromisso ter a vantagem de satisfazer um pouco a todos, não podemos dizer que ele traga uma resposta definitiva ao complexo problema das relações entre a psicanálise e a medicina, tal como o comportamento dos grupos Balint demonstra. Com efeito, podemos nos perguntar: de que serve um psicanalista?

Para Balint, o psicanalista é necessário, não porque ele saiba o que os médicos deveriam fazer, mas, pelo contrário, porque, estando fora da prática médica comum, pode colocar sua competência a serviço dos membros do grupo, sem, contudo, apresentar-se como um modelo. O co-líder não-analista, em compensação, se arrisca a qualquer momento a se encontrar na posição de modelo, por maiores que sejam seus esforços para evitar isso.

Isto quer dizer que os médicos formados pelo método deveriam sempre se manter em um lugar hierarquicamente inferior com relação aos líderes psicanalistas? É aqui que é preciso voltarmos à perspectiva de pesquisa estreitamente associada à formação. Com efeito, em uma pesquisa multidisciplinar, não existe mais hierarquia: as competências são complementares, sem espírito de superioridade ou de inferioridade. O "líder" de um grupo de pesquisa não é o chefe deste, mas sim um participante a mesmo título que os outros, mesmo se exercer o papel de coordenador ou, eventualmente, de "locomotiva". A fecundidade da pesquisa está baseada na livre iniciativa de cada um dos participantes. Ora, vimos por ocasião de *Night Calls* que Balint aceitou muito cedo (desde 1960) que os membros de seus grupos de pesquisa não fossem simples seguidores, mas que fossem adiante e fizessem o que denominou, em um outro contexto (M. Balint, 1972), as "descobertas independentes".

Como procurei demonstrar em um artigo recente (R. Gelly, 1980), é nesta perspectiva de pesquisa somente que o irritante problema do ressurgimento da relação professor-aluno durante toda a formação e, mesmo na carreira posterior, poderá ser resolvido.

O problema não parece ter escapado a R. Gosling e P. M. Turquet, mas eles lhe dão uma resposta completamente diferente: aceitam que o líder seja o modelo de uma certa capacidade relacional e confiam nas técnicas da dinâmica de grupo para resolver os fenômenos transferenciais, após o que os médicos poderiam retornar à sua prática, uma vez terem-se tornado mais hábeis para encontrar a correta distância na relação médico-paciente. O que não importa na existência de inspiração para buscar novas vias na arte de "prescrever a si mesmo".

De fato, a Clínica Tavistock permaneceu muito mais um lugar de formação do que um centro de pesquisa. Contudo, é preciso observar que a situação está talvez mudando, como demonstra um recente artigo do responsável pela formação dos médicos na Tavistock (S. Bourne, 1979). Falando a respeito da "filiação dos casos nos grupos Balint" o autor mostra que podemos ultrapassar a perspectiva do caso isolado para encontrar um significado para conjuntos de casos, que revelam certos aspectos da vida do grupo, que funciona como um todo coerente[4]. Ele também critica o abuso das interpretações da transferência e salienta que a polarização exclusiva sobre o estudo da relação médico-paciente é acompanhada por uma perda de interesse pela doença em sua dimensão de realidade. Entretanto, se se trata de uma autêntica pesquisa, não podemos dizer que ela seja realmente desenvolvida no interior de um grupo. Este fornece o material, mas é apenas o líder quem parece ter atuado como pesquisador, a partir da posição de analista do grupo. Poderíamos então resumir o debate a respeito do papel do líder nos grupos Balint fazendo a pergunta na forma de uma alternativa: o líder é analista do grupo, ou é um analista à disposição do grupo? A resposta da Tavistock é diferente da dos médicos e dos analistas agrupados em torno de Enid Balint, na *Balint Society*. A questão não é saber

---

4 Este fenômeno da "filiação dos casos" já havia sido observado e descrito por M. Sapir e M. Audras, sendo um dos temas da reunião dos líderes de grupo Balint em Grande-Motte, em março de 1978.

quem está certo e quem errado, mas quais são os resultados de ambas as orientações e que perspectivas elas abrem.

Ainda não chegou a hora do balanço, sendo em vão que os congressos internacionais Balint se esforcem, a cada dois anos, para avaliar os efeitos da formação e traçar o esboço de uma nova medicina. A pesquisa balintiana não se desenrola segundo o modelo da pesquisa médica comum e não tem a ambição de chegar a descobertas espetaculares. Os resultados não servem para ser publicados: são forças que são mobilizadas, caminhando pouco a pouco e permanecendo freqüentemente silenciosas. É assim que podemos nutrir a esperança de chegar a mudar as mentalidades e não de provocar uma nova moda tão brilhante quanto efêmera.

Nessa perspectiva, o *flash* pode ser considerado como exemplo de uma descoberta tipicamente balintiana (E. Balint e J. S. Norell, 1973). Não se trata de um conceito estranho à medicina que esteja sendo proposto como uma novidade a ser adotada. De fato, se o *flash* foi descoberto, isto se deu porque já estava presente, na prática dos médicos, mineral precioso que aguardava somente uma exploração sistemática para demonstrar seu valor. Na obra acima citada, o *flash* aparece como uma espécie de medicamento, de manejo extremamente difícil, cujos efeitos permanecem imprevisíveis em larga medida. Mas o que nos parece importante sublinhar é que, apesar deste caráter misterioso, o *flash* não é heterogêneo à prática médica cotidiana. Os fenômenos de comunicação e de interação, tal como são descritos por Balint e seus alunos, sempre existiram na relação entre o paciente e o médico, ainda que não tenham sido sempre alvo de comentários. Foi justamente ao falar do que habitualmente não se fala, que Balint e os balintianos puderam abrir as terras virgens da prática médica cotidiana para a pesquisa.

IV. O Movimento Balint na França

O movimento Balint na França se iniciou com um atraso de cerca de dez anos com relação à Inglaterra. Foi no outono de 1962 que os principais líderes franceses começaram a reunir grupos de médicos: E. e G. Raimbault, J. A. Gendrot, M. Sapir, Ch. Brisset, P. Benoit, e, em 1963, V. Gachkel, assim como J. Guyotat em Lyon. Antes disso, as idéias de Balint sobre a formação dos médicos eram conhecidas nos meios psicanalíticos e psicossomáticos, sobretudo em função da publicação do livro *Le Médecin, son malade et la maladie*[5] (Londres, 1957, tr. fr. J. P. Valabraga, Paris, 1960).

Este atraso de dez anos explica porque os trabalhos franceses foram marcados, inicialmente, por uma certa inexperiência. Mas, bastante rapidamente, publicações originais demonstraram que o "Balint francês" não era uma simples cópia de seu homólogo britânico.

---

5 O médico, o doente e a doença.

Para tentar dar uma visão de conjunto a seu respeito, iremos estudar os trabalhos de alguns autores que estiveram entre os primeiros líderes de grupo e que mais escreveram sobre suas experiências com os médicos.

1. J. A. Gendrot

J. A. Gendrot exerceu um papel de primeiro plano no desenvolvimento do movimento Balint na França, até sua morte trágica em 1975.

Duas linhas-mestras caracterizam seu pensamento:

- o método Balint proporciona benefícios à medicina e aos médicos com as descobertas da psicanálise.
- o trabalho nos grupos Balint deve associar a formação e a pesquisa, o que instaura uma certa igualdade entre o líder e os participantes do grupo.

Antes de se interessar pelos trabalhos de Balint, Gendrot teve uma longa experiência como psicanalista interessado na psicossomática, tendo a esperança de estabelecer um diálogo entre psicanalistas e médicos. Mostrou-se muito crítico em relação à medicina psicossomática, censurando-lhe usurpar do médico seu objeto de prática e chegando à criação de uma nova especialidade médica, fragmentando, deste modo, o que permanece ainda relativamente inteiro no interior do campo médico, a saber, o domínio da medicina geral. A possibilidade para um médico de aceder a uma competência que lhe permita tratar o conjunto de sua clientela se reduz assim à formação analítica. Porém, Gendrot observa muito justamente que os médicos que desejam fazer uma análise não são os mesmos que desejam permanecer médicos. A formação em análise não pode, portanto, se dirigir ao conjunto do corpo médico e nem a uma fração importante deste. Por outro lado, os psicanalistas que se interessam pela patologia somática não se interessam, por esta razão, pelas condições da prática médica e pelo que constitui a especificidade da relação médico-paciente.

Enfim, a medicina psicossomática, ao adotar a linguagem da psicanálise e ao demarcar seus conceitos, estabelece uma hierarquia entre psicanalistas e médicos, o que provoca automaticamente um ressurgimento da relação professor-aluno e um bloqueio de qualquer possibilidade de diálogo.

Todas essas críticas o preparavam para acolher o método dos grupos Balint como uma verdadeira revolução transformadora das relações entre médicos e psicanalistas e oferecendo "... aos médicos os meios de utilizar plenamente os recursos da psicanálise" (Gendrot, 1970).

Contudo, se a adesão entusiasmada de Gendrot à idéias de Balint sobre a formação dos médicos não deixa nenhuma dúvida, o mesmo não ocorre com relação ao que poderíamos chamar de "balintologia psicanalítica". Noções tão importantes quanto as de amor primário, renovação, ocnofilia e filobatismo jamais foram evocadas. Podemos observar que o próprio Balint não se esforçou para demonstrar como suas idéias psicanalíticas derivavam do seu método de formação de médicos. A única referência feita diz

Aspectos Teóricos do Movimento Balint 45

respeito ao sistema húngaro de formação, mas é preciso salientar que isto já o colocava muito distante da comunidade psicanalítica internacional.

Podemos, portanto, pensar que foi a mesma preocupação de não se ver marginalizado pelas instituições psicanalíticas que levou Gendrot a escotomizar toda uma parte da obra de Balint: a que se refere aos desenvolvimentos mais profundos das relações primitivas assim como à utilização terapêutica da regressão.

Aguardando ansiosamente o diálogo entre médicos e psicanalistas, Gendrot fala deles como se pertencessem a duas profissões radicalmente distintas, como se cessássemos de ser médicos quando nos tornamos analistas. Ora, parece que os líderes de grupo foram todos recrutados entre os psicanalistas que, de uma maneira ou de outra, permaneciam muito ligados à medicina, pela qual sentiam nostalgia, mesmo no caso de haverem renunciado à sua prática. Esse fato demonstra por si só como a separação entre medicina e psicanálise não pode ser considerada como absoluta mesmo no nível dos líderes psicanalistas.

Resumindo a posição de Gendrot, podemos dizer que ele aderiu completamente ao método Balint, enquanto este instaura um novo diálogo entre médicos e psicanalistas, mas que ele se mostrou mais reservado ante as idéias teóricas de Balint, enquanto significam um reexame crítico de certas partes do edifício psicanalítico. O desejo de não lesar a psicanálise o conduziu a preconizar uma clivagem entre psicanálise e medicina, o que contrasta com seu desejo de diálogo. Foi também levado a idealizar o método Balint na medida em que pensa poder este, tal como é, e na situação presente, conduzir às mudanças revolucionárias a que pretende. Confia o método para mudar também os líderes psicanalistas e não somente os médicos, como se imaginasse uma outra clivagem no interior do líder, de tal modo a fazer coexistir neste último duas imagens de sua competência: o ser balintiano e o ser psicanalista separados, ainda que mantendo relações de bom entendimento. É um pouco a imagem que dá de si próprio, através de seus escritos: ao mesmo tempo entusiasmado e prudente, inovador e ortodoxo, ele deu ao movimento Balint francês uma grande parte de seu impulso, estando presente e ativo em todas as etapas de seu desenvolvimento, mas também vivendo as contradições deste a ponto de sentir em si próprio uma espécie de rachadura interior.

2. M. Sapir

Em uma outra parte desta obra, M. Sapir expõe suas idéias atuais sobre a formação psicológica dos médicos e os desenvolvimentos possíveis do método Balint. Entretanto, precisamos voltar aos seus trabalhos anteriores, tal como ele os expôs em seu livro *La Formation psycologique des médecins* (1972), que constitui, simultaneamente, uma exposição bastante completa daquilo que o autor denomina a clínica dos grupos Balint e um estudo teórico aprofundado das implicações do método.

O material do livro é evidentemente demasiado rico para que possamos fazer dele um estudo exaustivo, mas podemos buscar aí as respostas dadas pelo autor para as diversas questões que levantamos precedentemente, versando sobre a possibilidade de um diálogo entre psicanalistas e médicos, perspectivas da medicina psicossomática e associação da formação com a pesquisa.

Desde os primeiros capítulos do livro, ficamos surpresos pela tendência do autor em minimizar as oposições. Assim, a questão das difíceis relações, já desde o início, entre a psicanálise e a medicina, em grande parte, é passada em silêncio em proveito da insistência nos trabalhos dos primeiros psicossomaticistas, que aparentemente tiveram apenas um impacto limitado no desenvolvimento da psicanálise. Do mesmo modo, M. Sapir insiste na dimensão "social" de alguns trabalhos psicanalíticos e de algumas realizações institucionais, tais como a criação do Instituto de Berlim, em 1920. Apesar do divórcio homologado por Freud com a tomada de posição sobre a análise "leiga", são tantos os indicadores de que múltiplos vínculos continuaram a ligar a psicanálise à medicina.

Foi, talvez, a persistência de uma zona de intersecção entre as duas disciplinas que resultou no florescimento do movimento psicossomático. M. Sapir, contudo, mostra-se muito crítico para com as teorias de Alexander e, sobretudo, de seus alunos, interessados em descobrir a "especificidade" psicodinâmica de algumas doenças, acabando por encerrar a clínica psicossomática em esquemas rígidos, acessíveis somente aos iniciados, isto é, aos psicanalistas que estiverem ao mesmo tempo em posição de dominância e de exclusão em relação ao corpo médico. Por outro lado, a medicina psicossomática está atualmente dividida entre treze teorias, mais ou menos incompatíveis entre si, o que demonstra como o termo que a designa está perdendo seu significado (M. Sapir, 1981).

Diante dessa confusão, a ênfase posta por Balint na relação médico-paciente surgiu a Sapir como uma via promissora, que permite encontrar um terreno comum entre psicanalistas e médicos.

Contudo, não parece que ele tenha concedido um lugar privilegiado aos trabalhos de Balint sobre as relações primitivas. Ao fazer certas distinções, tende a aproximá-las das concepções de Melanie Klein, que vimos indicarem uma prevalência quase biológica do impulso sobre a relação.

Pode-se perceber essa tendência "ecumênica" quando M. Sapir começa a comparar o método Balint de formação de médicos com o da Clínica Tavistock, exposto por R. Gosling e P. M. Turquet. Além disso, devem-se salientar as necessidades do momento, pois o livro de Sapir foi escrito antes da morte de Balint e, certamente, não era desejável, naquela época, sublinhar as divergências. Isto pode explicar a ênfase nas diferenças de estilo e não nas oposições teóricas e técnicas resultantes da adesão completa de Gosling e Turquet às idéias de Bion.

Além disso, quando se trata de avaliar os resultados da formação e de definir o tipo de prática médica em que pode resultar, parece que Sapir se encontra bastante próximo dos "especialistas em relações humanas" da Tavistock. Insiste no progresso que os médicos fazem na arte de encontrar a "correta distância" em suas relações com os pacientes, propondo a expressão "medicina de acompanhamento" para designar esta nova maneira de praticar a medicina. Apesar de podermos fazer uma aproximação com o "médico-medicamento", não é certo que as noções de correta distância e de acompanhamento sejam

Aspectos Teóricos do Movimento Balint 47

muito balintianas, na medida em que parecem pouco compatíveis com as variações de registro passíveis de surgir na relação médico-paciente, como demonstra o fenômeno do *flash*.

Mesmo elogiando esta técnica, Sapir parece considerá-la com certa desconfiança visto que preconiza reservá-la para um seminário de aperfeiçoamento que se seguiria ao grupo Balint clássico. Essa desconfiança não viria do fato de o *flash* aparecer como um fenômeno heterogêneo tanto na formação relacional quanto na formação psicanalítica clássica, e apenas poder ser compreendido com referência às concepções de Balint sobre as relações primitivas?

Encontramos um problema análogo no que concerne à pesquisa. Mais do que qualquer outro coordenador francês, Sapir fez e continua a fazer sua pesquisa com o médicos formados em seus grupos. Contudo, a pesquisa permaneceu, aparentemente, sempre "enquadrada" em teorias clássicas, assim como visou à descoberta de novas vias de aplicação da psicanálise à medicina, em vez de uma reavaliação dos conceitos psicanalíticos no contexto da prática médica. É a impressão que temos do relatório feito pelo autor de um grupo de pesquisa sobre a histeria. Vemos aí desenvolvimentos muito interessantes sobre as dificuldades dos médicos vítimas das manobras de sedução de suas pacientes, mas a histeria propriamente dita não é colocada em questão enquanto entidade nosológica. Um outro grupo reuniu médicos e psicanalistas, mas se orientou para a formação "em um nível elevado", como se as descobertas da psicanálise pudessem ser transpostas para a prática médica sem passar antes por um reexame crítico.

Em suma, sem que se possa falar de ortodoxia, Sapir parece abster-se de insistir nos trabalhos de Balint que poderiam sobremaneira colocar de novo em questão a teoria psicanalítica e o freudismo. A respeito disso, podemos dizer que ele adota a mesma atitude que Gendrot. Por outro lado, os dois autores assumem posições sensivelmente diferentes a respeito da dinâmica de grupo. Apesar de Sapir jamais ter preconizado a interpretação sistemática dos fenômenos de grupo, aproxima-se dos autores da Clínica Tavistock por seu interesse pelos processos relacionais tanto no interior do grupo de formação quanto na prática médica. Mesmo não utilizando as mesmas referências que Gosling e Turquet, o autor parece aderir ao objetivo que eles escolheram explicitamente: ajudar os médicos a encontrar a "correta distância" em suas relações com os pacientes e evitar conflitos relacionais geradores de mal-entendidos e de incompreensão. Contudo, não estaríamos fazendo justiça à obra de Sapir, reduzindo-a a essa perspectiva. Se insistimos na aproximação com os coordenadores da Tavistock, isto se deve à tentativa de diferenciação, no interior do movimento francês, das correntes de pensamento que demonstram a diversidade das inspirações e a pluralidade das referências, arriscando-nos, por vezes, em uma esquematização abusiva.

3. Outros líderes

Para ilustrar essa diversidade e tentar ampliar o panorama do "Balint francês", falaremos agora de alguns coordenadores escolhidos em função da originalidade de sua posição ou de sua participação mais ou menos declarada a esta ou àquela corrente de pensamento psicanalítico.

Alguns se situam fora de qualquer corrente definida, praticando o método Balint sem se referir a nenhuma teoria em particular. É o caso de V. Gachkel, um dos pioneiros do grupo Balint na França, o qual sempre se esforçou para permanecer o mais próximo possível da clínica e para ajudar os médicos, de modo empírico, poder-se-ia dizer, a resolverem os problemas relacionais apresentados por seus pacientes. Do mesmo modo, dentro do grupo, ele preconiza, em caso de crise, o recurso à intuição e ao bom senso, ao invés de interpretações inspiradas pela dinâmica de grupo (V. Gachkel, e col., 1964).

Por outro lado, outros líderes de grupo não fazem mistério de sua ligação com uma escola de pensamento bem singular no interior do movimento psicanalítico. É o caso de P. Benoit, do qual podemos dizer que uma das preocupações dominantes parece ter sido a conciliação das idéias de Balint com as de Lacan. Para tentar ilustrar esta tentativa, tomemos como exemplo as afirmações de P. Benoit (1964) sobre a importância da linguagem na medicina.

Para ele, os sintomas funcionais devem ser considerados como uma linguagem que exprime os conflitos e as tensões existentes, seja no interior do sujeito, seja em suas relações com os outros. Chega a falar de duas linguagens: a linguagem do corpo, cujas raízes seriam anteriores à palavra, e à qual se atribui uma espécie de imanência referente à relação arcaica da criança com sua mãe; e a linguagem dita verbal, que, em função de sua aquisição mais tardia e de sua origem externa, se mostraria inadequada para a expressão da vivência afetivo-emocional mais profunda.

À primeira vista, esta concepção de linguagem pode ser aproximada da descrita por Balint, sobretudo em *Défaut Fondamental*, a respeito do caráter edipiano da linguagem e da incapacidade do paciente de continuar a utilizar a linguagem convencional quando atinge um certo nível de regressão. Porém, Balint jamais utilizou a expressão "linguagem do corpo", interessando-se sobretudo pelas formas arcaicas da comunicação, nas quais os elementos afetivos são predominantes.

Se alguns lacanianos salientaram o divórcio radical entre a psicanálise e a medicina (cf. J. Clavreul, 1978), Benoit (1964) sempre permaneceu muito mais flexível, reconhecendo explicitamente que o modelo psicanalítico não deve servir de referência para a formação psicológica dos médicos. Todavia, procurou aplicar certos conceitos lacanianos à medicina como demonstram suas reflexões sobre o medicamento, considerado um objeto parcial, que intervém na dinâmica da relação médico-paciente.

Em suma, Benoit surge como um vigoroso pensador independente, que, mesmo tendo exercido um papel importante no desenvolvimento do movimento Balint na França, não se vincula diretamente nem à tendência Tavistock, nem à tendência Balint propriamente dita. Assim como o lacanismo ao qual pertence, constitui talvez um fenômeno exclusivamente francês.

Ainda do lado lacaniano, é preciso citar o trabalho de Ginette Raimbault, que, no livro *Médecins d'enfants*[6] (1973), relatou uma experiência bastante original, ao descrever um grupo que foi bem longe na análise individual dos médicos participantes. Este questionamento dos membros do grupo provocou rumores nos meios balintianos franceses, mas convém observar que o seminário obteve não somente a caução do casal Balint, mas também sua participação efetiva. Podemos dizer, portanto, que, se não se trata de um trabalho Balint padrão, consistia pelo menos em uma via de pesquisa que não desagradava ao mestre, sempre ávido de descobertas e sempre seduzido pelas explorações mais audaciosas.

Quase ao mesmo tempo que em Paris, surgiram grupos Balint em diversos pontos do território francês, mas foi sobretudo em Estrasburgo e em Lyon que, desde muito cedo, o movimento tomou a extensão e conquistou posições mais ou menos oficiais no quadro hospitalar universitário.

Em Estrasburgo, L. Israel (1968) dedicou toda uma parte de seus trabalhos à mútua intromissão da psicanálise e da medicina, tomando como ponto de partida o estudo da histeria. Foi nesta pesquisa que ele encontrou M. Balint, mas não podemos dizer que tenha realmente aderido às teorias do autor. Para ele, as duas principais referências permaneceram sendo Freud e Lacan. Insiste, contudo, no papel primordial do médico no tratamento da neurose comum, tal como o demonstram seus trabalhos sobre a relação médico-paciente.

Em Lyon, J. Guyotat (1967) começou a fazer grupos Balint a partir de 1963, insistindo no interesse deste modo de formação para os estudantes de medicina. Ele está na origem de uma tentativa de institucionalização dos grupos Balint para estudantes, visto ter introduzido o método no programa do certificado de psicologia médica da U.E.R. de biologia humana da Faculdade de Lyón. Porém, Guyotat não se interessou somente pelos estudantes: seus trabalhos sobre a psicologia dos médicos e, particularmente, sobre suas "atitudes psicoterapêuticas espontâneas" (1968) demonstram uma inspiração autenticamente balintiana, no sentido em que não se trata de grudar no médico um saber estranho a ele, mas de descobrir e de valorizar o que já existe na prática médica.

Para permanecermos no âmbito universitário, assinalemos a experiência de Bobigny, na qual médicos, em grande parte balintianos, ensinam medicina geral no quadro do terceiro ciclo dos estudos médicos (Rouy, Berton, Velluet, Reynolds, 1980).

Este resumo, ao mostrar a fusão, através da França, dos trabalhos com inspiração balintiana, poderia dar a impressão de um movimento cuja expansão teria continuado sem choques há vinte anos. Na verdade, as coisas são mais complexas, e, se podemos dizer que o movimento Balint na França se comporta bem, é preciso reconhecer que sua breve história foi adornada com crises que demonstram dificuldades fundamentais que qualquer tentativa de aproximação da medicina e da psicanálise encontraria.

---

6 Médicos de crianças.

Essas dificuldades são bem ilustradas pela história do grupo assim chamado "Marignan", que reuniu na época os principais coordenadores de grupos Balint na França. Em certo momento, o grupo pode parecer uma espécie de instância legitimadora, guardiã da pureza da doutrina e da ortodoxia das práticas. Ora, após mais ou menos dez anos de existência, este grupo desapareceu, tendo chegado apenas a tomadas de posição individuais, sem ter dado origem a qualquer organização, por pouco estruturada que fosse. Não será exagerado dizer que, apesar do fundo psicanalítico comum a todos os seus membros, houve neste grupo demasiada heterogeneidade no plano das concepções teóricas, assim como no das personalidades e dos temperamentos, para que dele pudesse se destacar um mínimo de consenso necessário para a elaboração e o desenvolvimento de um projeto comum. Para além dos conflitos e dos choques pessoais, é na própria natureza do projeto que se devem buscar as razões da esterilidade deste grupo e de seu brusco desaparecimento.

4. A sociedade médica Balint

A primeira sociedade, reunindo médicos formados nos grupos Balint, surgiu na França. Nasceu em 1967, ao passo que sua correlata britânica foi fundada somente em 1970. Atualmente, existem nove sociedades nacionais, outras estão em vias de constituição. Diante da amplitude de um tal fenômeno, vemo-nos obrigados a fazer perguntas a respeito do lugar que ele ocupa no movimento Balint, e, particularmente, a respeito da problemática vigente nas relações entre analistas-formadores e médicos-formados (R. Gelly, 1980).

Os documentos de que dispomos a respeito do nascimento daquela sociedade mostram que o impulso inicial veio dos membros de um grupo parisiense que mal suportava a tutela de seu líder e, especialmente, pelo fato de ele ir falar sobre seu grupo em um lugar fora de acesso. Essa iniciativa encontrou uma audiência ampla nos membros de outros grupos franceses, e, em alguns meses, se constituiu uma sociedade completa, com *status*, reconhecimento oficial, cotas, reuniões periódicas e publicação de uma revista. Quando relemos o texto dos debates que acompanharam esses acontecimentos, temos a impressão de que se trata de uma verdadeira declaração de independência, provocando uma situação bastante tensa com os líderes de grupo. Depois disso, a Sociedade Médica Balint continuou se desenvolvendo, porém aparentemente cheia de entraves, devido à persistência da discórdia com os analistas-formadores. Estes, por sua vez, não apresentaram uma frente unida diante dos ataques de seus concorrentes, sendo o florescimento da Sociedade Médica Balint quase contemporâneo ao desaparecimento do grupo Marignan.

A dificuldade de acordo entre formadores e formados, no âmbito institucional, nos parece característica das ambigüidades do movimento Balint, enquanto tudo se passa aparentemente bem no âmbito dos pequenos grupos. É a perpétua questão das relações entre psicanálise e medicina, que reencontramos a cada curva deste caminho sinuoso. De fato, os médicos que formaram a Sociedade Médica Balint são os mesmos que tinham a impressão de ser objeto de uma experiência, quando ao invés disso desejavam tornar-se sujeitos desta. Mas, para que isto fosse possível, era preciso haver um lugar de encontro onde as distinções hierárquicas fossem abolidas e onde se pudesse instaurar um diálogo igualitário entre psicanalistas e médicos.

A S.M.B. tentou ser esse lugar e continua a ser a estrutura de apoio propícia a esse diálogo. Contudo, é preciso dizer que, até o momento, os coordenadores psicanalistas têm, na maior parte das vezes, boicotado este forum, no qual podem patentear suas divergências.

V. CONCLUSÃO

É com a idéia de uma "falta básica" do movimento Balint que nós finalizamos, tentando situar os obstáculos de seu desenvolvimento não na resistência dos médicos à psicanálise, tal como se faz habitualmente, mas na falta de unidade das referências psicanalíticas dos próprios líderes de grupo.

No conjunto, estes parecem se interessar muito mais por suas próprias concepções psicanalíticas do que pelas idéias originais de Balint. Ora, Balint não fundou uma escola de psicanálise. Ele recolheu a herança de Ferenczi, lutando toda a sua vida para que a importância dos trabalhos de seu mestre fosse reconhecida, particularmente no campo da técnica psicanalítica. Ele próprio dedicou-se bastante a uma teoria da técnica, como sublinhou Masud R. Kahn (1969), demonstrando que as idéias teóricas de Balint têm aplicação na técnica do tratamento. Essa tematização da técnica, talvez, colocou Balint em posição desconfortável no interior do movimento psicanalítico, pois qualquer inovação técnica traz em si germens de dissidência. Porém, por outro lado, a fixidez da técnica é um fator de estagnação e de atrofia. O dogmatismo, sobretudo neste campo, só pode resultar no abandono da pesquisa e do espírito de conquista.

O reconhecimento da originalidade da obra psicanalítica de Balint, assim como de sua incidência no método de formação-pesquisa destinado aos médicos, pode ser feito apenas se a distinguirmos cuidadosamente das contribuições, igualmente originais, dos líderes da Clínica Tavistock. Como podemos constatar, lendo este livro, o capítulo de Gosling e Turquet tomam inspiração em outras fontes. Duas correntes distintas estão, portanto, na origem do que normalmente se denomina movimento Balint, sem que jamais tenha havido uma real síntese delas. Essa situação ambígua favoreceu a adoção do rótulo Balint por autores ou por clínicos com origens diversas e que só têm em comum o fato de estarem interessados nos mesmos problemas, sem, por esta razão, terem decidido abordá-los pelos mesmos métodos e com as mesmas referências teóricas. Na França, uma heterogeneidade suplementar decorre do fato de que a psicanálise sofreu uma grave crise de identidade, ligada à dissidência lacaniana, o que pode explicar a relativa estagnação do Balint francês após um início promissor.

Por mais estranho que pareça, temos a impressão de que o movimento Balint ainda busca sua definição, mesmo após trinta anos de nascimento. Contudo, o pensamento de Balint não carece de precisão, e, como pudemos ver, seu último livro (1968) demonstra que sabia tomar posição e defender com vigor seu ponto de vista. Se ele deixou à mercê da dúvida e da incerteza as bases teóricas de seu trabalho com os médicos, isto não se deve nem à negligência, nem à incapacidade, mas, antes de mais nada, ao intuito de não encerrar demasiado rápido esta pesquisa em um quadro conceptual de limites preestabelecidos. A conquista de um novo espaço só pode ser feita se abandonarmos um modo de locomoção anterior e se renunciarmos à segurança que comporta. Tal foi a atitude de Balint, que soube lançar-se na exploração de territórios praticamente desconhecidos antes dele, sem agarrar-se à certezas anteriores, mas sim confiando nas capacidades que desenvolveu na prática psicanalítica, cuja utilidade para enfrentar situações inteiramente novas conhecia muito bem.

Nessa perspectiva, não se trata, portanto, de aplicar a psicanálise à medicina, mas sim de retomar o diálogo entre médicos e psicanalistas, promovendo uma pesquisa permanente na qual as experiências e os talentos possam ser intercambiados em um processo de enriquecimento mútuo, sem a procura de uma conclusão final conseguida através da constituição de um saber.

Mas este movimento perpétuo a que Balint nos convida só pode ser controlado se se apoiar em um conhecimento profundo da obra de seu incentivador, não para encontrarmos nela uma verdade definitiva, que bastaria repetir, mas sim para manter intacto o sentido de um trabalho, que a própria difusão arrisca perverter e esmaecer, a ponto de perder todo impacto sobre a evolução da medicina.

4 A Formação dos Médicos Generalistas[1]

R. Gosling e P. Turquet

Este estudo se baseia em informações recolhidas na aplicação de um sistema de formação pós-universitário, destinado a médicos generalistas, no que se refere aos aspectos psicológicos de seu trabalho. Foi pela iniciativa do Dr. Michaël Balint que este sistema foi posto em prática na Clínica Tavistock, em 1951, sendo que, desde então, cerca de duzentos e cincoenta médicos de família participaram dele por períodos mais ou menos longos.

Desde 1958, entre sessenta e oitenta médicos assistiram simultaneamente a seminários semanais. Cada um é constituído por oito a doze médicos de família e por um, dois, ou três responsáveis pela clínica, um assumindo o papel de líder e os outros de observadores participantes. Cerca de sete seminários deste tipo ocorrem a cada semana durante o ano universitário. Uma avaliação dos resultados foi publicada em uma outra obra (Balint e col., 1966).

Desde há algum tempo, nos habituamos a tentar uma relativa constância dos novos seminários, no que diz respeito à sua composição, durante um período inicial de, pelo menos, dois anos, a fim de que os participantes tenham tempo de se conhecer bem e de compreender em que medida podemos discutir livremente os problemas, tentando novas abordagens quando as antigas se mostram inadequadas. Ao cabo de dois anos, aqueles

---

[1] "*The training of general practionners*", in R. Gosling, D. H. Miller, D. Woodhouse, P. M. Turquet, *The use of small groups in training*, The Codicote Press, Hitchin, Hertfordshire. Traduzido para o francês por R. e F. Gelly.

que desejam prosseguir a formação são convidados a formar novos seminários, nos quais encontram outros colegas e outros coordenadores, de modo a adquirir uma mais variada experiência dos modos de abordagem e das interações pessoais. Até o presente, a metade dos médicos que iniciaram este tipo de formação, prosseguiram nela durante um período de quatro anos.

Além dos seminários de formação para iniciantes, há também um seminário de longo curso, à disposição dos médicos de família que queiram ter um contato mais ou menos permanente com a clínica, a fim de conservar o mesmo nível de trabalho. É uma maneira de reconhecer que o médico pode ter necessidade de um apoio permanente, caso queira tratar dos membros mais perturbados de sua clientela. Esse seminário, que existe há mais de treze anos, fornece aos médicos uma espécie de "dose de conversa". Há uma lenta renovação dos membros, mas alguns participam dele desde o começo. Além dos seminários, e quando a demanda é feita, organizamos um curso de dois anos sobre o desenvolvimento da personalidade, sobre a formação dos sintomas e a dinâmica das relações familiares. Contudo, o curso é acessível somente aos médicos que fizeram antes seminário de formação durante, pelo menos, dois anos.

Desde 1958, psiquiatras e psicólogos entregues às atividades de formação, reuniram-se regularmente em sessões de trabalho, seja como líderes, seja como observadores participantes. Essas reuniões versavam sobre os problemas técnicos inerentes a este tipo de formação e sobre os diferentes métodos utilizados para resolvê-los. O presente trabalho deve muito a essas discussões e, portanto, aos colegas que participaram delas. Reconhecemos com gratidão essa dívida com eles. Apesar de não pretendermos ter feito um estudo exaustivo de todos os problemas identificados, esperamos haver ressaltado os mais importantes, propondo para eles uma abordagem construtiva.

Nossa dívida com M. Balint, enquanto pioneiro do programa de formação para clínicos gerais, e com W. R. Bion, por seu trabalho fundamental com grupos, é, simultaneamente, grande e, assim o esperamos, patente a todos. Sem os trabalhos destes autores, este estudo não poderia ser o que é. Além disso, utilizamos amplamente as teorias das relações de objeto desenvolvidas por Melanie Klein.

O objetivo de nosso programa de formação é, antes de mais nada, dar assistência ao clínico geral no trabalho com seus pacientes: ajudá-lo a compreender as múltiplas relações pessoais que intervêm em sua prática, sejam as relações do paciente com seu meio familiar ou profissional, sejam as que tem consigo mesmo. Em suma, trata-se de ajudar o médico a tratar o paciente como uma pessoa. Nosso objetivo é favorecer o médico na aquisição de uma maior competência em sua atividade profissional, no que se refere às relações pessoais. Segundo o nosso ponto de vista, essa "competência" é feita de lucidez e flexibilidade no uso da interação entre médico e paciente. Esta competência comporta dois elementos: por um lado, maior sensibilidade para os fenômenos relacionais, por outro, uma melhor compreensão de seu significado. É o desenvolvimento da capacidade de percepção que diferencia nossos seminários do ensino acadêmico, do mesmo modo que um grupo de discussão sobre as relações sexuais difere de um seminário que trate da biologia sexual.

Com tais objetivos, nosso problema em um seminário consiste em dirigi-lo de modo que não seja possível negar ou evitar as emoções contraditórias que o médico experimenta em sua vida profissional. Isto implica que o seminário forneça, antes de mais nada, ocasiões para aprender com a experiência. Não procuramos organizar um curso *ex cathedra* sobre as emoções humanas como se expressam nas relações interpessoais, mas desejamos ajudar o clínico geral a sentir e a aceitar as diversas formas de sua participação emocional, e assim, a perceber melhor as reações dos outros participantes do grupo na apresentação do caso. A dosagem correta dos elementos desta experiência vivida constitui um dos nossos problemas centrais: é preciso encontrar uma proporção adequada, que mantenha o dinamismo do grupo, sem provocar fenômenos de rejeição por parte do médico e dos outros membros do seminário.

Mesmo assentando-nos na experiência, nossos seminários contêm uma parte importante de ensino direto. O seminário é uma autêntica situação educativa, no sentido em que ajuda o médico a levar em consideração as emoções experimentadas durante a prática, de modo a serem melhor estudadas, integrando-se à sua compreensão e à sua competência profissional. Assim, nossos seminários demonstram como podemos aprender com a experiência, o que já é em si mesmo um aspecto essencial da aquisição do *insight* e, portanto, uma parte do modelo da relação médico-paciente que será discutida abaixo. A maneira pela qual o líder é percebido pelo grupo tem importância primordial. O comportamento do líder e o que ele diz ao médico podem ter mais efeito do que seus relatos a respeito do caso. Em todos esses momentos, o desejo de aprender dos clínicos gerais nos presta uma grande ajuda: eles se dirigem a nós tendo consciência de uma lacuna em sua formação médica, e com o sentimento doloroso de não saber como tratar uma parte importante de sua clientela. Tal é a razão que os impele a vir.

A situação de grupo tem três conseqüências importantes para o estabelecimento de nosso programa de formação. Em primeiro lugar, deve-se definir claramente a tarefa primária do seminário. Qualquer falha neste ponto nos impedirá de atingir nossos objetivos, pois vai facilitar o surgimento de processos de grupo que são, por sua própria natureza, contrários à formação e, conseqüentemente, à realização de nosso trabalho. Em segundo lugar, o líder do seminário deve personificar a tarefa primária em suas palavras e atos, o que implica que seu papel seja estudado e definido com muito cuidado. Finalmente, em vista de se tratar de uma experiência vivida, a relação do líder com os outros membros do seminário adquire o *status* de modelo para a relação médico-paciente. São esses os principais pontos a serem desenvolvidos em seguida.

I. A Tarefa Primária do Seminário

Quando quisemos definir a tarefa primária do seminário — o objeto de seu trabalho — duas considerações se revelaram eficazes, cada uma correspondendo a uma necessidade sentida pelos médicos de acordo com sua situação profissional.

1. A necessidade de manutenção por parte do médico de uma distância psicológica adequada entre ele e seus pacientes

Quando esta distância for perdida, é preciso que externalize o que vivenciou para reconstituir a relação médico-paciente. Não é raro, em nossos seminários, ver o médico fazer o papel do paciente cujo caso está expondo. Isto pode ser considerado como um índice da perda de distância. Por exemplo, um médico diz "não" a todas as sugestões e observações que os colegas fazem durante o seminário. Revela assim a que ponto se identificou com a paciente de quem falava, que dizia "não" a todos os conselhos que ele lhe propunha. Ou ainda, certa médica que mostrava como uma paciente recusava qualquer discussão sobre sua relação conjugal, recusando-se também ela, médica, a deixar que o seminário examinasse sua relação com os demais membros do grupo. O paciente exerce, por vezes, uma influência regressiva sobre o médico, a qual se manifesta por uma hiperimplicação emocional. Com a ajuda do seminário, o médico pode restabelecer a distância e se desprender de uma identificação inconsciente com o paciente, reencontrando uma relação melhor ancorada na realidade. Alguns médicos deixaram o seminário logo depois das primeiras sessões, porque temiam ser apanhados nestes movimentos regressivos, não podendo vir a fornecer-lhes soluções rápidas para os problemas que colocavam. Não suportaram permanecer prisioneiros de suas implicações emocionais por tanto tempo.

A situação inversa também se produz quando o médico estabelece uma distância demasiado grande em sua relação com os pacientes. Por exemplo, introduz sua exposição no seminário com a seguinte observação: "Jamais pude me entender com ele",ou então: "Apesar de eles estarem em minha lista já há algum tempo, apesar de ela me haver trazido as crianças e de ele parecer estar bem melhor, eu de fato não os conheço."

Contudo, qualquer que seja a distância psicológica, o paciente está sempre presente e influencia o médico em sua exposição. O grupo deve levar em conta este fato em seu trabalho, sendo a tarefa do líder levar os participantes a descobrir em que medida a influência do paciente se manifesta e a distinguirem as necessidades próprias do médico, assim como a tendência a deformar os fatos. Evidentemente, trata-se de uma tarefa muito delicada para todos.

2. A necessidade do médico de aceitar a regressão dos pacientes

A regressão dos pacientes é, para o médico, um aspecto necessário do processo da cura. Contudo, ele deve aceitá-lo sem ceder à tentação de satisfazer suas próprias necessidades de onipotência, mantendo seus pacientes em estado de doença e de dependência.

O "paternalismo" é uma defesa comum contra a angústia inspirada pelas doenças de seus pacientes nos médicos. Ela se expressa pela tendência a se encarregar de todos os problemas e assim aliviar o paciente. Tal é o caso de um médico que, havendo encontrado uma de suas pacientes sozinha em casa, pois o marido, caixeiro-viajante, estava fora, levou-a consigo para o hospital em seu carro.

A Formação dos Médicos Generalistas

Convém acrescentar duas observações a essas considerações. A primeira é que os nossos seminários são destinados à formação e não à terapia. Freqüentemente existe nos seminários uma forte pressão para transformá-los em grupos terapêuticos. É a escolha da *tarefa primária* que deve ajudar o líder a resistir a esta demanda. Além disso, o ambiente de grupo no qual as discussões se desenrolam é capaz de favorecer o emergência de tendências regressivas, presentes pessoalmente em cada médico.

A *tarefa primária* de nossos seminários consiste, portanto, em examinar a relação médico-paciente e as trocas que ela comporta. Nós fomos corroborados nesta escolha por uma observação de Szasz (1964), ao dizer que Freud havia concebido sua teoria revolucionária da transferência ao escutar Breuer falar de sua perplexidade e de suas inquietações ao tratar de Anna O. A ligação erótica desta paciente a Breuer, após este ter suprimido seus sintomas histéricos, o assustou a ponto de perder sua capacidade de raciocínio. Foi Freud quem, não tendo relação pessoal com Anna O., pôde então observar o combate de Breuer contra suas pulsões e adivinhou que a ligação erótica da paciente se relacionava mais com uma figura imaginária do seu mundo interior do que com o próprio Breuer. Assim, o trabalho terapêutico foi partilhado entre o agente terapêutico, Breuer, e o observador terapêutico, Freud. Quando lemos o relato das angústias de Breuer, vítima desta célebre paciente, dos ciúmes de sua mulher, e de sua fuga final em uma segunda lua-de-mel conjugal, não podemos nos impedir de invejar Freud por ter se beneficiado de uma posição tão vantajosa. Apesar de não podermos ser todos Freud, podemos às vezes assumir seu papel nesta relação triangular, com a condição de que façamos outrem exercer o papel de Breuer. Em nossos seminários, o papel de Breuer é desempenhado pelo médico relator do caso.

Esta situação é, talvez, análoga à da supervisão psicanalítica na qual o iniciante expõe um "caso" ao supervisor. Os esclarecimentos a respeito do caso provêm de duas fontes: em primeiro lugar, do próprio jovem analista que reconsidera o material ao expô-lo, exteriorizando aquilo que havia estado mascarado e se confronta com o que tentava evitar. E também, do supervisor, que tem a vantagem de poder considerar o material de um ponto de vista exterior. Nesse contexto, não se trata da história do paciente, mas da relação médico-paciente, como foi vivenciada, submetida ao exame conjunto do candidato e do supervisor. Este último tem a vantagem de poder olhar o caso com uma visão nova e de um ponto de vista exterior.

Nós nos permitimos sugerir que, ao orientar nossa atenção nos seminários para a relação médico-paciente, envolvemo-nos em um processo análogo ao que ocorreu entre Breuer e Freud ou àquele que se passa no trabalho de supervisão, ajudando o médico relator do caso a descobrir a distância psicológica adequada quando trata seu paciente. Nosso objetivo é permitir ao médico que internalize o paciente, seus sintomas, sua doença e seu sofrimento, de modo a torná-los um objeto de rememoração e de reflexão, sem que isso conduza a uma identificação excessiva ou ao restabelecimento de uma distância demasiada como reação defensiva.

Um terceiro termo é introduzido na díade médico-paciente, a saber, o médico observador. No trabalho do seminário, durante uma apresentação de caso, o médico em questão é, em parte, aquele que viveu uma relação com o paciente e, além disso, graças à existência do seminário e à ajuda que seus colegas lhe dão, pode se situar no exterior da díade, em uma posição de observador. O médico é convidado a compartir de uma relação triangular, cujos pólos são: o doente, o médico na qualidade de atuante e o médico enquanto observador. Na medida em que a tríade corresponde à situação edípica, a curiosidade e a iniciativa dos médicos são estimuladas, sendo estes induzidos, como que por uma espécie de magnetismo, a explorar novos mundos, tanto internos quanto externos, e a inventar soluções criativas. Além disso, esta situação de três pessoas contrabalança, em certa medida, as forças regressivas que se infiltram na díade médico-paciente.

O enfoque sobre a relação médico-paciente apresenta uma vantagem suplementar: a de nos permitir encontrar um modo útil de penetrar na superabundância dos fatos fornecidos pelos pacientes, fatos tão numerosos que podem sugerir um sem número de explicações. Nossa escolha pode então tornar-se um instrumento de trabalho. Quando um médico expõe um "caso" em um seminário, com os diversos sintomas e suas variações, com os antecedentes, a biografia e tudo o que é dito durante as consultas, chegamos a uma situação em que qualquer hipótese é tão boa quanto a outra. O diagnóstico pode ser: "depressão pós-gripal", "menopausa", "morte da mãe, há dois anos", "insatisfação conjugal", "descompensação de uma personalidade obsessiva", e ainda muitas outras coisas. É preciso colocar ordem no caos de possibilidades concorrentes, sobretudo se quisermos evitar que a angústia invada o discurso do seminário. Esta necessidade se impõe: os dois pares da relação exigem que os fatos estejam organizados. Porém, a questão é saber segundo que linhas diretrizes.

Um exame completo da relação médico-paciente, enriquecido, ao longo da discussão, por novas contribuições da parte do médico sobre tal relação, pode assegurar uma nova ordem no material apresentado. Não se trata simplesmente de uma ordem teórica, exterior ao paciente e às suas necessidades imediatas, nem de uma ordem que emana de idéias pré-concebidas do médico sobre seus pacientes, em geral, mas de uma ordem viva, centrada no presente e constantemente em busca de um modo melhor de expressão, o que lhe permite modificar-se e se desenvolver. Graças a essa possibilidade, o seminário pode evitar a necessidade de chegar, por qualquer preço, a uma formulação clara e ao perigo de impor uma ordem obsessiva, rígida, definitiva e imutável. É na medida em que o seminário chega a conservar uma certa flexibilidade em sua abordagem que o médico pode, do mesmo modo, encorajar seus pacientes a explorar as possibilidades de mudança em sua existência.

Ao mesmo tempo em que serve aos nossos objetivos, a escolha da *tarefa primária* levanta alguns problemas que lhe são próprios. Assim, um estudo demasiado exclusivo do médico e de seu comportamento pode conduzir ao afloramento de dados excessivamente pessoais, levando a substituir a formação por um trabalho terapêutico. No pólo oposto, se insistirmos demais no exame do paciente, podemos chegar a considerações científicas frias e abstratas sobre a psicopatologia, deixando em silêncio as vivências do médico. Freqüentemente, é mais fácil evitar o primeiro erro do que o segundo, sobretudo quando o caso apresentado comporta uma doença orgânica ou uma síndrome psiquiátrica "clássica". É muito tentador então levantar problemas apaixonantes de diagnóstico diferencial, que irão mascarar os conflitos emocionais do paciente, tais como são realmente apresentados e vividos pelo médico.

Esta é uma das numerosas cordas esgarçadas sobre as quais o líder deve caminhar quando faz este tipo de trabalho. Além disso, deve se proteger de suas próprias necessidades que forem ao encontro da tarefa que definimos. Por exemplo, ter um grupo de médicos assíduos e dependentes, ser um consultante renomado, evitar situações difíceis ou ser tido como o Messias. O dilema comporta, todavia, um aspecto positivo para o líder: mantém-no em estado de alerta, atento para conservar o equilíbrio. Se trabalhar de um modo sério, pode encorajar os outros participantes a fazer o melhor que puderem. Evita com isso naufragar na rotina, e chegar a uma situação na qual os médicos fariam todo o trabalho, enquanto ele se manteria recolhido. É deste modo que se pode elaborar para a prática do clínico geral um modelo realista, no qual médico e paciente devem ambos, sob diferentes formas, ter uma participação ativa.

II. A Dinâmica de Grupo: Atividades ligadas às Hipóteses de Base

Os pequenos grupos que definiram para si uma *tarefa primária* encontram, freqüentemente, dificuldades que os perturbam no trabalho e que podem chegar mesmo a impedi-los de atingir seu objetivo. Para compreender alguns destes fenômenos, que temos encontrado em nosso trabalho com os médicos, gostaríamos de nos referir aos estudos de W. R. Bion sobre pequenos grupos, que, segundo nosso ponto de vista, permitem elucidar os processos internos de nossos seminários. Bion (1961) apresenta os grupos como inevitavelmente comprometidos com duas tarefas simultâneas: uma que está centrada no objetivo manifesto do grupo e que leva em conta a realidade, exigindo dos participantes sua cooperação consciente e a utilização de recursos intelectuais; outra que visa à satisfação de necessidades emocionais veladas, amplamente desconhecidas dos indivíduos que constituem o grupo em um dado momento. Ele propôs denominar *grupo de trabalho* o grupo que corresponde à primeira destas orientações, e *grupo de hipótese* de base o que corresponde à segunda. De fato, estes dois grupos existem simultaneamente, apesar de que, em certos momentos, um passe à frente do outro.

1. O grupo de hipótese de base

Este grupo é assim denominado porque as condutas estranhas e complexas dos participantes se tornam compreensíveis, segundo Bion, se supusermos que eles se reuniram para alcançar um objetivo hipotético inteiramente diferente do objetivo oficial do grupo. De fato, esta hipótese de base não é nem formulada nem aceita explicitamente: é deduzida do comportamento do grupo. Bion descreveu três destas hipóteses de base: a dependência, a luta e fuga, e o acasalamento. Isto equivale a dizer que alguns dos comportamentos desviantes, que não parecem ter nenhuma relação com os objetivos conscientes do grupo sugerem que os participantes assentaram inconscientemente a hipótese de que se reuniram seja para depender de alguém ou de alguma coisa, seja para combater ou fugir de uma ameaça, seja ainda para partilhar uma experiência na qual vai se formar um casal. Os dois primeiros tipos de grupo necessitam de um líder. No acasalamento, o líder ainda não tem realidade e permanece no estado de fantasma.

No grupo de hipótese de base, a participação é involuntária, espontânea e, em grande parte, não-refletida. As prioridades consistem na ação e satisfação das pulsões, e é preciso um líder que encarne os objetivos imaginados pelo grupo. Assim, o grupo que funciona segundo a hipótese de base de dependência procurará como líder alguém que aceite dar a impressão de onisciência, enquanto especialista reconhecido, ou então irá se remeter a alguma coisa supostamente boa e confiável como, por exemplo, "os bons e velhos tempos". O grupo de luta e fuga irá aspirar a um líder capaz de identificar um inimigo e tomar decisões. O grupo de acasalamento se preocupa, através da atividade do casal, com o nascimento do herói ou com a idéia de que se espera a salvação.

2. O grupo de trabalho

Neste grupo, pelo contrário, a cooperação dos participantes é voluntária e consciente, os papéis são orientados para a tarefa primária, a ênfase é colocada nos métodos racionais que consistem em examinar, prever e experimentar, sempre adiando a satisfação das pulsões. O líder de um grupo de trabalho é alguém que leva em conta a realidade e cuja competência diz respeito à tarefa imediata. Enquanto a cooperação no grupo de trabalho repousa nas capacidades individuais de aprender com a experiência e de participar com discernimento, a participação no grupo de hipótese de base é imediata e total, não dependendo das capacidades de aquisição ou de desenvolvimento. A predisposição de um indivíduo para participar de uma hipótese de base específica, de preferência a uma outra, constitui o que Bion denominou *valência* deste indivíduo.

De acordo com esta concepção, quando o grupo de trabalho está atuando, uma das hipóteses de base também funciona, mas se sua atividade ultrapassar certo nível, ela obstruirá a capacidade de trabalhar na tarefa oficial. Se o grupo inspirado pela hipótese de base se ampliar, pode bloquear o trabalho na tarefa primária, sendo neste sentido que este tipo de grupo é incompatível com o trabalho. Entretanto, uma situação de trabalho pode, em certa medida, ser favorecida pela ajuda de uma hipótese se base, sobretudo se esta se desenvolver em detrimento de uma outra que poderia ter um efeito negativo. Tal hipótese de base pode, portanto, ser conveniente a certos aspectos da tarefa primária. Por exemplo, para que uma conferência tenha sucesso, é preciso que haja um certo grau de dependência com relação ao conferencista. Por outro lado, um auditório voltado para a luta ou para a fuga estaria arriscado a não escutar de modo algum o orador, sendo neste sentido que a hipótese de base estaria em contradição com a tarefa. Porém, se a atmosfera da conferência foi tal que o auditório, embargado de admiração pelo talento brilhante do conferencista, deixou a sala sem reter quase nada do que foi dito, podemos afirmar que a hipótese de dependência teve uma influência excessiva, e que aniquilou a atividade do grupo de trabalho.

A Formação dos Médicos Generalistas 61

    Assim como em outras situações de trabalho, grupos de hipótese de base de luta e fuga ou de acasalamento podem ter um efeito útil. Por exemplo, em uma conferência feita por um diretor de vendas a seus caixeiros-viajantes, existe um inimigo a ser vencido: a reticência do público. Se o diretor de vendas encorajar uma dependência demasiada e favorecer a idéia de que ele próprio resolverá todos os problemas dos caixeiros-viajantes, a conferência estará muito arriscada a resultar em fracasso. O elemento luta e fuga, inerente à situação, exige não somente ser reconhecido, mas também ser utilizado com realismo, se quisermos alcançar a tarefa prefixada. Poderíamos dizer o mesmo a respeito de inúmeros casamentos que se deterioram por não terem conseguido mobilizar uma hipótese de base de acasalamento que, com a crença em heróis ainda por nascer, é uma hipótese apropriada à situação. Um casamento fundado na dependência pode fracassar pelo fato de cada um dos membros acreditar que o outro irá salvar o casal: como cada um conta com o outro, nenhum dos dois faz o que deveria. Um casamento fundado sobre a luta e fuga pode resultar em um divórcio, saída que é, ela própria, uma viva expressão desta hipótese de base.

    O líder e o grupo podem então fazer um uso sutil da hipótese de base que convenha ao trabalho prefixado, facilitando-o. A conduta ótima de um grupo implica a participação do grupo de trabalho, até onde o trabalho se beneficiar deste. De um ponto de vista diferente, podemos dizer que o líder competente detecta e neutraliza a emergência da atividade dos grupos de hipótese de base nefastos ao trabalho, seja por sua natureza, seja por sua intensidade. O líder localiza a hipótese de base eficaz, por um lado, segundo o comportamento dos outros membros do grupo, por outro lado, graças ao tipo de consciência que o leva à participação.

3. Hipótese de base de dependência

    Num campo voltado, em primeiro lugar, para os cuidados com os pacientes, não é surpreendente que o grupo de hipótese de base mais comum seja o de dependência, no qual se supõe que a ajuda, sob seus aspectos mais fantásticos, a onisciência e a onipotência, se realizará se nela se acreditar, e se for ardentemente longa e esperada. É o que observamos freqüentemente nos primeiros tempos de um seminário, quando um esforço concentrado tende a fazer recair a responsabilidade do caso no psiquiatra-líder. Isso pode se manifestar sob a forma de pressão para que faça uma exposição do caso ou através de uma tentativa de enviar o paciente à consulta na clínica, em vez de tentar identificar, dentro do seminário, os problemas latentes da relação médico-paciente. Em seguida, a dependência aparecerá na tendência em tentar fazer tomarem-se pelo seminário, decisões que são da competência exclusiva do próprio médico. Por exemplo, ao cabo de uma discussão, quando é chegada a hora de escolher um plano de ação, freqüentemente, o médico que relata o caso insiste para obter o "parecer do grupo" ou para que o líder resuma o caso, de modo a poder começar o seu próximo relatório com a frase: "Bom, eu fiz aquilo que o seminário propôs...", ou por uma fórmula que demonstre ainda mais a preponderância do líder: "Eu fiz aquilo que o doutor Turquet...". Esta abdicação de responsabilidade, por parte do médico, não pode ser demonstrada de modo convincente se a influência do grupo de hipótese de base dependente passou a preponderar. As únicas decisões pelas quais o seminário é efetivamente responsável são aquelas que concernem sua continuidade e o fomento de uma discussão fecunda baseada na curiosidade, isto é, nas questões de tempo, de espaço, de recrutamento e de método. Porém, o grupo freqüentemente exerce uma forte pressão para evitar que o médico tenha que tomar certas decisões terrivelmente difíceis, que são, todavia, necessariamente de sua alçada. Pressiona ainda para desviar o seminário do seu objetivo; a saber, a discussão aprofundada do caso, dirigindo-o a outro objetivo, como o de obter consenso ou de dar conselhos. Esta situação levanta uma difícil questão técnica, que o líder deve resolver: esta união em torno de um médico em apuros faz parte do trabalho do grupo, ou é, ao contrário, a celebração inconsciente do mito da dependência? É ao elaborar tais mitos que as hipóteses de base ameaçam constantemente a capacidade do grupo de avaliar a realidade.

Os fenômenos de dependência são reforçados pelas necessidades pessoais dos médicos generalistas que, habitualmente, julgam terem poucos meios de ajudar seus pacientes neste campo, em comparação com os médicos de hospitais. A formação do generalista o leva a crer que os especialistas dos hospitais constituem uma raça à parte, e até mesmo uma raça de heróis. A percepção do médico de consultas[2] como um personagem quase divino é favorecida pela ausência, na maior parte das faculdades de medicina, de um ensino que diga respeito às relações humanas e pela exploração da relação professor-aluno. Além disso, a ênfase posta no aspecto científico da medicina conduz a impregnar de tabu a importância do papel individual do médico, apesar do fato de, como o demonstrou Balint (1964 e E. Balint, 1961), o agente terapêutico mais freqüentemente prescrito ser o próprio médico. Esta situação é ainda mais agravada pela pobreza dos contatos profissionais do generalista e por sua exclusão habitual dos hospitais, considerados templos do saber. Enfim, como que para sublinhar a inferioridade, a incompetência e a dependência do clínico geral, inúmeros especialistas se apropriam de seus pacientes, os enviam de serviço em serviço e o deixam fora do circuito sem se importar em saber se ele deseja ou não que estes outros especialistas entrem em jogo. A situação escapa assim ao clínico geral, o qual, por temor, se apressa a aceitá-la tacitamente. Isto ilustra bastante bem a questão que Balint se obstina em colocar em seus seminários: "Quem é o responsável por este paciente?", assim como a importância da diluição das responsabilidades. O paciente demasiado dependente não raro parece um espantalho nos seminários, mas os participantes têm dificuldades em perceber a que ponto a diluição das responsabilidades, ao causar uma fragmentação e uma descoordenação da atividade médica, contribui para fabricar o tipo de paciente de que têm medo.

4. Hipótese de base luta e fuga

A atividade de grupo fuga se manifesta pela pressa do seminário em deslocar a atenção para um outro paciente, o "paciente ausente", por exemplo, um consorte, ou em

---

2 Na França faz-se a distinção entre médico que dá consultas e médico que faz tratamento, ("consultant" e "traitant", respectivamente). (N.R.)

atender o paciente quando ele sugere que o médico deveria tratar outro membro da família. Balint encontrou uma frase para designar uma das formas deste fenômeno: "A criança apresentada como sintoma da mãe". Um outro exemplo de grupo de fuga se encontra em uma seqüência de um seminário onde havia sido relatada a história de um homem que havia trazido dois filhotes de cachorro para sua mulher sobrecarregada de trabalho, durante uma epidemia de raiva. Nesse momento, o seminário começou a evocar lembranças sobre a epidemia de raiva e a discutir os perigos que a família corria, distanciando-se assim das atribulações desta mulher e da atitude do médico a seu respeito. Para o médico de família, trata-se de uma questão freqüentemente delicada a de saber se o fato de se interessar por outro membro da família constitui uma abordagem realista da situação, ou se se trata de um conluio com o paciente, que assim se vê encorajado a negar seu próprio problema e a projetá-lo em um outro membro de seu meio. São situações que nós não sabemos manejar, mas em que qualquer médico tem que constantemente tomar decisões. Além disso, este é um campo onde os médicos de família têm muitas coisas a ensinar àqueles dentre nós que só estão à vontade no consultório de psicanalista. Tal como um corolário deste dilema, surgido no seminário, é preciso saber se se trata de uma fuga ou de uma nova direção de trabalho, quando observamos um deslocamento da discussão para tal ou qual membro do meio do paciente.

É conveniente fazer outra distinção no seminário entre a fuga que traz um material associativo útil para o trabalho, e a que leva a evitar uma parte do trabalho. No exemplo acima, em que se tratava de uma epidemia de raiva, o tema central da tarefa era a grande carga que a mulher ameaçava apresentar para o médico. Quanto ao elemento associado na reação de fuga, era idéia de que a mulher secundariamente estava sobrecarregada de trabalho e que o médico não podia esperar muita ajuda da parte do marido. O elemento de denegação constituiu-se de um acordo tácito para discutir a epidemia de raiva, em vez da incapacidade do médico para simpatizar com a paciente, por temor de se ver ele próprio sobrecarregado. Na medida em que esta falta de simpatia da parte do médico entrava em conflito com seu ideal profissional, esta paciente pôde ser vivenciada como um perigo para sua tranqüilidade de espírito e para sua auto-estima, do mesmo modo que a epidemia de raiva foi sentida como um perigo para todos. Essa maneira de ver as coisas ilustra o elemento associativo que pode derivar dos fenômenos de fuga na perspectiva da relação médico-paciente.

5. Hipótese de base acasalamento

A atividade do grupo acasalamento se manifesta, por exemplo, na tendência a instaurar diálogos no interior do seminário, habitualmente, entre um médico e o líder. mas também, freqüentemente, entre dois médicos que são, por vezes, vizinhos em sua vida profissional, ou que tomaram atitudes semelhantes nas discussões do seminário, ou ainda, entre os membros de um subgrupo minoritário, por exemplo, as duas únicas mulheres presentes. Mas também podemos lhe atribuir as tentativas de um médico para captar a atenção do líder através do emprego de termos técnicos obscuros, cujo sentido é um segredo, ou para abordar o líder fora do seminário, propondo-lhe um paciente para consulta com a frase: "Será que ele poderia se beneficiar de uma psicanálise?". Se o líder aceitar esta oferta, rapidamente perceberá que a consulta não visava mais do que aliviar o clínico geral de seu problema.

Os líderes que são analistas puros, estão inclinados a se deixar levar por esse tipo de manobra. Com efeito, sua abordagem e suas referências conceituais estão de tal modo fundadas em uma situação de acasalamento que eles freqüentemente mostram uma tolerância especial por este tipo de desvio do trabalho de grupo. Isso contribui para a crítica, freqüentemente ouvida e em parte justificada, de que os seminários deformam os generalistas, transformando-os em psicoterapeutas inexperientes, senão "selvagens", tendo uma confiança abusiva nos efeitos de longas conversas com seus pacientes. Uma situação de acasalamento tolerada por um tempo excessivo no seminário resulta cedo ou tarde em que os médicos acabem imitando o líder, a partir dos fantasmas que têm a respeito de sua prática psicoterapêutica individual.

Vejamos outro exemplo de acasalamento. Tratava-se de um seminário do qual participava uma médica que sempre havia dedicado muito tempo a alguns de seus pacientes e que julgava possuir uma concepção psicológica de seu trabalho. Ela foi discretamente estimulada pelo líder a continuar e a estender esta espécie de psicoterapia superficial. Contudo, um exame mais profundo de seu trabalho com os pacientes demonstrou que este consistia em passar em revista os acontecimentos da biografia deles, sem chegar, na maior parte das vezes, a fazer uma síntese que pudesse se relacionar com o "aqui e agora" da situação terapêutica. É provável que esta tendência fosse fomentada pelo seminário, que parecia mais interessado pela psicoterapia, como esta é praticada pelos psiquiatras, em lugar da que corresponde às condições de trabalho do generalista. A maior parte dos outros participantes estava maravilhada com os trabalhos desta médica, sendo completamente incapaz de contribuir ou de criticar seu trabalho. Com efeito, o clima do grupo não permitia discussão, pois havia um respeito exagerado pelo trabalho da médica, o qual supostamente era valorizado pelo líder que a estimulava.

Tal situação traz do nosso ponto de vista, duas conseqüências indesejáveis. Em primeiro lugar, o médico é levado a se identificar totalmente com o analista-líder, por vezes chegando ao ponto de querer tornar-se também analista, sem levar em conta sua aptidões. Essa demanda representa, por outro lado, um desvio com relação ao objetivo do programa de formação que é, sabidamente, aquele de ajudar o médico a melhorar sua competência enquanto generalista. Ela também implica virtualmente a idéia absurda de que não haveria senão uma conduta terapêutica válida: a do psicanalista. Em segundo lugar, tal situação resulta na apresentação de pacientes cada vez mais psiquiátricos, com exclusão dos casos comuns que são o pão de cada dia do clínico geral. Ao fazer assim, médico e líder foram vítimas da hipótese de base acasalamento que tende a criar o mito de que seu trabalho resultará no nascimento de uma raça inteiramente nova de médicos, que não teria nada mais a ver com as realidades cotidianas da prática médica.

A atitude ambígua dos médicos em relação a atividades que correspondem à hipótese de base acasalamento pode ser expressa como segue: "Enquanto médicos de família, devemos velar para preservar o segredo profissional, de modo que, longe de parecermos

A Formação dos Médicos Generalistas

oniscientes, não utilizamos sempre as informações que possuímos, para proteger a intimidade de nossos pacientes. Mas, em outros momentos, diante de a uma situação de urgência, devemos demonstrar onipotência, pelo menos aos olhos da família, quando a manutenção de uma relação puramente individual se tornar inadequada e mesmo perigosa". No seminário, este dilema é representado pela tendência a superestimar as indicações de psicoterapia, que pode se tornar o ídolo secreto do grupo, assim como por aquela outra tendência, mencionada acima, consistente em se lançar em um simulacro de psicoterapia, dedicada à exploração da biografia, fazendo resumo dela, com a crença de que assim se consegue imitar o comportamento do líder. Esse dilema se manifesta, por exemplo, quando o médico começa sua exposição da seguinte maneira: "Como era minha intenção apresentar este caso no seminário, tive uma longa conversa com o paciente, o que me permitiu descobrir a seguinte história...". Os fatos são então expostos em uma perspectiva histórica tão bem ordenada que se torna difícil localizar o que quer que seja da relação que existe entre o médico e o paciente. Assim, o seminário é desviado de seu objetivo de trabalho, enquanto a hipótese de base acasalamento foi preenchida.

6. O papel do líder

O fato de as hipóteses de base terem uma tendência a substituir a tarefa primária do grupo de trabalho por seus próprios objetivos pode ser ilustrado pelo estudo do papel do líder em um seminário dedicado ao estudo da relação médico-paciente. Na medida em que ele se esforça para criar um clima que limite o surgimento das hipóteses de base em prejuízo do trabalho, certos aspectos da técnica que foi elaborada para a condução destes grupos podem ser usados a título de exemplo.

A cada momento, ou quase, as atividades ligadas à hipótese de base dependência ameaçam fazer submergir todas as outras. Ao invés da onisciência por eles esperada em um seminário, em um líder ou em uma escola de psiquiatria, os participantes se confrontam com dificuldades em reunir os fatos, em tomar decisões que, muito provavelmente, deverão ser revistas em um segundo momento, e em suportar a incerteza no que concerne aos resultados. É por isto que a responsabilidade da etapa posterior do tratamento e da utilização dos elementos que surgem da discussão deve ser deixada inteiramente ao médico. A ausência de conclusão da discussão, apesar de seu caráter frustrante, conserva um aspecto positivo: visto que não existe solução ou conselho claramente formulados, o médico é obrigado a encontrar sua própria maneira de tratar seu paciente.

O médico é convidado a informar o seminário a respeito da evolução posterior do caso. Porém, ainda aqui, é confrontado com um novo exame do que ocorreu entre seu paciente e ele sem que qualquer solução seja proposta. Ele sabe que pode encontrar apoio no seminário, sobretudo se tiver dificuldades sérias, mas os encorajamentos superficiais são sistematicamente evitados e o que considerara um "tratamento" freqüentemente é interpretado de maneira muito diferente. O relato da evolução de um caso tem outras repercussões importantes visto representar, pelo menos em parte, um teste da seriedade e da coerência da técnica do líder. Se se constata que o líder enganou-se no que disse na vez precedente, é melhor admiti-lo em vez de se entrincheirar em declarações autoritárias, às quais ele é, aliás, levado pelo grupo que busca, através disso, manter sua solidariedade. Ao perceber que o líder mantém a mesma atitude investigadora que na primeira apresentação do caso, os participantes experimentam um sentimento de continuidade e de coerência, apesar das incertezas e das urgências. A conduta do líder, tanto verbal quanto não verbal, é assim constantemente submetida a um exame crítico aprofundado que é aprovado e encorajado. Por exemplo, em um seminário onde o líder havia dito por duas vezes a propósito de um caso: "Para ser completamente sincero...", estas palavras foram salientadas e estudadas, o que permitiu compreender melhor alguns aspectos do caso apresentado. Esse modo de examinar a conduta do líder estimula o desenvolvimento de um espírito crítico no seminário, no qual a ignorância pode ser admitida e onde o recurso ao método das "tentativas e erros" é aceito e encorajado. Do mesmo modo, não negamos as falhas eventuais da Clínica Tavistock, não sendo seus erros dissimulados. Todos os elementos "negativos" são descobertos e trazidos à luz, o que combate a tendência de estabelecer uma teocracia.

Na medida em que os médicos estão ávidos de saber e que o líder tem coisas a ensinar, como seus conhecimentos podem ser apresentados sem interferir com o trabalho do seminário? Seu papel de professor não pode mais passar em silêncio, assim como os outros aspectos de sua função, de seu comportamento e de sua personalidade. Se consideramos que as conferências são um modo de ensino bem-estabelecido, pergunta-se como podemos utilizá-las de um modo eficaz. Como empregar esta atividade que convida à dependência, de modo a não desviar o seminário de sua verdadeira tarefa? Nossa solução foi suprimir as conferências no seminário, e propô-las no quadro de um curso especialmente organizado, em um momento diferente do dia. Além disso, os médicos não podem assisti-las (pagando!) senão após ter participado de um seminário durante um tempo suficientemente longo, em geral pelo menos dois anos.

Um grupo de hipótese de base luta e fuga se manifesta pela tentativa de incitar o líder a tomar a frente de um combate ou de uma fuga com relação a um adversário evidente e, no campo da psiquiatria, podemos encontrar adversários em qualquer lugar. Como observou Bion, o líder de tal grupo é escolhido em função de seu talento para detectar os inimigos, em função de sua sensibilidade paranóide, sendo que um grupo pode se tornar muito hábil na arte de descobrir esse tipo de líder e de levá-lo consigo nesta atividade. Na esperança de impedir que isto invada o exame da relação médico-paciente, resolvemos insistir para que os relatos vindos de outros colegas ou de outros hospitais sejam mantidos anônimos, a fim de que seu conteúdo não dê lugar à expressão de preconceitos exteriores ao seminário. Entretanto, o líder deve prestar atenção, ao escutar a exposição do médico, a todas alusões que possam levar o seminário a encontrar inimigos mais ou menos imaginários.

Esta análise põe em evidência um ponto delicado: aparentemente, no jogo das hipóteses de base, a dependência e a luta e fuga estariam, de certa forma, em oposição. O grupo é pois capaz de oscilar entre um e outro, tendo de abdicar, em certa medida, de obter satisfação. Quando o líder tenta uma intervenção, pode também passar de uma à outra, sem conseguir fazer o trabalho avançar. O dilema pode ser muito real: enquanto

A Formação dos Médicos Generalistas 67

tenta desembaraçar os fios de um comportamento médico estereotipado, para combatê-lo, pode facilmente ser levado a expor um ponto de vista que se tornará rapidamente uma mensagem de salvação, na qual bastará crer para que todos os problemas sejam resolvidos. O instante seguinte a essa mensagem de conforto, na qual todos podem descansar, é utilizado para permitir a fuga diante da possibilidade de estudar os outros modos de ajudar o paciente.

Do mesmo modo, o grupo de hipótese de base acasalamento freqüentemente se manifesta por meio de tentativas para conduzir o líder ou para mantê-lo em uma relação privilegiada com um dos membros do seminário. Para controlar este fenômeno, o líder se esforça para evitar as conversas em particular com os médicos do grupo e só excepcionalmente recebe um de seus pacientes em consulta. O encaminhamento de pacientes para a clínica não é, tampouco, incentivado, evitando que o líder seja colocado a par da vida privada dos médicos. Na medida do possível, ele preenche suas funções com relação aos membros do seminário durante as sessões públicas e, se um participante procurar lhe falar em outro momento, ele deverá lhe pedir que retome o assunto na próxima reunião. É por vezes surpreendente perceber a que ponto os participantes podem chegar para estabelecer uma relação privilegiada com o líder, incluindo-se aqui as abordagens pessoais diretas, como por exemplo a proposta de lhe encaminhar sua mulher ou seu sócio, o que resultaria *ipso facto* em discussões privadas.

O objetivo dessas medidas é o de assegurar que o seminário trabalhe efetivamente e o de ajudar o médico a permanecer alerta e a estudar a situações que vive com tudo o que contêm de prazer e dor. Em nossa opinião, um modo de resolver os problemas profissionais do médico seguramente não é o de encorajá-lo a se tornar alguém diferente, no caso presente, por exemplo, o líder, vir a ser psiquiatra ou psicanalista.

Assim, a frustração é um aspecto essencial de nossa técnica. Nosso trabalho não visa satisfazer diretamente as necessidades pessoais do médico; não se trata tampouco de um grupo de psicoterapia, o que é esclarecido desde o início para o candidato à formação e que também é discutido posteriormente. Contudo, esta frustração tem aspectos positivos visto que através dela o médico é levado a descobrir novos modos de se comportar com seus pacientes e de participar da vida destes, levando-o a criar para estes e para si mesmo novos modelos de existência que respondam às suas necessidades individuais.

Essa é a nossa divisa: "Vós que aqui entrais, suportai vosso fardo". Não é oferecida nenhuma solução fácil. Trata-se de um combate. Nossos médicos declaram por si mesmos que a freqüência ao seminário tornou seu trabalho mais difícil. O que mudou é que eles o compreendem melhor, dele obtendo mais satisfações. Isto os faz sentirem-se mais íntegros.

III. O Papel do Líder no Seminário

O papel do líder será difícil de ser mantido se ele procurar atingir os objetivos que lhe fixamos, negando a tarefa primária do seminário. Como demonstramos em nosso esboço das atividades ligadas às hipóteses de base, ele é constantemente submetido a pressões diversas para fazer outras coisas e para que seja outro. Seu papel será definido em seis pontos.

1. O líder como especialista

O líder é, sem dúvida alguma, um especialista, mais é preciso definir bem no que consiste sua competência. Antes de mais nada, é um especialista da vida dos grupos e, particularmente, dos fenômenos ligados às hipóteses de base, os quais deve saber reconhecer e utilizar de maneira construtiva. Partindo de relatos de seminários coordenados por líderes que tinham uma experiência insuficiente neste domínio, pudemos ver os inconvenientes desta situação que está arriscada a degenerar em desenvolvimentos descontrolados e estéreis. Nós insistimos neste primeiro ponto porque o modelo que esperamos dar aos membros do seminário é o de quem sabe tratar das necessidades e dos problemas tais como se apresentam. Para o clínico geral, são os do paciente, para o líder do seminário, trata-se da necessidade premente e constante que os participantes têm de um líder que faça o trabalho avançar e que não deixe o grupo se desviar em atividades que forneçam satisfações imediatas e alívio momentâneo.

O líder também tem experiência em lidar com doenças mentais e, de modo mais geral, em medicina. A esse respeito, traz para o seminário seu próprio sentido de realidade, enriquecido pela experiência de especialista. Demonstra-o, fazendo perguntas adequadas e, por vezes, surpreendentes. Contudo, essa competência não o distingue radicalmente dos outros membros do seminário, apesar da possibilidade de trazer para a discussão um ponto de vista médico bem especializado. De fato, em meio aos outros médicos, pode-se surpreender ao constatar que suas mais úteis contribuições dependem mais do bom senso e de um conhecimento comum da natureza humana do que de um saber médico especializado. A medicina atual está a tal ponto desumanizada e polarizada pela doença e pelo órgão que o líder freqüentemente é obrigado a fazer eco à queixa real do paciente e de seu sofrimento humano, defendendo um ponto de vista que não tem relação alguma com sua experiência médica propriamente dita. Entretanto, deve saber que ao aceitar este papel com excessiva benevolência e demasiado freqüentemente, pode facilmente ser levado pelo seminário a participar de atividades ligadas às hipóteses de base. Assim, em sua aspiração à dependência, o grupo pode se pôr nas mãos do líder para satisfazer suas preocupações humanitárias e considerá-lo com admiração e respeito, como se este fosse o único a possuir tais sentimentos. Quanto ao grupo de luta e fuga, pode estimular o líder a lutar contra o moinho de vento da "medicina científica", resultando num espetáculo divertido, mas que não ajudará em nada o médico que busca corresponder às necessidades de um paciente em dificuldades.

Entretanto, o líder não tem experiência na prática da medicina geral e, o que é até mesmo pior, está habituado a um modelo relacional de duas pessoas, calcado na psicanálise ou na psicoterapia, o que não é necessariamente adequado ao trabalho que o médico deve realizar em seu consultório ou na casa dos pacientes. É preciso, portanto, que o líder e os participantes de um seminário trabalhem em conjunto para elaborar um novo tipo de competência, que diga respeito às relações humanas, como se desenvolvem na

A Formação dos Médicos Generalistas

medicina geral. Deste ponto de vista, o fato de o líder não ter experiência na prática médica comum pode ser um fator positivo: consegue observar a situação através de uma outra perspectiva.

Pelo fato de esperar algo diferente da parte do líder, os participantes têm dificuldade para perceber sua verdadeira competência, podendo pressioná-lo fortemente para que mude de papel. Ele pode assim ser levado a esquecer os poucos conhecimentos médicos que possui e negligenciar o comentário sobre um erro no exame médico de um caso, por exemplo, deixar o seminário se contentar com uma análise de urina limitada à pesquisa do açúcar e da albumina, quando pode se tratar de uma infecção urinária. Ou então, pode ser estimulado a ostentar seu saber psiquiátrico. Mas essas demonstrações de conhecimentos especializados, apesar de seu caráter lisonjeiro e atrativo, não ajudam o clínico geral a ser melhor médico em sua atuação. (De fato, a técnica do psiquiatra aplica-se somente a menos de 10% da clientela do clínico geral, mesmo constituindo eles uma minoria difícil.)

Uma manobra freqüentemente utilizada é apresentar o caso segundo o esquema de observação médica, com a biografia, os antecedentes, a história da doença, os resultados dos exames complementares e os relatórios hospitalares, etc., o que cria uma situação familiar. Essas informações médicas são, por vezes, apaixonantes, incluindo-se aqui o líder que reencontra, em parte, sua juventude, na época de seus estudos médicos, podendo mesmo experimentar o sentimento de que é novamente um médico, com um vasto futuro pela frente, cuidando magicamente de seus pacientes. Mas esta situação familiar e apaixonante ameaça bloquear o trabalho na situação do seminário, pois o líder se torna um médico como os outros, participante do mesmo mistério.

2. O líder na função de fronteira

Os seminários trabalham no limite entre o si-mesmo e o outro pelo fato de tentarem ajudar os médicos a compreender melhor as interações humanas, experimentando eles próprios novas interações no interior do grupo e com o líder. É por esta razão que o líder tem uma função de fronteira: como o ego, está colocado no lugar de encontro do mundo interior com o mundo exterior e, para realizar seu trabalho com eficácia, deve permanecer atento a estes dois campos.

Um aspecto importante da função de fronteira consiste em estimular o seminário a explorar a situação profissional do médico e as possibilidades terapêuticas que oferece. Essa tarefa comporta certo número de problemas espinhosos, como por exemplo: como utilizar as interpretações verbais durante um exame físico? Como ajudar uma mulher casada ainda virgem a se examinar? Ou o que dizer a uma mãe enquanto examinamos seu filho em sua presença? Desta maneira, o líder e os médicos trabalham constantemente na fronteira da medicina geral, ali onde ainda há muito a aprender. Apesar disso, o líder pode facilmente se deixar tomar pelo seu próprio saber médico, que dará forma aos mitos e aos estereótipos tais como: "a limitação das relações sexuais após uma trombose coronária", ou "as consultas separadas para um casal em crise conjugal", ou "a proibição dos esportes para crianças com sopro no coração", ou "a obrigação das obesas de emagrecer". Tais intervenções fazem o líder perder parte de sua capacidade de recolocar e de reformular os problemas, em suma, de olhar para além da fronteira.

Em contrapartida, facilmente pode-se deixar tomar por estereótipos de psicoterapia como, por exemplo, o do valor universal da verbalização dos conflitos. Se podemos, por um lado, estar certos de que só existem vantagens em que um médico compreenda as dificuldades de seu paciente e que possa formulá-las para si mesmo, por outro, não sabemos em que medida há vantagem em falar dessas dificuldades para o paciente, tarefa que é própria do seminário descobrir. Assim, a fronteira entre o que é conhecido pelo médico e o que é comunicado ao paciente deve ser o objeto de um estudo constante. Alguns dos seminários com mais experiência decidiram iniciar pesquisas sobre aspectos particulares da medicina geral, o que mantém o trabalho do seminário na fronteira do saber, impondo-lhe obrigações tanto em relação ao paciente quanto à verdade científica.

O líder funciona como uma fronteira também pelo fato de estar encarregado de preservar os limites do seminário. É ele quem garante, em certa medida, o segredo da intimidade das atividades comuns. Os eventuais visitantes devem preencher certas condições, não intervindo a torto e a direito: suas referências e os motivos de sua visita devem ser definidos e aceitos. Em geral, a participação de visitantes nas discussões é bem-vinda, pois permite dissipar a impressão de que eles estão ali na posição de juízes. Opondo-se à dispersão, o líder mostra que espera se concentrar no trabalho em curso e que aceita todas as suas implicações. Reproduzindo esta atitude na prática, indica ao paciente que não tem medo do que este vier lhe dizer ou fazer.

3. O líder como fonte de previsões

Juntamente com o papel de fronteira, o líder assume o de prever a evolução dos casos e de incitar o grupo a fazer o mesmo. A importância das previsões, neste tipo de seminário, é devida a, pelo menos, três razões. A primeira, é o fato de o prognóstico elaborado no interior do seminário poder ser colocado à prova através dos fatos externos. A luz crua da realidade tem virtude terapêutica, e qualquer tendência a se deixar submergir em produções fantasiosas pode ser apreciada em sua justa medida. Em segundo lugar, pelo fato de o líder ter um papel predominante na formulação dos prognósticos, um aspecto de sua competência se encontra submetido a exame crítico. Esse questionamento das opiniões do líder neutraliza a tendência de lhe atribuírem qualidades heróicas. Em terceiro lugar, este gênero de previsão facilita o desenvolvimento do senso de responsabilidade de cada membro do seminário, por existir um aspecto concreto do prognóstico, relativo a uma pessoa de carne e osso, que temos chance de rever em curto prazo.

4. O líder como expressão de um modelo

O líder representa um modelo *(ver argumentação abaixo, p. 83)*. Um dos aspectos essenciais deste modelo deve-se ao fato de que o líder deve respeitar e aceitar a necessidade do médico de externalizar o paciente. Existe uma analogia entre a atitude do líder no seminário e a do médico durante a consulta, quando escuta o paciente que externaliza "seu sofrimento", se esforçando para estabelecer uma distância do tipo ego-objeto entre ele e seus sintomas. Ao escutá-lo, seguindo a discussão, lutando contra as resistências habituais, as dissimulações, as denegações e outras manobras defensivas, o líder coloca em evidência este aspecto do modelo. Além disso, o líder não impõe sua ordem; ele aceita trabalhar segundo a ordem proveniente da dinâmica da discussão. Demonstra assim, não ter medo de se ver dominado por esta ordem, aceitando trabalhar com qualquer coisa que se apresente. Na verdade, manifesta sua concordância para iniciar uma viagem de exploração: "Aonde isto vai nos levar?", tal é a questão que lhe voltará aos lábios, freqüentemente, e, ao fazê-la, irá insistir sobre o "nós" em vez do "vocês" ou do "eu".

5. O líder como professor

A competência do líder concerne a um campo limitado: o das relações humanas. Por esta competência estar diretamente ligada à tarefa primária, convém que seja claramente reconhecida. É portanto uma área na qual o líder pode se comportar como professor. Mas não deve ensinar, por exemplo, o diagnóstico diferencial entre depressão reativa e depressão endógena, o que distanciaria o seminário do estudo da relação médico-paciente. Quando se trata de relações humanas, o líder pode, de tempos em tempos, ter uma atitude francamente didática, mas, em geral, essas intervenções devem ser breves, pois usurpam o tempo dedicado à discussão. Ele pode ensinar referindo experiências anteriores do grupo e relacionando-as à questão debatida no momento. Pode também ensinar através da orientação dada à discussão, através das perguntas que faz, dos elementos que decide salientar ou negligenciar, e pela explicitação de tendências do grupo ao evitamento e à negação. O conteúdo de seu ensino depende mais do que o grupo está para descobrir do que de uma construção intelectual preestabelecida. O objetivo do líder é ajudar os participantes a melhor captar e a sentir mais profundamente as forças que determinam suas relações com pacientes.

Contudo, seu ensino deriva em grande parte da sua forma de tratar o seminário e os indivíduos que o compõem. Por exemplo, se o grupo está deprimido em relação a um caso, ele deve suportar esta situação e até mesmo insistir nela, em vez de tentar interrompê-la. Do mesmo modo, cabe a ele recordar que qualquer ser humano tem o direito de ser ajudado, mesmo se se tratar, de uma lésbica "psicopata" inveterada, que abandonou os filhos num orfanato, é divorciada, briga com todo mundo, bebe e cuja parceira sexual acaba de sofrer uma histerectomia. Ou então, se um caso é tratado de modo inadequado ou prejudicial, ou se um obscuro sentimento de desconforto permear o seminário, é a ele que cabe observar, e ajudar o grupo a olhar de frente para seus próprios sentimentos. Demonstra assim que pode se permitir ter sentimentos e que sabe utilizá-los relacionando-os ao caso estudado e à discussão do seminário. O essencial de seu ensino consiste em observar e em criticar seu comportamento no interior do grupo.

Mas essa linha de conduta não é fácil de ser mantida, exigindo uma luta constante. Grande é a tentação de se colocar acima do combate, fazendo, por exemplo, uma exposição didática para responder às dificuldades reais e pungentes do médico, assim como aos sofrimentos e à confusão do paciente. Pode acontecer que, ao cabo da discussão, o paciente surja com tendências ao suicídio ou como um psicótico, o que força o líder a intervir. Mas ele deve saber que os generalistas são muito hábeis em se desembaraçar dos sintomas dos pacientes através de explicações extereotipadas, do gênero: "São os nervos", o que não deixa ao paciente o tempo de descobrir sua explicação pessoal. Quanto mais o líder teoriza, em vez de escutar, tanto mais encoraja a tendência dos médicos a fazer o mesmo. Assim, se arrisca a favorecer o nascimento de um grupo com base na dependência.

6. O líder na função de escuta

Balint sempre salientou que a aquisição fundamental nos seminários era a de aprender a escutar. Mas não é fácil escutar no grupo. Quando um caso é apresentado, observamos freqüentemente duas reações. Uma é a de receber (de introjetar) o caso passivamente, sem assimilá-lo. Essa reação se manifesta através de pedidos de informação a respeito de dados já fornecidos ou exteriores à discussão, assim como da reticência em trabalhar sobre o material disponível. Do mesmo modo, se o líder pede ao seminário que se lembre como o médico apresentou o caso no início e que expressões utilizou, respondem-lhe com expressões desconcertadas, como se ninguém tivesse observado nada. Nesse estágio, o líder pode ser levado a interromper a exposição do médico, que se veria tentado a inundar o seminário com informações suplementares, em vez de participar do trabalho comum com os elementos disponíveis. A segunda reação consiste em rejeitar ativamente o caso através de um fogo cruzado de argumentos dirigidos contra o médico que apresenta o caso. Uma manobra freqüentemente precedida de uma declaração do gênero: "Isto me recorda um caso semelhante", consiste em tentar substituir a experiência que acaba de ser proposta para a discussão por uma outra.

Cremos que, sobre este ponto, a técnica do líder consiste sobretudo em escutar atentamente e fazer bem poucas perguntas durante a primeira parte da exposição. É ajudado nisso, aliás, por dois aspectos da situação de grupo. Em primeiro lugar, pelo seu pedido inicial "quem tem um caso para apresentar?", qualquer voluntário adquire o direito de ser escutado. Em segundo lugar, se o líder estabelece uma tradição de silêncio durante a exposição do caso, o clima é favorável ao desenvolvimento de uma escuta atenta. Trata-se do papel de velar para obter estas condições e se assegurar de que a escuta seja efetiva. Se não conseguir isso, deve se perguntar por quê. Habitualmente, a explicação se situa seja em certas particularidades do caso, como, por exemplo, um prognóstico inevitavelmente trágico ou uma anomalia sexual fascinante, seja na resposta do médico, como uma rejeição brutal ou uma relação erotizada, o que polariza a atenção do grupo e bloqueia sua capacidade de escuta. As questões que se seguem à apresentação do caso indicam em que medida estimulou a imaginação construtiva dos participantes e levou-os a tomar posições defensivas.

A questão da escuta salienta a diferença existente entre a posição do generalista e a do psicoterapeuta, e, *a fortiori*, a do psicanalista. Em psicanálise, podemos permitir ao paciente que vá aonde quiser, definindo a zona do trabalho por suas associações. O mesmo sucede com a maior parte das psicoterapias. Mas isto é igualmente verdade para o clínico geral? Aparentemente não, dada a situação, o tempo de que se dispõe, as comunicações não verbais e a incidência de exames físicos, sem falar da falta de preparação do paciente para a psicoterapia, estando obrigado o clínico geral a tomar a direção das operações. Enquanto o papel do psicanalista é o de se sentar e esperar, enquanto, para ele, os silêncios são cheios de sentido, esta dificilmente é uma atitude a ser recomendada para o clínico geral em sua prática. Mesmo devendo aprender a esperar e a suportar os silêncios enquanto reúne os elementos do diagnóstico fundado sobre a relação médico-paciente, cedo ou tarde deverá passar à ação. Um aspecto importante da competência que procura adquirir consiste em se tornar capaz de diferenciar sua ação até que tenha estabelecido um diagnóstico sobre o qual possa se apoiar.

IV. O Médico Relator e o Grupo

Antes de ir adiante, precisamos dar algumas explicações sobre o comportamento do médico relator nestes grupos.

A personalidade deste médico constitui o veículo através do qual o caso é trazido ao seminário. Mas, este veículo precisa ser motivado. Ao falar do paciente, o médico também utiliza o grupo para si próprio, isto é, para expressar algumas de suas necessidades pessoais, sejam elas conscientes ou inconscientes. Por exemplo, um médico sempre conseguia induzir o seminário a criticá-lo e a atacá-lo, ao afirmar que ele "queria uma discussão franca" e que "não temia a crítica". Contudo, ficou evidente que ele sabia muito mais a respeito do caso do que havia inicialmente dado a entender, de modo que triunfava facilmente dos ataques, cujos autores se encontravam impotentes e exasperados. Na medida em que se tratava de uma tendência profunda neste médico — o que salientamos afirmando que agia "sempre assim" — é evidente que tratávamos de uma necessidade inconsciente expressa no seminário. É obrigação do seminário ocupar-se com a questão de saber se esse conflito se relaciona ou não com o caso discutido. A partir do momento em que deixa ao médico a liberdade de ação, está arriscado a ser levado a querelas, como aquela de que acabamos de falar. Uma médica, talvez um caso extremo, tinha a tendência a se apresentar como que perdida no labirinto de suas condutas com os pacientes, o que a fazia perder a medida. Em troca, o seminário embarcava quase sempre em uma espécie de operação de socorro. Neste caso, o trabalho do grupo só poderia ser feito levando em consideração o que parecia ser a necessidade da médica de ser socorrida por alguém.

Na maior parte dos casos, o comportamento do médico no seminário é muito menos repetitivo do que nestes dois exemplos. Não obstante, a situação deve despertar nele certos conflitos que lhe são próprios, o que irá limitar a diversidade de suas reações. Mesmo reconhecendo conscientemente que não veio buscar diretamente uma terapia, o médico pode ser inconscientemente levado a apresentar cada vez mais casos que ilustrem seus problemas pessoais mais difíceis de suportar. Assim, uma médica casada e sem filhos, que não queria envelhecer sem descendentes, apresentava casos de famílias numerosas, nas quais a mãe era ausente e o pai incapaz, o que a levava a assumir a função materna. Pudemos constatar que os seminários mais antigos são capazes de perceber e reconhecer esse gênero de situação. Aceita-se como traço particular de um médico, um ponto fraco que é tolerado e que pode, inclusive, tornar-se objeto de brincadeiras, o que traz uma ajuda indireta ao médico. Contudo, em outras ocasiões, a tendência do médico de escolher seus casos para expor suas próprias dificuldades é a tal ponto evidente que desencoraja a todos, confrontando o líder com um problema técnico difícil. Tal foi o caso, por exemplo de uma mulher que, tendo perdido o marido durante a guerra, quando ainda era jovem, e tendo sofrido muito para educar seus filhos, apresentava sem cessar casos que refletiam sua amargura, para grande embaraço de todos.

Entretanto, se o comportamento do médico estiver fortemente influenciado pelo conjunto de seus objetos internos e das relações que estes travam entre si, ele também será parcialmente determinado pelas respostas que obtiver dos outros participantes. É preciso afirmar que os grupos de trabalho não são tão propícios ao estudo destes fenômenos complexos quanto os grupos terapêuticos. Porém, de tempos em tempos, é possível discernir as manifestações mais evidentes. Tivemos, por exemplo, o caso de um médico que tinha verdadeiras crises de rivalidade com o líder, o que desapareceu quando começou a trabalhar com outro líder. Ou o caso de outro que não parava de importunar um dos colegas, de modo que o primeiro passava seu tempo se defendendo, em detrimento de qualquer aquisição. Estes fenômenos simples de acasalamento representam aquilo que há de mais fácil para ser observado. Contudo, em geral, temos dificuldades em apreciar como o seminário desenvolve ou reduz os recursos de cada médico. É certo que o jogo das diversas personalidades presentes exerce uma influência considerável no comportamento de cada um. Ocorre o mesmo com relação à personalidade do líder, que certamente é mais favorável a certos médicos do que a outros. Não obstante esta constatação, não avançamos na arte de fazer a distribuição inicial.

Uma vez admitido que o seminário deverá trabalhar com os recursos pessoais do médico relator e com toda a diversidade das afinidades e das limitações dos outros participantes, resta-nos definir um ponto essencial, ou seja, o efeito sobre o seminário do membro ausente, a saber, o paciente cujo caso é discutido. O fato de que o médico que relata seja o mediador desta influência é evidente, mas não sabemos sempre muito bem através de quais vias. Por vezes, podemos observar até que ponto o médico se identifica com o paciente de modo que ele o representa aos olhos do seminário, tendo os outros participantes a tendência de lhe falar como se ele estivesse doente. Outras vezes ocorre o inverso, e o seminário vive a experiência de ser este paciente e de ser tratado pelo médico como se o paciente introjetado tivesse sido projetado em um ou mais participantes. Foi o que ocorreu, por exemplo, em um seminário no qual as mulheres viam suas observações e sugestões rejeitadas com desprezo e irritação por parte do médico relator do caso e que sistematicamente tentava depreciar os esforços delas. De fato, o caso apresentado, de uma mulher, havia provocado no médico exatamente a mesma reação de arrogância masculina. No seminário, as mulheres estavam sendo tratadas por este médico como ele havia tratado sua paciente.

Nós supomos que, em certa medida, o impacto do paciente sobre o médico será transmitido à vida do seminário, sendo de novo encontrado no âmbito das relações que nele se desenvolvem. Podemos aqui estabelecer uma analogia com o trabalho do sonho no qual restos diurnos são reunidos e gerenciados em função de uma preocupação inconsciente, o conteúdo latente. Dentro dessa analogia, as perturbações causadas pela exposição do médico representam o conteúdo manifesto do sonho, e o cuidado do médico com relação a seu paciente, o conteúdo latente. Porém, tal como para os sonhos, a interpretação não é um procedimento simples, e podemos admitir que haja uma grande variação de amplitude segundo o intérprete, sem detrimento da validade ao que é imediatamente apropriado ao que se passa "aqui e agora": na interpretação do sonho, trata-se da transferência que prevalece no momento; no seminário, é o aspecto da relação médico-paciente ao qual reagem os participantes. Evidentemente, podemos contestar a importância desse aspecto particular para o próprio paciente e para sua doença. Porém, na medida em que parte da doença acessível ao tratamento é transmitida ao médico e corresponde às suas possibilidades de resposta, é que nosso trabalho pode ser realizado, extraindo da prática seu aspecto de validade.

V. A Transferência e sua Interpretação

O líder de um seminário é permanentemente confrontado com as seguintes questões: quais são as observações interpretativas que deve fazer a respeito da conduta de tal ou qual médico ou sobre o comportamento do seminário em seu conjunto? O que é preciso interpretar e até onde devemos ir na interpretação? Em geral, preferimos nos centrar sobre a perturbação ou o conflito que predominam na atividade do seminário em um dado momento, colocando-os em evidência quando se relacionam com o trabalho do seminário, isto é, com a tarefa imediata de formação. Isto implica que o seminário não tem que se preocupar com eventuais ramificações destes conflitos na vida privada do médico e nas suas vivências infantis, apesar deste aspecto das coisas poder ser, para ele, material de reflexão, ou então, se assim decidir, objeto de uma atividade terapêutica em outro contexto.

A distinção entre o que é a tarefa essencial do seminário e o que é assunto pessoal do médico foi designada por Balint como o que separa a transferência "pública" da transferência "privada". Mas essa distinção está longe de ser facilmente estabelecida: o líder só pode chegar a ela envolvendo-se em um perigoso empreendimento, como o mostram os seguintes exemplos.

Exemplo 1. Uma médica começou sua exposição declarando querer que lhe dissessem quais haviam sido seus erros. Em seguida, o seminário, ao invés de fazer uma avaliação objetiva do trabalho realizado, lançou-se naquilo que veio a parecer uma crítica mesquinha e até mesmo injuriosa. O líder percebeu que se trata de uma necessidade da médica de ser surpreendida em erro e repreendida, o que impedia o seminário de ser produtivo com o seu caso. Tratava-se de um problema público para o seminário, visto que dizia respeito a todos os participantes. Também poderíamos pensar que se tratava de algo que prejudicava a compreensão do paciente pelo médico. Segundo o que sabíamos, podia se tratar de uma dolorosa repetição do que se passava na vida particular desta mulher. O líder disse então: "A doutora X criou uma situação na qual perdemos de vista o progresso realizado e na qual estamos ofuscados por seu convite a criticá-la, a puni-la, a sermos hostis e agressivos com relação a ela. É o que está acontecendo neste momento...". Após isto, e admitindo que o seminário concede alguma atenção às observações do líder, ele poderá seguir uma das duas seguintes direções: interessar-se pelas necessidades masoquistas da doutora X e pelo prazer de ser sádico com ela, ou refletir sobre as relações destes fenômenos com as dificuldades do paciente cujo caso é discutido. De fato, o líder, após assim haver confrontado a médica com um aspecto de sua personalidade, que talvez ela ignorasse, acrescentou esta declaração: "... isto pode ser uma indicação a propósito do paciente, cuja mãe aparece maltratada, desvalorizada, negligenciada e não muito eficaz."

Mas aqui, duas questões importantes permanecem em suspenso. Antes de mais nada, se admitirmos que a relação deste paciente com uma mulher um tanto masoquista, a doutora X, revele sua necessidade de maltratar as mulheres, podemos nos perguntar que lugar ocupa esta necessidade em sua sintomatologia e em que medida seria justificado que o terapeuta lhe prestasse mais atenção. Em seguida, uma vez admitido que se trate de um problema importante para o paciente, em que medida o líder deveria levar em conta a atitude da doutora X, que convidava o seminário a atacar e a satisfazer suas necessidades masoquistas?

Quanto à primeira questão, somos tentados a responder que não é possível saber com certeza se o problema era ou não capital na vida do paciente. O que é certo, é que se tratava de um fenômeno realmente vivido, que não podia, portanto, ser apreendido pelas duas pessoas implicadas. Como se tratava de um aspecto da relação médico-paciente mais evidente para todos os outros participantes do que para a própria doutora X, pensamos que valia a pena comentá-lo.

Quanto à segunda questão, há um conjunto de respostas possíveis, o que demonstra bem a incerteza na qual estamos. Um líder só concederá um mínimo de atenção às atividades masoquistas da doutora X no seminário, tentando se interessar sobretudo pelas dificuldades desta com o seu paciente, como aparecem em seu relato. Ele não chamará a atenção do seminário para as atitudes da doutora X para com os outros participantes, senão no caso de chegarem a bloquear a discussão. Um outro líder as observará silenciosamente, servindo-se delas apenas para considerar se necessidades inconscientes do mesmo tipo poderiam ter um papel importante, porém ignorado, no trabalho da médica com o paciente. Neste caso, ele deverá escolher, no material da discussão, os temas que melhor lhe pareçam corresponder ao embaraço da médica. Ainda outro líder, como no exemplo que acaba de ser citado, chamará a atenção do seminário para o que se passa no momento em seu interior, convidando-o a se interrogar a respeito

A Formação dos Médicos Generalistas 77

da existência de fenômenos análogos na relação médico-paciente de que está se tratando. De fato, deverá refrear sua tendência em insistir na implicação da doutora X no seminário, a menos que tenha a impressão de que isto possa esclarecer a relação médico-paciente.

Dentro deste conjunto de respostas possíveis vemos que, em uma das extremidades, as manifestações de transferência no seminário não são explicitamente levadas em consideração, senão no caso de bloquearem o progresso do trabalho, enquanto que na outra extremidade elas são utilizadas cada vez que aparece a possibilidade de esclarecer os aspectos obscuros da situação terapêutica discutida no momento.

Exemplo 2. Um médico havia exposto um caso no qual fora objeto de toda sorte de pedidos que não podia realizar. Após algumas tentativas para tirar partido de seus magros recursos, foi-lhe preciso se resignar a se sentir com uma ineficácia desesperadora. O primeiro movimento do seminário foi pedir ao líder que fornecesse um comentário psiquiátrico deste caso difícil. Quando os participantes constataram que o líder não atendia a este pedido e que estavam abandonados a si próprios, lançaram-se em considerações cheias de sabedoria a respeito dos pacientes, das mulheres, das pessoas que pedem demais, etc. O líder percebeu então que havia um paralelo entre a atitude do médico que renunciara a compreender a origem das dificuldades da paciente e a atitude do seminário, que fazia poucos esforços para examinar a natureza desta relação médico-paciente, desviando-se na busca de aforismos e clichês. Ao invés de trabalhar, haviam tentado fabricar um líder cheio de sabedoria, capaz de confortar todos os que sofriam, em primeiro lugar, dirigindo-se ao psiquiatra para que encarnasse este papel e, em seguida, coletivamente, valorizando os clichês de seus próprios participantes. Neste momento, o líder percebeu que o trabalho do grupo estava bloqueado pelo fato deste tentar satisfazer suas necessidades de dependência, ou seja, pela intervenção de atividades ligadas à hipótese de base dependência. Mas como poderia ele utilizar esta tomada de consciência para fazer o trabalho do seminário avançar?

Se o grupo fosse autocentrado, como um grupo terapêutico, ou um grupo de diagnóstico, ou um grupo de estudo das relações de grupo, a comunicação desta interpretação aos outros membros seria coerente com a tarefa prefixada pelo grupo. Poderíamos discutir a oportunidade desta intervenção particular, mas todos estariam de acordo sobre a pertinência de seu princípio.

Porém, ao se tratar de um seminário para generalistas, podemos nos perguntar quais são as circunstâncias nas quais uma tal interpretação seria apropriada. Parece haver dois tipos de situações nas quais isso se dá. Primeiro, se o trabalho do seminário estiver seriamente bloqueado pela atividade de uma hipótese de base, o estudo da situação poderá ajudar o grupo a retornar à sua tarefa. Não há garantia de que isto tenha sucesso, mas a manobra merece ser tentada para enfrentar algumas dificuldades. Contudo, neste gênero de situação, o comportamento mais habitual do líder consiste em utilizar a autoridade que as necessidades de dependência dos participantes lhe confere para tornar a discutir o caso apresentado. É um exemplo do uso engenhoso que o líder pode fazer da hipótese de base dependência, remetendo um grupo à sua tarefa e recusando-se a satisfazer suas necessidades de dependência através de uma exposição didática.

O segundo tipo de situação diz respeito à possibilidade de que as dificuldades do seminário sejam paralelas às da relação médico-paciente em curso na discussão. É exatamente este o caso no exemplo acima. A necessidade premente de o paciente ser atendido por alguém onisciente e inteiramente disponível foi rapidamente transmitida ao seminário. A gratificação das necessidades de dependência do médico no seminário implicava então que as exigências do paciente deveriam e poderiam ser satisfeitas sem inconveniente. Entretanto, o exame das atividades do seminário levava os médicos a considerar os perigos de cederem aos desejos dos pacientes e à possibilidade de fazer alguma coisa de diferente, por exemplo: interpretar o que ocorria, tal como fora feito no seminário. Ao demonstrar-se capaz de renunciar aos prazeres de pontificar, de parecer superior, e ao enfrentar uma situação frustrante e desafiadora, o líder reforça o realismo e a perseverança de que o médico deverá imbuir-se na realização de seu trabalho. Este pode então se comportar de maneira análoga com seu paciente. Se assim for, e esta é a nossa opinião, a interpretação das dificuldades do seminário, em um caso como o que acaba de ser citado, contribui para fazer o trabalho de formação avançar. Seria preciso notar, a propósito, que esta interpretação comporta dois aspectos. Em primeiro lugar, seu conteúdo verbal corresponde à situação existente. Em segundo, o comportamento do líder, isto é, o fato de ele propor uma interpretação ao invés de expor seus conhecimentos ou de dar conselhos.

É preciso levar em conta vários perigos quando nos propomos intervir nas dificuldades presentes do seminário. Um deles é o de deduzir automaticamente que um conflito está presente na relação médico-paciente, pelo fato de ele ter importância esmagadora nas atividades do seminário. Em nosso segundo exemplo, esse perigo não era muito grande, mas é preciso admitir que, independentemente dos casos discutidos, os seminários são freqüentemente invadidos, durante longos períodos, pelo afã de encontrar um mestre que possam seguir, ou um personagem parental a quem possam obedecer, em vez de discutir o caso de um paciente. É portanto nestas circunstâncias que as atividades ligadas às hipóteses de base ocupam o primeiro plano. Arriscamo-nos, então, ao fazer interpretações, a estabelecer conexões injustificadas entre as relações no interior do seminário e a relação entre o médico e o paciente, o que leva à confusão, pois as necessidades do seminário e as necessidades do paciente real são tratadas como uma mistura intricada. Na medida em que os participantes são arrastados por um grupo de hipótese de base, podemos considerar que estão, por certo tempo, em estado de regressão.

Mesmo se o líder não vê conexões aparentes entre o caso discutido e a situação do seminário, a escolha de sua conduta em relação ao comportamento do seminário pode estar na origem de complicações indesejáveis. Se negligenciar as ofertas de dependência do seminário e o reconduzir firmemente ao estudo do caso, ou se admitir seu fracasso e propuser passarem ao caso seguinte, fornecerá, através de seu comportamento, um exemplo incontestável da tentativa de evitar um problema emocional evidente. Os médicos conhecerão uma experiência embaraçosa na qual são estimulados a fazer uma coisa, enquanto se lhes mostra como evitar essa mesma coisa. Porém, se, por outro lado, o líder arregaçar as mangas e convidar o seminário a se centrar em suas próprias dificuldades, arrisca reforçar a tendência a formar um grupo terapêutico ou a aceitar implicitamente tornar-se o líder direcionado pela fuga. Assim, em nosso primeiro exemplo, se as atividades sadomasoquistas do seminário não tivessem tido nenhuma proximidade com a relação médico-paciente em discussão, seu estudo no contexto atual do seminário teria constituído um evitamento do trabalho, isto é, teria sido parte dos efeitos da hipótese de base fuga.

Dois pontos suplementares devem ser levados em consideração a propósito da decisão do líder sobre a melhor maneira de responder às dificuldades do seminário. O primeiro é o fato de os participantes terem necessidade de que deixemos a experiência por eles vivenciada se desenvolver, para que possam reconhecer sua significação e aceitar ou rejeitar as observações que ela provoca no líder. Para que possam avaliar a pertinência dessas observações, não as aceitando por via da autoridade, é preciso que tenham tempo de entrar na situação, de resumi-la e de retirarem dela os indícios significativos. O segundo ponto é que, em um grupo de trabalho, excursões paralelas à tarefa primária podem ser componentes necessários da vida do grupo. Ao perseguir vigorosamente a tarefa primária, podemos ter necessidade de nos refrescar com pausas que permitam que as hipóteses de base se manifestem. A natureza e a extensão dessas pausas dependem da valência de cada um dos participantes, inclusive, do líder.

O problema do líder é de saber se um grupo que se engaja em uma tarefa acessória, mais ou menos ligada a uma hipótese de base, está se dedicando, a justo título, a um componente inevitável da vida do grupo ou se estará evitando ou adiando seu trabalho propriamente dito. É ele quem deve decidir se se trata ou não de uma utilização positiva do grupo de hipótese de base. Os critérios para tomar esta decisão estão longe de serem claros, mas isto faz parte do papel do líder, que deve, além disso, avaliar suas conseqüências para o trabalho do grupo. Face a esse dilema, não é raro que ele abdique e procure conduzir o grupo a substituí-lo e a tomar uma decisão em seu lugar. Nestes casos, o que tem a fazer é informar o grupo sobre seu modo de perceber e de compreender a situação.

Exemplo 3. Na vida da maior parte dos seminários há períodos de fracassos e desencorajamento durante os quais temos dificuldades em ver porque prosseguir o trabalho. Apesar de já termos aprendido muitas coisas, nos sentimos perdidos em meio à tristeza das decepções do momento. Nessas ocasiões, o seminário não continua senão pela crença de que o líder sabe onde estamos e que, sob sua direção, as coisas acabarão mudando. Ele se torna então o depositário das esperanças do grupo. Para suportar a situação, pode relatar suas experiências em outros grupos onde se viu confrontado com o caráter inevitável do luto, mas também com a possibilidade do processo de reparação. Deve ele então combater da melhor maneira possível e estimular o seminário a se manter sólido, ou deve interpretar a situação tal como a vê?

É preciso nos lembrarmos que, nesses momentos de crise, os participantes projetam suas funções integrativas do ego no líder, mas devem ser capazes de encontrá-las de novo, na medida em que conseguirem aprender com a experiência. Além disso, a natureza daquilo que então é reintrojetado pelos participantes é determinada, em certa medida, por sua percepção do comportamento do líder, enquanto este era portador de suas projeções. Parecia ele ignorar o que se passava e negar a crise? Reagiu desviando rapidamente a atenção para um projeto mais promissor, por exemplo, propondo apressadamente um trabalho de pesquisa? Pensou que, apesar da evidência da crise, seria possível continuar a trabalhar na mesma direção? A natureza do que os participantes aprendem e daquilo que reintrojetam é, em grande parte, determinada pelo comportamento e pelas atitudes do líder em relação ao seminário, durante estes períodos desencorajadores. Isto é mais importante do que o que diz, podendo mesmo não verbalizar coisa alguma, de tal modo é difícil de se reencontrar no turbilhão dos acontecimentos e dos fenômenos de grupo.

Estas considerações demonstram que são as condutas do líder, mais do que suas palavras, que determinam o que os médicos introjetam e carregam consigo. Por exemplo, se o líder, sentindo-se sem rumo pela apresentação de um caso, decide passar para um outro, a rapidez desta decisão e o clima no qual ela é tomada podem indicar se se trata de uma fuga diante de uma experiência emocional desagradável ou se é um modo de reconhecê-la.

Na medida em que os sentimentos de perplexidade e de desânimo fazem parte da relação médico-paciente examinada, pode ser útil colocá-los em evidência da maneira em que são vividos no seminário. Por outro lado, o fato de suportá-los com paciência e humildade, sem precisar agir imediatamente, seja fazendo uma interpretação, seja propondo uma nova linha de ação, pode, por si mesmo, demonstrar aos médicos o interesse que pode haver, em certos casos, em se contentar em ser o receptáculo temporário das projeções provenientes de outrem. Pode então ser indicado simplesmente reconhecer uma situação presente, sem interpretá-la e sem tentar manipulá-la.

Podemos, contudo, sustentar que, se a transferência pessoal do médico não for levada em conta no seminário, estaremos renunciando aos objetivos de formação em uma zona fundamental das relações humanas. Como, de fato, poderia ele estudar a transferência de seus pacientes para consigo se não lhe mostramos como sua própria transferência pode ser examinada? Na medida em que o líder evita este tema com os médicos, não está ele lhes ensinando, realmente, a fazer a mesma coisa, o que implicaria que se trata de um domínio do qual é perigoso se aproximar? O que nós propomos fazer, após ter suscitado tanta angústia?

Até o presente, estes argumentos só foram respondidos de um modo defensivo. Já foi dito que se tratava de um trabalho de formação, o qual não tínhamos nenhuma razão para transformar em trabalho terapêutico. Entretanto, existe um motivo mais válido para não explorarmos sistematicamente a transferência pessoal do médico. Proceder deste modo implicaria que a relação psicoterapêutica é o modelo mais apropriado das relações que o médico pode travar com seus pacientes, o que seria uma forma de esquecer as diferenças capitais existentes entre as condutas de trabalho do médico e as do psicoterapeuta, por exemplo, a duração quase indefinida dos contatos do médico com seus pacientes, as relações íntimas que ele tem com o corpo destes e a diversidade dos papéis desempenhados em função das situações médicas.

Parece evidente que, apenas em raras ocasiões, o médico pode falar com um de seus pacientes daquilo que lhe parece um fenômeno de transferência, no qual elementos do mundo interior e da vida passada do paciente são reproduzidos na relação médico-paciente. Na maior parte das vezes, o que o médico tem a fazer é guardar para si o conhecimento da transferência do paciente ou utilizá-lo indiretamente, por exemplo, escolhendo sua resposta para um pedido de medicamento ou ao decidir aceitar ou recusar atender um outro membro da família no lugar do paciente. A transferência será então considerada um índice clínico de maior importância para as decisões terapêuticas. O modelo mais apropriado parece ser então o da família em vez da entrevista psicoterapêutica. Enquanto todos estão de acordo em afirmar que a vida familiar pode apenas se beneficiar de um melhor conhecimento do que cada um espera dos outros, explícita ou implicitamente, ninguém iria se propor a utilizar a confrontação ou a interpretação, salvo em ocasiões excepcionais.

É evidente que, neste campo, o conhecimento do que seja o melhor comportamento não é, nos psiquiatras, superior ao dos clínicos gerais, assim como aqueles não têm a mesma experiência no terreno das operações. É isto que nos incita a fazer os participantes reconhecerem que fenômenos de transferência se desenvolvem inevitavelmente no interior do grupo, e que eles estão obrigados a reagir a estes de um modo ou de outro. De fato, os seminários chegam a sentir muito bem até que ponto podemos ir com cada um dos participantes tomados individualmente. Assim, seremos muito mais duros com o Dr. A do que com o Dr. B. Protegeremos o Dr. C de um modo construtivo. Suportaremos indefinidamente o Dr. D, enquanto que o Dr. C será conhecido por ser capaz de suportar uma dura crítica. Apesar de haver muita cumplicidade em tudo isto, trata-se do emprego de uma maior sensibilidade para com os fenômenos psicológicos. Até o presente nossa técnica foi a de não fazer grande coisa a respeito destas manifestações transferenciais entre os participantes, a não ser adotando uma atitude tolerante a seu respeito. Porém, podemos considerar que uma outra técnica, mais ativa neste ponto, permitiria tornar a formação mais profunda.

Exemplo 4. Defrontamo-nos com um problema quando o grupo chega a um estado no qual utiliza um de seus membros para expressar um sentimento ou uma tendência particular. Por exemplo, manifestar oposição ao líder, satisfazer necessidade persistente de que as coisas caminhem mal, ou ser alguém que faz curas aparentemente mágicas. Naturalmente, só chegamos a tal situação graças à cumplicidade do médico que se presta a este papel, ou mesmo, o procura ativamente. Pode ser então justificado recorrer a uma interpretação de grupo para tentar ajudar este médico a se desligar de sua conduta estereotipada na qual é, em grande parte, o porta-voz dos outros participantes. Por exemplo, em uma fase bem precoce da vida do seminário, encontramos um médico que tenta colocar em prática estes novos métodos "Tavistock". Os outros membros do seminário o consideram como aquele que "se arrisca", e observam-no com uma grande ambivalência. Em caso de sucesso, dirão: "OK, nós já sabíamos que tudo sairia bem". Em caso de fracasso: "Ora, já sabíamos que isso não iria funcionar". Deve o líder interpretar esta situação, ou aceitá-la sem se preocupar demais e sem se proteger com normas e conselhos? Nessas circunstâncias, o fato de reconhecer a situação sem negar as dificuldades pode ser mais eficaz do que uma interpretação para liberar o participante que se deixou apanhar na armadilha. Mas, no caos de um seminário, o líder raramente tem tempo de fazer essas perguntas, sendo ele o único a poder respondê-las.

Exemplo 5. Um problema análogo é levantado nos períodos em que o seminário parece atravessar uma zona de calmaria, numa atmosfera de desinteresse pelo mundo exterior. Em geral, estes períodos começam com um rebaixamento de tensão na discussão e uma tendência para se desviar do trabalho. Em seguida vem uma impressão de anonimato e de falta de responsabilidade para com o trabalho. A discussão se torna conversa e bate-papo. Se isso se produz no início da sessão, o líder pode ser deixado de lado, podendo acreditar, ao chegar, que o grupo está fazendo algo diferente da formação. Ele pode ter a impressão de que o seminário tem, antes de mais nada, vontade de estar em outro lugar ou de continuar o que fazia antes de sua chegada. A sessão pode começar com a intervenção de um médico que deseja trazer "um pequeno seguimento" ou levantar uma "questão secundária". Se faltar clarividência ao líder, ele pode adiar estes problemas para o fim da reunião, impedindo assim que um tema que preocupa profundamente o seminário inteiro seja discutido.

O que faz o líder neste momento? Às vezes, vemos surgir um tema que é preciso passar a limpo antes que o seminário possa voltar ao trabalho, por exemplo: "Qual é o papel do formador na formação?", "Por que não podemos ter exposições didáticas?" ou "Parece que nós estamos perdendo membros". Após vinte ou trinta minutos, a discussão cessa por si mesma e a proposta de apresentar um caso é facilmente aceita. Em outros momentos, é a terapia pessoal que ameaça tomar o lugar da formação, e o líder deve saber se irá tentar retomar o controle do grupo para reconduzi-lo à discussão dos casos, se irá interpretar esta nova tendência ou se irá permitir que se desenvolva até que cesse por si mesma. Quando o grupo tem a tendência de se centrar sobre si mesmo, desde o início da sessão, antes de qualquer apresentação de caso, pode ser difícil saber que relação este fenômeno pode ter com as dificuldades que os participantes encontram em suas relações com os pacientes. Apesar desta relação provavelmente existir em termos gerais, freqüentemente não é possível descobrir uma conexão com um problema específico que tenha sido levantado recentemente a propósito de um caso. Nessas circunstâncias, não é possível de modo algum ligar o trabalho do seminário com um problema profissional encontrado por um médico em sua prática. Faça o que fizer, o líder não será totalmente satisfatório nem a seus próprios olhos nem aos do seminário. Por outro lado, orientar-se sub-repticiamente para a terapia só poderá complicar mais ainda as coisas. Pode ocorrer que o objetivo secreto do seminário, nestes momentos, seja justamente o de lhe dar a impressão de ser completamente insatisfatório. Para ele, a única esperança de reencontrar sua eficácia é tentar reconduzir o seminário ao trabalho, através de todos os meios de que dispõe, por mais arbitrários e desagradáveis que sejam. Mas, por que teria o líder o privilégio de evitar tomar decisões difíceis, cuja pertinência é sempre incerta, enquanto que os outros participantes têm freqüentemente de trabalhar em condições tão desfavoráveis?

Exemplo 6. Uma das características da situação do médico é a de constantemente receber mensagens transmitidas por meio de comportamentos e não através de palavras. Por exemplo, vai visitar uma mulher de meia-idade, que tem repetidas depressões, e quando entra na casa, o marido desce correndo a escada dizendo: "Ela é toda do senhor, doutor", desaparecendo em seguida. O médico não deve ficar surpreso de encontrar uma mulher que se sente negligenciada e rejeitada, com dúvidas sobre a potência sexual do marido. Podemos ter também o caso de uma mãe que normalmente leva os filhos ao médico quando estão doentes, e que, desta vez, pede uma visita a domicílio, porque um dos filhos "está com dor de garganta". O médico vai, e lá encontra uma criança com uma leve angina sem febre, mas um pai acocorado junto da lareira, em pleno dia. Ou ainda, o médico que acaba de examinar sua pequena paciente e que entra na sala, onde encontra o pai instalado, de mau humor. A mãe o leva então ao banheiro para falar da doença da filha na ausência do marido. Há também a secretária do médico que não "quer incomodar" o patrão tossindo no consultório médico, o que parece indicar que alguma coisa não vai bem. Há também pacientes que sempre dizem as coisas importantes no momento em que abrem a porta para ir embora, ou que vêm quando não há tempo para consulta e nem para dizer o que quer que seja. Ou então, após ter dito alguma coisa de importante, pedem uma próxima consulta com o colega do médico para uma simples renovação de receita. Poderíamos dar inúmeros exemplos dessas comunicações pelo comportamento.

É preciso muita rapidez de espírito para que o médico compreenda esses "comportamentos" e para que reaja a eles adequadamente. Mas isto é sempre necessário? Ainda aqui, o importante é a sua capacidade de aceitar tal comportamento, seu respeito pelo desejo subjacente e sua paciência para a espera do momento certo para dizer algo. Tal é o seu dilema, sendo demasiado fácil acusá-lo de estar na origem de uma cronicidade iatrogênica pelo fato de não ter feito o que era preciso na hora certa. No seminário, o líder se vê confrontado com problemas análogos: deve ele se contentar em aceitar o comportamento do médico? Desviar-se em direção à psicoterapia pode afastar o médico de seu trabalho, mas evitá-lo também pode constituir uma espécie de fuga que contribui para a cronicidade.

VI. O Modelo

1. Por que um modelo?

A primeira questão que devemos reponder é a seguinte: por que tentar construir um modelo? Temos para isso três razões principais:

a) Qualquer ser humano diante de uma situação nova — e tal é o caso do médico generalista que começa a estudar suas relações com os pacientes — busca em si mesmo uma solução baseada em sua experiência de situações mais ou menos equivalentes ou em fantasias pessoais. A função do modelo é estabelecer um vínculo entre esta busca interior e a realidade exterior, o que permite simultaneamente a expressão dos fantasmas e seu confronto com os fatos. A formação médica constitui, a esse respeito, uma preparação bastante desfavorável, pois, não somente nada fornece a respeito deste aspecto da prática, mas ainda leva o médico a desenvolver defesas que deverá abandonar.

b) Um modelo é necessário para limitar os efeitos da psicopatologia própria do médico e para evitar que os dois membros, tanto o paciente quanto o médico, tentem realizar fantasias de onipotência, de drogas mágicas, etc. Tais fantasias, com seu conteúdo regressivo, refletem posições infantis que persistem em cada um de nós. A referência a um modelo serve então como defesa contra a regressão. É preciso fixar limites para a discussão do seminário e é utilizando uma técnica centrada sobre o que se passa "aqui e agora" que podemos conseguir isso, de um modo que convém tanto ao trabalho do grupo quanto ao do médico em sua atividade.

c) O próprio líder precisa de uma referência. Visto que ele ensina sobretudo através de seu comportamento, ele deve ter uma idéia anterior sobre o comportamento desejável. Mais uma vez, esta "idéia" deve estar baseada na realidade, sendo diretamente utilizável pelo médico no trabalho clínico.

Inúmeros aspectos do modelo já foram expostos. Assim, vimos como ele deve estar ligado ao mesmo tempo à necessidade do médico de externalizar o paciente e à necessidade do paciente de externalizar seus sintomas e problemas. Vimos como ele deve estar centrado no trabalho do generalista e não no do psiquiatra; como deve se opor à tendência comum de glorificar os professores e os especialistas; como deve deixar a cargo do médico toda a responsabilidade pelo caso, ao mesmo tempo ajudando-o a superar sua tendência a "se colocar no lugar" de seus pacientes. Vimos também como o médico deve ser escutado com atenção no seminário e pelo líder, o que o ajudará a se colocar à escuta de seus pacientes, assim como é preciso seguir os pensamentos do médico e do seminário, tal como na prática é preciso seguir e aceitar o paciente em todos os seus desvios. Finalmente, vimos como pode surgir uma ordem a partir de todos estes pensamentos ao recolocá-los no contexto imediato daquilo que se passa "aqui e agora", o que fornece um modelo para regular e compreender as condutas por vezes desviantes do paciente.

Contudo, o líder que tentar manter tal modelo não terá uma tarefa fácil. Ele é ajudado nisso pelo interesse pelo trabalho dos médicos e por seu respeito por suas particularidades individuais. Seus sentimentos para com eles devem ser sinceros e não apenas ditados pelas circunstâncias. Ele deve considerá-los como colegas e não como servidores, como companheiros e não como alunos. O líder deve reconhecer abertamente as diferenças entre os participantes e se opor a toda tentativa de estabelecer apenas uma boa maneira de proceder. Por isso é preciso deixar a discussão em aberto, de modo que todos os métodos sejam julgados segundo seus resultados e não adotados em vista da aprovação do líder ou da maioria do seminário.

Devemos acrescentar três observações a propósito do comportamento do líder visando estabelecer o modelo.

A Formação dos Médicos Generalistas

Em primeiro lugar, o líder é ativo ao velar pela realização do trabalho e ao conduzi-lo a uma conclusão. A esse respeito, ele novamente se encontra sobre uma corda bamba, pois deve prestar atenção para que estas atividades não o impeçam de escutar, e que sua escuta não o conduza a uma inatividade passiva. A escuta do líder deve, portanto, ter um componente ativo, assim como a do generalista, quando escuta seu paciente.

Em segundo lugar, ele procura criar com os médicos um clima de cooperação análogo ao que é desejável na relação médico-paciente. Essa cooperação não é obtida cultivando a auto-admiração ou batendo papo amigavelmente, mas se baseia no fato de que cada um tem alguma coisa a oferecer ao outro em razão de sua competência e que cada um tem necessidade do outro e o respeita. É a mesma coisa que existe na relação médico-paciente: o médico não pode praticar sua arte sem a participação do paciente, e este não pode melhorar sem se "submeter" à competência e aos cuidados do médico.

Em terceiro lugar, e este é o ponto mais importante, o líder demonstra constantemente por seu comportamento ser capaz de permanecer em seu papel, no caso, o de consultor do seminário. Uma das principais dificuldades encontradas pelos médicos em seus esforços para ajudar os pacientes se origina de tendências a assumir novas responsabilidades sem se dar muita conta disso. Arriscam-se assim a se verem em uma posição insustentável, na medida em que se distanciaram de sua competência profissional habitual e mesmo do simples bom senso. É o que vemos, por exemplo, quando um médico tenta tratar um paciente ávido de cuidados maternais, sendo maternal com este. Quando percebe que não está preparado para este trabalho e que o paciente o censura, se dá conta, freqüentemente, de que perdeu contato com as coisas que pode fazer com eficácia, isto é, utilizar sua competência médica comum. Inversamente, quando ele se vê confrontado com o sofrimento de um paciente, esquece como podemos tratar das pessoas da maneira mais simples, procurando, ao invés disso, assumir o papel de psicoterapeuta segundo uma concepção absolutamente pessoal. Esta tendência em suprir as carências e a tomar o lugar do outro é freqüentemente difícil de ser reconhecida por ele, e de lhe opor resistência. Nós sugerimos que o modelo fornecido pelo líder, quando este demonstra capacidade de vincular-se ao seu trabalho, reconhecendo seus limites e seu caráter desagradável, pode ser introjetado pelo generalista, o que irá lhe inspirar confiança em suas próprias capacidades, em vez de inferiorizá-lo através de comparações desfavoráveis. Sobre este ponto, nós aludimos à função de consultor, que opomos àquela de especialista, isto é, de um colega que ajuda o generalista a tirar partido de suas capacidades, ao invés de suplementar suas insuficiências. Poderíamos talvez dizer que o líder do seminário está aí como um especialista no papel de médico de consultas, isto é, aquele que intervém para assistir a um colega e não como especialista de diagnóstico e tratamento das doenças mentais.

A demonstração do modelo repousa sobretudo na maneira com a qual a discussão é efetivamente conduzida. É voluntariamente que os médicos respondem à questão inicial do líder: "Quem tem um caso?". Nenhuma pressão direta é exercida sobre eles. O que é apresentado é aceito, e com isto trabalhamos. O líder não exerce coação, assim como o médico não o faz com seu paciente. Ao conduzir a discussão, o líder também demonstra que tolera a confusão e a ignorância, não porque sejam desejáveis, mas por serem inevitáveis e porque fazem parte da vida do médico com seu paciente. É óbvio, convém chamar a atenção para as incoerências, não para eliminá-las, mas porque revelam um conflito que merece ser explorado. O líder não pode esperar conhecer todos os fatos, não mais do que o clínico geral: a onisciência não está na ordem do dia. Qualquer informação suplementar é aceita no momento em que é proposta, pois é uma manifestação do trabalho buscado no seminário, assim como o paciente que recebeu uma ajuda efetiva espera ir mais longe e está de acordo para revelar inúmeros aspectos de sua vida interior. O seminário dispõe de um certo tempo para a discussão, mas este não é um tempo indefinido que possa ser dedicado a um único caso. A maior parte das discussões não termina em conclusões sólidas, mas em um trabalho inacabado ou questões que permanecem em suspenso. Esta é uma situação em que é preciso aprender a suportar esse tipo de fato, que corresponde à prática médica, na qual alguns problemas do paciente devem ser adiados. É verdade que é mais agradável ter um caso completamente "elucidado", mas nem sempre sabemos se isto redunda em benefício do médico ou do paciente.

As catamneses[3] dos casos relatados são esperadas, mas não exigidas, do mesmo modo que o médico espera que seus pacientes retornem para vê-lo, mas não pode obrigá-los a isto. É preciso que o seminário perceba que as catamneses fazem parte de seu trabalho, não constituindo um simples exercício intelectual. O médico pode assim aprender a refrear a tendência a "seguir" o paciente com o único objetivo de dissipar suas próprias dúvidas e de completar o trabalho unicamente a partir de seu próprio ponto de vista. O líder deve suportar a frustração do seu próprio furor terapêutico, o que é talvez o aspecto mais original deste trabalho, pois, por causa dos seus contatos com os generalistas, ele tem acesso à medicina real, com seu lado "mágico", o que o desloca dos sucessos mais nebulosos da psicanálise. Porém, renunciando a insistir com os médicos para que forneçam catamneses, nós nos privamos das informações que poderiam ser úteis para controlar os fantasmas do grupo. Talvez fosse o caso de insistir mais sobre as catamneses com vistas ao ensino. Este é um exemplo de situação na qual somos obrigados a escolher entre duas vantagens incompatíveis.

É evidente que o modelo transmite permanentemente ao médico todos os tipos de comunicações, algumas expressas verbalmente enquanto outras implicitamente e não formuladas. Contudo, isto também ocorre na prática do médico. Este modelo incita o médico a viver suas experiências com seu paciente e em seguida a estudá-las com o seminário e o líder. O objetivo do modelo é ajudar o médico a encontrar novos tipos de comportamento dentro dos limites que foram estabelecidos durante as discussões. O modelo fornece um quadro em cujos limites o médico, bem como o paciente, tem liberdade de se movimentar para encontrar seu próprio estilo de acordo com sua personalidade. Ele conduz assim ao estabelecimento de um diagnóstico originário da relação médico-paciente, conforme é vivenciada pelo médico. Este diagnóstico oferece um terre-

---

3 Catamnese é o acompanhamento do caso tratado, sendo em alguns meios conhecido pela palavra inglesa *follow-up*.(N. R.)

no sólido a partir do qual o médico pode decidir que tipo de receita prescreverá para si mesmo e como irá organizar suas intervenções terapêuticas.

2. O médico generalista e seu fantasma

Por um lado, o generalista deve ser ajudado a especular e a expressar plenamente seus fantasmas a respeito de seus pacientes. Ele já tem tendência excessiva para apresentar seu relato para o seminário, conforme o modelo da observação médica que recebeu durante os estudos, o que o conduz a dar apenas o esqueleto do caso. É preciso que ele aprenda a dar-lhe vida novamente. Só pode fazê-lo falando do que experimenta com o paciente e com as pessoas de seu meio. A história do desenvolvimento da relação médico-paciente não segue o curso regular dos acontecimentos que habitualmente são propostos aos estudantes de medicina. Ela é sobrecarregada por terrores e por fantasmas que se intercalam em seu desenrolar caprichoso. Só podemos compreendê-la se o médico exteriorizar sua vivência, seus sentimentos e suas fantasias.

Mas, por outro lado, é preciso que a imaginação do médico seja controlada, e não devemos deixá-lo divagar sem rumo, com o risco de vê-lo inflligir ao paciente suas interpretações pessoais, originárias de sua própria psicopatologia. O clima "grupal" do seminário pode levá-lo seja a uma fantasmatização selvagem, seja, pelo contrário, a uma atitude de desafio, distante e "científica". É o que observamos quando um médico não cessa de contestar as próprias bases do trabalho do seminário, procurando manter a discussão nesse nível. Inevitavelmente, os outros participantes irão se impacientar e cada um permanecerá em sua própria posição.

Para enfrentar esta situação, o líder pode estimular os médicos a especular e a exprimir seus fantasmas sobre o paciente, propondo-lhes utilizá-los para formular um prognóstico, dizendo por exemplo: "Bom, se o paciente é assim, o que isto implica para a evolução da relação médico-paciente?", ou então, "Se adotarmos este modo de ver as coisas, o que podemos esperar da parte do paciente, no que concerne a sua relação com o médico?". Esta técnica permite colocar o fantasma à prova da realidade, o que é um modo de voltar à terra. Se o líder se dá conta de que o seminário se deixou levar por uma apresentação de caso de longa duração, ele pode encontrar vantagens em interrompê-la e pedir aos participantes que expressem suas reações e que digam como vêm o caso apresentado. Essa técnica induz a um processo no qual os fatos biográficos, os acontecimentos em curso e as reações pessoais podem ser sintetizados e assimilados. Ela impede que o seminário seja submerso por informações, pois, freqüentemente, em um seminário submerso, as fantasias acabam em especulações selvagens. Contudo, também é preciso dizer que, neste domínio, nossos talentos de líderes freqüentemente são insuficientes.

3. A utilização do "aqui e agora"

Na discussão sobre a técnica, fizemos freqüentes alusões à utilização daquilo que se passa "aqui e agora" nas interpretações provenientes do líder. Não buscaremos defender a técnica, mas sim vinculá-la a alguns dos problemas inerentes a este tipo de formação.

Como assinalamos acima, um dos principais problemas é constituído pela poderosa tendência regressiva que provém simultaneamente da natureza do trabalho do médico em suas relações com os doentes, e da natureza das inter-reações dentro do seminário, as quais favorecem o desenvolvimento das hipóteses de base. Se o médico deixar ecoar dentro de si mesmo os sofrimentos de seus pacientes, e se tiver bastante intimidade com eles para chegar aos níveis primitivos de comunicação que são reativados pela doença, poderá mobilizar certos elementos de sua história pessoal e colocar dolorosamente à prova sua capacidade arduamente adquirida para dominá-los.

Ao mesmo tempo, é a capacidade do médico de chegar a esse nível primitivo que lhe permite acompanhar seu paciente nos estados regressivos e na busca de outras vias para iniciar uma nova caminhada. Assim como o paciente pode ter necessidade de passar pela regressão antes de avançar, também o médico tem constantemente necessidade de retornar, através da imaginação, ao nível no qual o paciente se debate. Além disso, para que a regressão constitua uma etapa em direção a um novo avanço, e não um refúgio, é preciso que conte com a participação da parte do ego que esteja em busca de novas soluções. Na regressão do paciente, esta função pode se apoiar sobre a atividade do médico e em sua atitude de curiosidade e de pesquisa. O médico fornece um modelo ao qual o paciente pode aderir com a parte disponível de seu ego. Do mesmo modo, no seminário, modos primitivos de interação são mobilizados entre os participantes pela apresentação do caso e pela situação de grupo, sendo o líder que, através de sua atitude de curiosidade e de pesquisa, fornece um modelo cuja introjeção pode permitir que cada participante avance novamente. Se não houver um modelo adequado, os membros do grupo são obrigados a voltar a outros modos de comportamento, freqüentemente aqueles que implicam a fé na onipotência e na magia.

Se o seminário é levado pelo líder a se dar conta do que está fazendo, do que se passa "aqui e agora", ele é obrigado a constatar a oposição que existe entre, por um lado, suas condutas motivadas por reações infantis e por defesas contra a angústia, e, por outro, o fato de ser composto por um certo número de indivíduos adultos e competentes. Tal confrontação a propósito dos fenômenos atuais constitui um incitamento para os participantes apelarem às suas capacidades cognitivas, no intuito de controlar suas angústias, ao invés de abordá-las de uma maneira mais regressiva. Razão pela qual o uso do "aqui e agora" tem função fundamentalmente anti-regressiva, colocando aquele que dele se serve em uma posição forte para resolver as dificuldades do seminário.

Para produzir um processo de aquisição, em particular o que resulta em uma nova concepção de si e dos outros, é preciso que se fixem limites, como já foi indicado em um parágrafo precedente. Na situação psicanalítica, a coerência da técnica do analista, a duração fixa das sessões, a posição sobre o divã e as outras condições do tratamento estabelecem limites no interior dos quais estamos em segurança para explorar domínios desconhecidos e para tentar uma nova liberdade. Se o analista mudar de papel e romper estes limites, a liberdade se arrisca a se transformar em anarquia. Do mesmo modo, nos seminários, os participantes devem poder se convencer de que há limites e de que eles serão mantidos. Eles se entregarão tanto mais, quanto mais souberem que o líder, diante da abundância dos problemas levantados pelo seminário, decide se interessar pelo que se passa "aqui e agora". O grupo pode então aceitar fantasiar a respeito de um paciente sem temor das conseqüências.

A atenção dada aos fenômenos atuais provoca inevitavelmente a expressão de sentimentos e de pensamentos que a exposição da relação médico-paciente suscita no grupo. O reconhecimento da interação entre o médico expositor e o grupo dá vida à relação entre o médico e seu paciente. É um remédio contra a frieza emocional. As paixões poderão ter livre curso e o médico será levado a expressá-las. Graças a isso emergem intuições, a dinâmica do caso é estimulada e os problemas recebem um novo esclarecimento. Ao utilizar esta técnica, o líder demonstra que sabe reconhecer a parte do inconsciente nas relações humanas, tanto entre os membros do seminário quanto entre o médico e o paciente. Se a dinâmica do caso estiver constantemente orientada para a realização do trabalho fixado, ficará atenuada a probabilidade do aparecimento de uma atividade de grupo ligada a uma hipótese de base contrária à manutenção da individualidade e da aprendizagem.

A atenção dada ao "aqui e agora" também pode se opor ao uso defensivo da teoria psicológica. Apesar de — ao fornecer um quadro de referência conceitual — a teoria ser essencial para a assimilação da experiência e para o desenvolvimento dos talentos, pode facilmente ser utilizada para resistir à experiência vivida ou para fugir desta. É assim que, em um seminário, uma discussão teórica útil pode rapidamente transformar o gru-po em hipótese de base, orientando-o para a dependência ou para a fuga. É o líder quem retoma a difícil tarefa de localizar o momento em que uma discussão teórica cessa de fazer parte do trabalho do seminário para se transformar em uma conduta de evitamento. Ao permanecer atento àquilo que se passa "aqui e agora", ele pode avaliar a qualquer momento o nível de tensão da discussão e, a partir do momento em que a vivacidade das trocas diminuir, saberá que o grupo se arrisca a passar do trabalho a uma hipótese de base. Ele possui assim um meio de ser prevenido quando a situação começa a se deteriorar.

VII. A Utilização do Grupo para a Aquisição de Capacidades

1. A vida de um grupo

Quando utilizamos as técnicas descritas acima, podemos observar diversas fases no desenvolvimento do seminário. Até o presente, estas fases não foram descritas com precisão, ainda que pareçam bem conhecidas pelos diferentes líderes de seminários. Encontraremos abaixo um resumo simplificado de algumas dessas observações.

Em um primeiro tempo, o que predomina é a tentativa de encontrar no líder o personagem onisciente e onipotente, do qual o generalista tanto necessita, e que muitas vezes julga ser, como resposta ao sofrimento de seus pacientes. É a fase na qual a hipótese de base dependência tende a ocupar o primeiro plano. Como esta tentativa fracassa, deixa lugar a um período de desilusão e ligeiro desprezo para com os psiquiatras, o que leva certos médicos a mostrar que podem fazer melhor que o líder. Nesse ponto, a hipótese de base ataque-fuga tende a predominar, mas o líder pode se servir dela com habilidade para ajudar o grupo a lutar contra suas necessidades de dependência e para incitar os participantes a empregar novas maneiras de abordar as dificuldades de seus pacientes. Entretanto, a maior parte dos casos que são escolhidos neste período, prolongamento da época das ambições arcaicas, são extremamente difíceis e, durante muito tempo, a sorte destes médicos não se mostra de modo algum melhor do que a do líder desqualificado. Cada um é então confrontado com uma sofrida situação de tipo depressivo e, durante esta fase, que ocorre durante o segundo ano, observamos uma mistura confusa de defesas pessoais e profissionais contra a depressão: recusa em continuar a fazer esforços, hostilidade sistemática com respeito aos pacientes que não melhoram, repetição imperturbável dos mesmos comportamentos, diversos graus de confusão e de perplexidade, meticulosidade e ordem excessiva, e, por vezes, semanas inteiras de depressão manifesta, mais ou menos intensa.

Ao sair desta fase, durante o terceiro e o quarto ano, alguns médicos manifestam mudanças mais ou menos importantes. Alguns encontraram em si mesmos fontes que podem ser utilizadas em sua atividade prática. Realmente, pode tratar-se de intuições que sempre tiveram, mas das quais não se davam conta, anteriormente. Neste momento, podem se servir delas para fazer um diagnóstico mais aprofundado das relações interpessoais e para intervir de um modo mais pertinente. Tornam-se conscientes de alguns de seus erros e conseguem se separar melhor deles. Um outro subgrupo é composto por médicos que mudam de maneira análoga, mas sem a mesma confiança em suas novas capacidades. Suas reflexões, mesmo sendo judiciosas, carecem de uma adequação imediata do caso presente, parecendo sua mente estar mais ocupada com o seminário do que com o paciente e suas dificuldades. Em uma terceira categoria, a única mudança evidente reside no fato de que os médicos se sentem mais à vontade com seus pacientes, são mais tolerantes a seu respeito e têm menos impressão de serem esmagados ao mesmo tempo pelas doenças e por sua profissão. Assim, manifesta-se aquilo que Balint denominou "uma mudança limitada, não obstante considerável, na personalidade do médico". Contudo, há também médicos nos quais não existe qualquer indício de que a experiência do seminário tenha levado a alguma mudança em sua prática. Alguns puseram fim a uma situação estéril, senão insuportável, deixando o seminário, mas outros continuaram, por vezes durante anos, a perpetuar uma manobra defensiva gratificante, cuja natureza habitualmente não chegamos a compreender (M. Balint e Col. 1966).

2. Por que um grupo?

Chegamos agora a um ponto em que o leitor, diante de todas as dificuldades inerentes ao grupo, poderia se perguntar se não seria mais sábio retornar à supervisão individual. Existem inúmeras respostas a esta questão mostrando-nos que teremos mais vantagens em melhorar nossa técnica de grupo do que tentar algum outro método.

Dentro do grupo, há uma difusão do saber entre todos os participantes, contrariamente à supervisão que concerne apenas a uma pessoa. Além disso, trata-se de um saber público e não da prerrogativa ou da propriedade particular de uma sociedade secreta, com tudo o que isto implica de mistério. A natureza pública do trabalho do líder e da discussão tira sua importância do fato de atestar que o saber não está mais associado a algo misterioso, como ocorria sem dúvida na infância, e também do fato de valorizar e levar a sério as atividades do seminário. O caráter público do saber também reduz os perigos da situação de acasalamento ao diminuir o risco de dar origem a esperanças vãs.

Pelo fato de trabalhar em público, o líder se expõe ao risco de ver suas incoerências apontadas. Se ensina alguma coisa e, no grupo, faz o contrário, os participantes podem perceber isso e lhe mostrar. Assim, se disser: "Não dêem certezas aos pacientes antes de saberem o que estão negando" e procede a uma demonstração de reasseguramento, fazendo comentários otimistas sobre o prosseguimento de um caso que causa dificuldades ao médico, esta contradição poderá ser evidenciada mais facilmente em um grupo do que em uma supervisão individual. Em um grupo, o médico está numa posição bem melhor para montar um contra-ataque apropriado na direção do líder, e, se suas observações forem justas, pode esperar receber o apoio dos outros membros do grupo. Ele não se encontra só com o líder, como seria o caso da supervisão. Segundo pensamos, em qualquer formação, deveria haver, para os participantes, múltiplas ocasiões para fazer críticas ao líder, ao seu comportamento, às suas previsões e técnicas.

Durante uma discussão em grupo, exprimimos pontos de vista bastante diversos e não somente aquele do expositor do caso e o do líder. É esta variedade que permite desvelar os "pontos cegos", tanto do médico apresentador, quanto do líder e do grupo. Evidentemente, permanece o difícil problema das situações nas quais todos, o líder inclusive, partilham o mesmo ponto cego, o que bloqueia qualquer possibilidade de progresso. No conjunto, o líder não está sozinho ao descobrir os pontos cegos: os colegas participam, sendo conhecidos por não se mostrarem particularmente amáveis nem com o relator nem com o líder.

A partilha da função de descobrir os pontos cegos tem importantes conseqüências: ela diminui o perigo de ver o líder dominar o seminário e parecer a única fonte de luz e saber. Pelo fato de comentários judiciosos serem formulados por outros membros do seminário, alguns problemas inerentes à identificação com o líder são atenuados. Além disso, os comentários se tornam objeto de uma argumentação contraditória, que anima a reunião e remedeia as tendências de dependência passiva. Quando o médico conhece o clima em que o líder perdeu sua posição dominante e no qual se pode surpreendê-lo em falta sem temer uma catástrofe, poderá também renunciar a fazer-se passar por um deus em sua prática.

Uma vez que o líder não é o único membro do grupo a poder fazer comentários adequados e que, sob esse ponto de vista, faz parte de uma equipe de colegas, isto lhe deixa a liberdade de espírito de que precisa para considerar possibilidades não evidentes, mas cujo interesse pode aparecer em um segundo momento. Por exemplo, um médico havia sido atacado pelos outros participantes após haver apresentado um caso com menosprezo. Pelo fato de o grupo haver se encarregado de responder a esta provocação, o líder pode tomar uma distância suficiente para se perguntar se essa atitude provocante não seria uma característica do paciente, cujo caso era discutido, decidindo ser esta idéia merecedora da atenção do seminário. Desse modo, a situação de grupo deu ao líder uma certa liberdade que lhe permitiu interessar-se por um fenômeno que corria o risco de passar desapercebido no turbilhão emocional, fazendo assim o trabalho do grupo avançar.

Dois perigos são particularmente difíceis de editar nesses grupos de discussão. O primeiro, é que a palavra do líder pareça um oráculo quase divino. O segundo, é que suas intervenções sejam interpretadas não somente como uma crítica pessoal que implicaria graves falhas no médico, mas como uma alusão direta ao fato de que ele deveria se submeter à psicanálise. Estes dois perigos estão igualmente presentes na supervisão, com exceção do fato de que, na formação psicanalítica, o candidato já está em análise. Em um grupo estes perigos são atenuados pela multiplicidade dos autores dos comentários, mas o líder deve sempre estar consciente do peso excessivo dado a suas menores declarações, denunciando o fenômeno a partir do momento em que surja.

Evidentemente, existem ainda outras vantagens, mais gerais, decorrentes da situação em grupo. O médico não está sozinho com suas dificuldades, e o iniciante percebe que os mais adiantados se vêem com os mesmos problemas que ele. Os médicos são levados a comparar sua prática, o que resulta numa elevação do nível geral. Descrevemos um grande número de experiências e isto permite colocar em evidência o caráter não habitual de certos comportamentos médicos. Iniciam-se amizades a partir dos seminários. Enfim, e isto não é o menos importante, a maior parte dos médicos sente prazer em vir, de modo que, apesar da neblina, da neve e das epidemias de gripe, eles se mostram bastante assíduos.

3. A aquisição das capacidades

Qualquer tentativa de resposta à questão do modo de aquisição de competências no seminário supõe, em primeiro lugar, que esta aquisição efetivamente ocorra. Não temos prova absoluta disto, mas podemos nos basear em dois tipos de fatos: as opiniões expressas pelos médicos implicados e as impressões dos líderes e dos observadores. Entre os médicos, ou pelo menos entre os 70% destes que permanecem mais de dois anos, quase a totalidade afirma que aprenderam alguma coisa e, para alguns, até mesmo muitas coisas. Quanto aos líderes e aos observadores, nós participamos de uma experiência na qual se lhes pedia que classificassem os médicos em uma escala de quatro pontos: pudemos constatar que havia um significativo acordo entre os juízes e que acreditavam que novas capacidades haviam sido efetivamente adquiridas pela maioria dos médicos (Balint e Col., 1966).

Isto, entretanto, não quer dizer que todos aprendam na mesma medida e que todos conservem suas aquisições quando deixam o seminário. Outros só podem utilizar o novo

A Formação dos Médicos Generalistas

saber em situações calmas. Alguns só conseguem apresentar a melhor imagem de si mesmos, deixando em silêncio seus erros e besteiras. A tendência a se mostrar sob seu melhor aspecto no seminário é universal. Há médicos, contudo, que jamais adquirem um saber firmemente ancorado em bases pessoais, trazendo-o como uma decoração para o seminário, tal como um gesso do espírito: estão de acordo com o que é dito no seminário, mas trata-se de um acordo apenas de superfície.

Para ver como a aquisição de competências é realizada, podemos descrever três processos que se desenvolvem simultaneamente, com efeitos recíprocos de reforço. São os processos de ensino direto, de introjeção do modelo e de repercussões terapêuticas.

3.1. Ensino direto

O fornecimento direto de informações verbais permanece limitado durante a formação dos médicos. Em um parágrafo precedente, já falamos da nossa maneira de proceder que é a de incluir o ensino teórico em uma fase posterior onde é dado sob a forma de um ciclo de conferências de dois anos, versando sobre o desenvolvimento da personalidade, a estrutura do caráter, a formação dos sintomas, a dinâmica familiar e a teoria das crises.

Nos próprios seminários o ensino direto pode se apresentar sob duas formas: uma consiste em fornecer informações que o líder possui enquanto especialista no terreno da saúde mental comunitária, por exemplo: como recorrer a um serviço de higiene mental ou, porque um educador especializado está tratando de um paciente do médico. A outra consiste em fazer o seminário recordar o que foi dito anteriormente ao se discutir um problema análogo, reunindo os diversos elementos que foram considerados separadamente. Sem avançar sobre uma eventual exposição teórica posterior, o líder faz uma síntese na qual surgem novas maneiras de ver os acontecimentos anteriores, assim como novas relações entre as coisas que aconteceram, que foram ditas ou sentidas. É exatamente por isso que, no seminário, dá-se maior ênfase à liberdade de imaginação — o que permite que nos interessemos por aspectos da situação que, de outro modo, permaneceriam velados — do que à exposição dos fatos e das teorias feita pelo líder.

3.2. Introjeção do modelo

Assinalamos acima que existe um estado bastante precoce no qual, após algumas tentativas para permanecer na superfície, alguém decide mergulhar nas profundezas, situação em que todos se vêm engajados na experiência do que acontece ao se utilizar o "método Tavistock". A partir daí, os médicos começam, a explorar e experimentar o que crêem ser uma nova abordagem de seu trabalho, a saber, o modelo. Através de uma mistura de sucessos e fracassos, eles chegam a fazer uma separação entre o que é verdadeiro e utilizável daquilo que é ilusório e falso, seja a ilusão do médico a respeito do líder, seja a respeito de si mesmo e de seus poderes. Quando um membro do seminário mergulha nas profundezas e abandona antigas técnicas bem testadas, liga-se a um modelo fornecido pelo seminário em toda a extensão de suas capacidades. Este modelo será uma mistura do que o líder apresenta através de suas atitudes e comportamentos, e daquilo com que cada médico contribui através de suas projeções e subjetividade. Resulta disto, no seminário, um trabalho sobre os casos, visando separar o adequado do ineficaz e o imaginário do real. Por isto o médico é, antes de mais nada, confrontado com uma nova atitude representada pelo comportamento do líder. É isso que introduzirá dentro de si mesmo sob uma forma mal digerida e, em parte, deformada. Em seguida, num segundo tempo, irá elaborar esta experiência introjetada e há de retirar aquilo de que realmente pode se apropriar, à luz do que uma situação com um paciente parecer exigir. Isto lhe permite identificar-se com uma parte do que é introjetado, enquanto que o resto pode ser posto de lado, consistindo em variantes eventualmente úteis, ou como peças de museu simplesmente interessantes. Ao longo do processo de elaboração do modelo introjetado, a identificação se torna menos compulsiva, menos maciça, mais seletiva e mais consciente. Enquanto no começo da formação o médico pode mergulhar nesta identificação e adotar um comportamento que se assemelha a uma paródia das atitudes do psiquiatra, desenvolverá depois todo um repertório de respostas para seus pacientes, que serão bastante adaptadas tanto à sua personalidade quanto à destes últimos. Essa evolução será reforçada se o líder mantiver o seminário como uma experiência vivida através da utilização da técnica do "aqui e agora".

O líder introduz na vivência do seminário a imagem de uma pessoa particular: ele próprio. O modelo que é proposto para a introjeção tem, portanto, duas características importantes. Em primeiro lugar, o comportamento do líder dá o exemplo de alguém possuidor de uma atitude de disponibilidade e de tolerância para com os outros. O que ele faz no seminário tem mais importância do que a compreensão de suas assertivas. É sua atitude de tolerância que pode ser proveitosa e não o estilo que adota para caracterizar a vivência do grupo. O segundo traço do modelo concerne à atitude do líder para com os processos de desenvolvimento e de mudança que se apoderam dos participantes. Ao reconhecer suas necessidades de ter tempo, de avançar por tentativas e erros, de encontrar novas esperanças para se desprender de suas desilusões, ele cria condições favoráveis para o desenvolvimento dos médicos, fornecendo um modelo a ser utilizado por estes quando atenderem um paciente que está, igualmente, tomado por um processo análogo de desenvolvimento e de mudança.

No seminário, além do líder, outros participantes podem se tornar modelos de conduta, objeto de uma eventual introjeção. Ao observar como cada médico se comporta e com quais conseqüências, os membros do seminário chegam a identificar as condutas úteis e as que não o são. Na medida em que cada um se atrelar à tarefa e cooperar com o grupo de trabalho, haverá maior número de variantes do modelo proposto à introjeção. Tal como acontece com as crianças, inúmeras aquisições são efetuadas pela identificação com os pares.

Para que o modelo seja útil para uma ampla amostra de médicos de família, é preciso que ele esteja ao mesmo tempo estreitamente adaptado ao trabalho que tentam fazer e que seja claramente definido para não ser fonte de confusões. Se não estiver suficientemente próximo deles, ficarão tentados a negligenciar suas próprias capacidades

A Formação dos Médicos Generalistas 95

para tentar conseguir alguma coisa que desconhecem. É o que acontece, via de regra, quando os líderes procuram secretamente ensinar suas próprias técnicas psicoterapêuticas. As capacidades concretas são desvalorizadas em benefício de uma abordagem psiquiátrica supostamente superior. É um desvio da formação que floresce em todo meio médico, onde as novas aquisições são obtidas freqüentemente ao preço de uma desumanização que atinge tanto o médico quanto o paciente.

As vantagens de um modelo claramente definido saltam aos olhos quando utilizamos uma técnica de formação análoga, com participantes que não são médicos. Com educadores especializados, por exemplo, a tendência do início em "agir como um psiquiatra" é rapidamente percebida como um desvio de papel. O seminário deve rapidamente levar em conta os papéis radicalmente diferentes que os educadores especializados e o psiquiatra líder exercem tanto no seminário quanto em suas respectivas práticas. Neste caso, as diferenças são evidentes, o que permite que o líder facilmente se localize. Por outro lado, quando este se vê circundado por colegas médicos, pode ficar tentado a trocar seu papel com os colegas, o que criaria uma confusão. A instabilidade do papel do líder resulta no estímulo aos médicos para penetrar na intimidade de seus pacientes de modo impulsivo e malpreparado, o que pode causar perturbações em ambas as partes.

Vemos, portanto, que um modelo demasiado distante da prática médica se arrisca a incentivar a negligência e a desvalorização das capacidades que o médico já possui, enquanto que um modelo instável e mal definido pode ser fonte de confusões. Na pior das hipóteses, as falhas do modelo podem resultar seja no "psicoterapeuta errado" seja na "análise selvagem". Não obstante os muitos esforços, estas faltas continuam a ser difíceis de eliminar.

3.3. *As repercussões terapêuticas*

A questão é a seguinte: qual é o efeito terapêutico sobre o médico? Claro está que praticamente não há terapia direta, visto que as interpretações pessoais são raras e que não estamos estudando o material infantil através da análise da transferência. Se as dificuldades do médico verdadeiramente necessitam de uma terapia, o líder pode lhe aconselhar uma análise terapêutica, freqüentemente, por meios indiretos.

Por outro lado, o programa de formação tem um aspecto terapêutico pelo fato de visar a aquisição de uma capacidade. Como Balint sublinhou (1964), quem aprendeu a esquiar não é o mesmo após esta nova aquisição. Do mesmo modo, se o médico utilizar com sucesso a capacidade adquirida no seminário, ele sentirá menos angústia no trabalho, sendo o aumento da satisfação pessoal, resultante disto, em si mesmo terapêutico. Além disso, as atitudes profissionais que fazem parte do sistema de defesa do ego são desfolhadas pelo seminário, o que pode ser um fator de mudança. O esforço do líder para ajudar os médicos a reconhecer sua responsabilidade para com o paciente também pode ter um efeito terapêutico. Do mesmo modo, a tomada de consciência de uma experiência de grupo pode ser em si mesma terapêutica, como salientou Bion, citando Aristóteles: "O homem é um animal político, não sendo possível desconhecer isto sem se colocar em perigo" (W. R. Bion, 1961). Em particular, como já afirmamos, o grupo fornece um apoio, assim como contatos profissionais, o que ajuda o generalista a sair de seu isolamento e lhe permite diversificar suas experiências, colocando-se no lugar de outrem.

Se considerarmos que a aprendizagem e a terapia são os dois pólos de um contínuo, poderemos dizer que nosso programa de formação se situa em algum lugar entre estes dois pólos. As repercussões terapêuticas que o médico colhe pelo fato de participar do seminário e pela experiência de si, que isto implica, fazem parte integrante do modelo apresentado.

Se alguém, seja médico ou paciente, se desnuda diante de outra pessoa, ele deve poder sentir que obtém alguma coisa de volta. Não podemos aprender com a experiência sem sofrer. Este sofrimento só pode ser diminuído por um benefício terapêutico que consiste, no presente caso, em um melhor conhecimento de si. Freqüentemente, ouvimos falar de pacientes que falam livremente com seus médicos, mas que não recebem nada em troca, senão um convite para "voltar a me ver na próxima semana", e que então não voltam. Dizer muito pode atrapalhar tanto como falar pouco. O médico pode aprender a controlar esta situação, na qual ele recebe uma maré de confidências, se estiver pronto para dar alguma coisa em troca sob forma de compreensão e se dedicar tempo suficiente para fazê-lo. Assim, o modelo apresentado pelo líder deve ser tal que o médico não seja chamado a se desvelar, senão na medida em que isto permitir uma troca da qual ele próprio obtenha benefício. O benefício é constituído por comentários do líder que ajudam o médico expositor do caso a compreender melhor suas dificuldades, assim como por comentários que também encorajem os outros médicos a participar ativamente e a esclarecê-lo sobre suas relações com os pacientes.

VIII. PROBLEMAS DE ORGANIZAÇÃO

1. A unidade de formação

Em vista da formação se desenrolar nos grupos, foi preciso organizar um sistema que permitisse realizar o programa e evitar as interferências exteriores. São os diversos aspectos deste sistema que irão ser examinados agora.

1.1. A mudança de seminário

Cada médico permanece pelo menos dois anos em seu primeiro seminário. Depois ele é transferido, em companhia de alguns membros de seu seminário original, para um outro grupo com um novo líder e outros participantes. Pode também ser novamente mudado de grupo por ocasião de seu quarto ano de formação. O período inicial de dois anos deve permitir-lhe encontrar um lugar no grupo e se familiarizar com a situação, de modo a poder elaborar alguns dos episódios que foram descritos num parágrafo precedente "A vida de um grupo". O problema é que, ao cabo do segundo ano, pode acontecer que o médico, além de sua identificação com o líder e com sua técnica, esteja instalado em uma confortável rotina dentro do grupo. Ele aprendeu a viver com este grupo, e este com ele. É um acordo tácito, como podemos observar em alguns pacientes. Na medida em que este conforto provém do fato de as transferências mútuas permanecerem veladas por "pontos cegos", de modo a não poderem ser nem reconhecidas nem analisadas, e na medida em que hipóteses de base invadiram a vida do grupo sem que possamos elimi-ná-las, constatamos uma séria desaceleração do processo de aquisição. Este estado confortável não corresponde a um clima de cooperação entre colegas bem diferenciados, mas sim ao clima de jogo e de cumplicidade que pode existir entre personalidades indiferenciadas.

Ao mudar de grupo e de líder, o médico deve enfrentar uma situação que é nova, não sendo, contudo, radicalmente diferente. Ele se encontra com novos colegas em uma situação de grupo à qual deve se adaptar para sobreviver. As ocasiões de conflitos, assim como as flutuações devidas às atividades das hipóteses de base, são diferentes. Quaisquer que sejam as tendências do médico, elas serão postas de novo em questão. Além disso, ele encontra um novo líder com quem poderá se identificar, comparando-o com seus modelos identificatórios anteriores. Ao oferecer ao médico a oportunidade de comparar os líderes, esperamos torná-lo mais consciente daquilo que constitui a singularidade de cada um dos seus objetos de identificação, de modo a liberá-lo dos aspectos compulsivos deste processo. Além disso, a experiência demonstrou que um médico pode vir a fazer mais progressos com um líder do que com outro. As insuficiências de nossas entrevistas de admissão e os problemas de horários não nos permitem colocar o médico no seminário mais conveniente para ele, do ponto de vista da interação participante-líder. Por outro lado, a mudança pode dar uma segunda chance a um médico que teve dificuldades em seu primeiro grupo, pela presença de um certo número de participantes difíceis de suportar, por exemplo: as "primas-donas". O médico pode tirar vantagens de atritos com outros médicos de sua estirpe. Na medida em que o processo de grupo tende a produzir tanto primas-donas quanto modestas violetas, um novo grupo, com personalidades diferentes, pode favorecer a soltura das atitudes estereotipadas.

As mudanças de seminário implicam que a destinação inicial dos organizadores do sistema de formação pode ser criticada: a experiência pode demonstrar que a destinação inicial comportou um erro. Assim, a mudança é um modo de reconhecer que os organizadores podem se enganar. A maneira pela qual a autoridade é exercida influencia a formação, na dependência de que surja como uma autoridade que não admite seus erros, ou, pelo contrário, como uma autoridade que os reconhece e procura corrigi-los. Além disso, os diferentes líderes são colocados em concorrência no interior da equipe dirigente, e isto tanto mais pelo fato de a hipótese de base dependência estar sempre em busca de uma autoridade suprema. Conseqüentemente, a mudança de líder permite que os médicos enfrentem suas fantasias de oposição entre os líderes com a rivalidade real que existe entre os membros da equipe dirigente.

A experiência também mostrou que os líderes têm uma contratransferência bastante ativa, com a tendência de superinvestir seu seminário, a respeito do qual falam de um modo possessivo, dizendo "meu grupo". Esta atitude possessiva é necessária para proteger o processo de aquisição no grupo, mas reforça a tendência do líder de se ocupar com a manutenção e a sobrevivência do grupo, ao invés de velar pela realização do trabalho de formação.

Essas mudanças de grupos e de líderes comportam aspectos bastante dolorosos. Os médicos ficam muito ligados ao seu antigo líder e podem manifestar uma certa hostilidade para com o novo. Por vezes, o sofrimento pode ser demasiado grande, levando o médico a deixar o seminário e assim perder a oportunidade de prosseguir em sua formação. O primeiro trimestre de um novo seminário pode ser ocupado por um sinistro combate implicando todos os participantes. Apesar deste tipo de combate fazer parte intrínseca de tal formação, uma vez que não é mais que a conseqüência da identificação com o líder, é preciso que esta identificação seja revista e, em parte, liquidada. Entretanto, não sabemos muito bem não somente como conduzir os seminários, mas tampouco como gerenciar o conjunto do programa para obter melhores resultados.

É evidente que a mudança de líder introduz uma nova dimensão na formação. Na formação médica, essas mudanças se produzem regularmente, mas dizem respeito à passagem de uma especialidade à outra, da medicina à cirurgia, da obstetrícia à dermatologia, etc. Quando a mudança se produz dentro de uma especialidade, por exemplo, a passagem de um serviço de cirurgia a outro, resultam todas as formas de perturbações tanto para o estudante quanto para o cirurgião, o que pode levar a tirar conclusões falsas, em um ambiente de rivalidades exacerbadas.

Os professores parecem agir inconscientemente como se esta mudança ou fosse boa por si só, ou tivesse pouca importância. A psicanálise, com grande prejuízo para o mundo médico, se opõe a esse ponto de vista, pleiteando que os reforços e o relaxamento dos vínculos pessoais são de grande importância. Não obstante, na formação médica o "desprendimento" está na ordem do dia, e as conseqüências da mudança de professor e de método jamais são examinadas com olhar crítico.

1.2. A duração da formação

Deliberadamente, escolhemos uma longa duração, sendo três ou quatro anos considerados como o mínimo. Isto, não somente porque há muitas coisas a serem aprendidas e porque é preciso aprendê-las pela experiência, mas também porque o método de formação passa por identificações, o que necessita tempo para que sejam elaboradas. O tempo é um fator primordial neste trabalho, sobretudo se quisermos evitar a doutrinação e a lavagem de cérebros. A perlaboração das identificações com o líder se efetua, como já dissemos, através da colocação das previsões à prova, pela comparação entre os líderes e por iniciativas pessoais de cada clínico geral. Além disso, cada seminário adquire sua própria história que comporta muitos ferimentos, contrariamente aos felizes povos dos quais se diz que não possuem história. É preciso tempo para que os ferimentos se fechem, sem originar cicatrizes viciosas, o que, de resto, nem sempre pode ser evitado.

É possível que os conhecimentos da formação médica possam ser adquiridos em um tempo relativamente curto, se as circunstâncias forem favoráveis. Contudo, ninguém diria que a aquisição de um saber basta para fazer um médico. Os médicos não têm somente necessidade de adquirir capacidades, também é preciso que eles entrem em

A Formação dos Médicos Generalistas 99

contato com o sofrimento humano e que este contato provoque neles um amadurecimento e não uma regressão. Em nosso programa de formação, o conjunto das relações humanas estudadas é tão vasto quanto o dos estados patológicos ensinados nas faculdades de medicina. Se não tivermos tempo, as relações humanas não serão exploradas, mas sim esquematizadas, o que não favorece o amadurecimento do médico. A experiência nos mostrou que podemos duvidar das possibilidades dos médicos que buscam uma formação rápida e um ensino resumido. É bastante significativo constatar que certo número de nossos fracassos diz respeito a médicos que vieram buscar um curso sobre a utilização da hipnose.

1.3. Término

Apesar de nossos seminários terem um início oficial, seu fim não é fixado de antemão. Em princípio, eles poderiam durar indefinidamente. Mas existe uma perda de cerca de 15% de participantes por ano, o que faz com que, ao cabo de três anos, restem por volta de quatro participantes para cada dez que iniciaram sua formação. A maior parte dos médicos vai embora quando já teve o suficiente, dando diversas explicações mais ou menos racionalizadas. Quando o abandono é a manifestação de uma atitude negativa não resolvida, originária da decepção e da frustração das necessidades de dependência, podemos nos perguntar se não seria preciso dar ao sujeito a oportunidade de elaborar esta experiência.

É apenas um aspecto insatisfatório de nossa organização atual, mas é preciso dizer que ela reflete a situação que freqüentemente existe entre o clínico geral e seus pacientes. Também ele deve suportar que seus pacientes venham e o deixem, e isto é o que ele tem de melhor a fazer face a esta situação. Mas essa ausência de "fim oficial" nos priva de material relativo aos problemas específicos do término, tais como a separação, a solidão, o sentimento de fracasso, a avaliação do resultado ou a expressão de gratidão. Além disso, como poderíamos "contabilizar os benefícios"? Quanto à gratidão, não basta, para exprimi-la, oferecer uma grande caixa de charutos como presente de Natal. É na prática do médico que é preciso recolocá-la para ver o que lhe é realmente útil em matéria de compreensão e de novas capacidades. Mas, então, nos confrontamos com o problema dos limites da formação.

1.4. As sessões de despedida

As sessões de admissão se tornaram uma rotina para todos os candidatos à formação. Atualmente, nós acrescentamos a isto uma sessão com todos aqueles que deixam o seminário, para tentar pôr em evidência os resultados positivos ou os fracassos da formação. Até o momento não obtivemos disto informações suficientemente significativas que nos levassem a modificar nosso sistema, não sabendo nem mesmo como utilizar adequadamente o material recolhido. É verdade que seria agradável ter clientes satisfeitos, mas isto não pode ser uma preocupação essencial. A frase "o cliente tem sempre razão" trai uma atitude tão inadequada quanto a que consistiria em atribuir-lhe todos os erros. O ponto essencial nestas sessões é familiarizar os formadores com as diversas feições que as defesas contra a mudança podem tomar. Apesar de nossas aspirações por um novo mundo, todo novo conhecimento tem um lado doloroso: as atitudes infantis permanecem ativas, o mundo da ciência parece glacial e os fantasmas são abundantes. É inevitável que em um processo de mudança surjam novas formas de defesa que afetam tanto o pensamento quanto a imaginação. Nisto reside o interesse dessas sessões, sendo que aquele que as coordena deve saber seguir o rastro destas novas formações defensivas e compreendê-las, mesmo se formos incapazes de fazê-las desaparecer.

1.5. O seminário de manutenção

A existência deste seminário especial, destinado aos médicos que tenham mais do que quatro anos de formação, constitui um reconhecimento do elemento de dependência inerente ao fato de ajudar as pessoas que têm dificuldades psico-afetivas. É um seminário mais aberto do que os seminários de formação, e os médicos vêm e vão mais livremente, apesar de haver um núcleo de fiéis que dele participam há oito ou dez anos. Os médicos apresentam casos geradores de dificuldades.

A existência deste seminário constituiria uma crítica ao nosso método de formação? Em certo sentido sim, pois alguns destes médicos se tornam "estudantes perpétuos", apesar de outros continuarem a progredir. Mas é preciso levar em conta a real necessidade que o médico tem de ser ajudado no atendimento a certos pacientes crônicos, tanto mais porque os hospitais psiquiátricos têm cada vez mais a tendência de enviar os pacientes às suas famílias, que se mostram, por vezes, pouco capazes de compreendê-los. Este seminário tem, portanto, sua utilidade, mas levanta problemas técnicos que se situam para além do tema do presente estudo.

1.6. Número de casos discutidos em uma sessão

Através de um acordo tácito, a maior parte dos seminários discute dois casos por sessão, às vezes três, raramente apenas um. Isto não se deve apenas ao cuidado de uma boa distribuição, mas também para evitar que o seminário se polarize em um caso, mesmo se parecer muito interessante, em detrimento, porém, da tarefa de formação. Esta maneira de atuar também contribui para ajudar o médico a se desligar dos problemas de seus pacientes. Com efeito, se o grupo tem a tendência de se perder no caso, o que é bastante freqüente, principalmente se discutimos um único caso, estamos arriscados a ver surgir um modelo que estimula o médico a procurar a si mesmo no caso que apresenta. Ao saber que há um outro caso a ser discutido, mantém-se a orientação para o trabalho, o que se opõe à atividade das hipóteses de base. Assim como os pacientes se acumulam na sala de espera, no seminário também há sempre casos na reserva que aguardam exame: deste modo, o modelo jamais se distancia da prática médica. A eventual pressão sobre o líder para deixar de lado o realismo no que diz respeito ao tempo, é um problema a ser posto em evidência e devidamente controlado.

A Formação dos Médicos Generalistas

1.7. Programa de conferências

Como já foi mencionado, as conferências foram separadas dos seminários e, além disso, foram abertas a médicos que não fazem clínica geral. Quisemos assim satisfazer o legítimo desejo dos generalistas em adquirir um saber teórico, ao mesmo tempo em que permitimos que os seminários permaneçam no plano da prática. Em contrapartida, se um líder se vê em dificuldades com uma questão teórica em um grupo, pode sugerir que ela seja examinada à luz de um caso clínico.

Esta separação entre a teoria e a prática não suscita muitos problemas. Por vezes, o seminário se polariza em um dos pontos levantados pela conferência teórica, mas isto ocorre sobretudo no início do ciclo do ensino, em um momento no qual os médicos abordam essas questões e quando o líder, em geral, não tem muita dificuldade para enfrentar esta situação. Por outro lado, o encontro com outros médicos como os dos serviços de higiene permite um interessante confronto de pontos de vista. Resulta disto uma ampliação do horizonte mental, sínteses interessantes e sobretudo a possibilidade de evitar que o interesse seja fragmentado pelos entusiasmos divergentes dos diversos especialistas.

1.8. As reuniões dos líderes de seminários

Há já cinco anos, os líderes de seminários se reúnem duas vezes por trimestre para discutir sua técnica a partir da transcrição de uma sessão de seminário. Este exercício é necessário quando utilizamos um método de grupo, de modo a fazer oposição à tendência natural dos grupos de embaraçar e de isolar seus líderes. Graças a estes contatos, os líderes podem evitar se perder em seus seminários, assim como, durante o seminário, o médico é ajudado a não se perder em seu doente. Evidentemente, a esperança secreta dos grupos é que os "pais" não se reúnam para comparar suas observações. Não temos, porém, nenhuma prova de que seja vantajoso favorecer esta fantasia. Pelo contrário, parece que todos podem se beneficiar deste confronto, começando pelos líderes. A discussão de seu trabalho, a partir de transcrições integrais, lhes permite neutralizar o fantasma infantil segundo o qual tudo iria bem se eles tivessem o grupo à sua inteira disposição. Os grupos envolvidos nas hipóteses de base orientadas pelo ataque e fuga e pela dependência provocam facilmente em seus líderes idéias de superioridade técnica, as quais se apóiam mais em opiniões do que em provas. As discussões com os colegas e o trabalho posterior no seminário podem ajudar o líder a evitar este tipo de participação errônea na atividade do grupo.

O grupo dos líderes, em geral, está de acordo sobre o interesse destas discussões. Acreditamos que elas ajudam o líder a manter sua orientação para a realidade do seminário e para o objetivo da formação. Além disso, descobre novas abordagens, enriquecendo-se com elas, e sendo por isso forçado a examinar sua própria posição, sendo levado a trabalhar em seu próprio ego e a reconhecer as situações infantis que procura reproduzir.

2. Implicações para a clínica

Podemos agora concluir esta exposição sobre a utilização dos métodos de grupo para a formação dos generalistas com algumas observações de conjunto a respeito dos benefícios que podem ser obtidos com este tipo de trabalho. Veremos sucessivamente aqueles que dizem respeito ao paciente, ao médico, à clínica e à própria medicina.

2.1. Ganhos do doente

Um paciente necessita compreender a si mesmo, compreender a situação dolorosa na qual se encontra e o modo como chegou a ela. Na medida em que pode chegar a esta compreensão ao recorrer à profissão médica pelo viés da doença, podemos considerar seu encontro com o médico como uma tentativa de comunicação. Em certos casos, esta comunicação é muito fácil, apesar do caráter angustiante da situação. É o que acontece, por exemplo, quando o paciente conta ao médico que acaba de cuspir sangue. Neste caso, o médico está preparado para compreender este sintoma, podendo facilmente propor os exames que irão lhe permitir decidir entre os diagnósticos de tuberculose pulmonar, de câncer do pulmão, de bronquite ou de dilatação dos brônquios.

Mas o que dizer e como abordar um paciente que apresenta uma sintomatologia vaga e difusa: dores mal localizadas, freqüentes dores de cabeça, problemas cutâneos, sinais de dispepsia sem úlcera, e o conjunto todo complicado por interrupções do trabalho sem causa orgânica identificável? Este tipo de caso é bem conhecido pelos seminários. Podemos interpretá-lo como uma tentativa de comunicação por parte do paciente, que procura um meio de se fazer aceitar. Ele percebe que as dores de cabeça não são levadas em consideração, que uma doença de pele lhe permite obter uma pomada que deverá ser eficaz rapidamente, sob o risco de ver o médico se tornar preocupado ou indiferente, aprende que uma perda de vigor no trabalho lhe fornece um fortificante, mas que uma dispepsia muito grave pode lhe valer visitas regulares, atenção espontânea, talvez com a perspectiva de uma hospitalização e de um diagnóstico respeitável que lhe dê um lugar no mundo dos homens e de seus sintomas de úlcera duodenal. Ele encontrou enfim um meio de se comunicar com o médico e de ser aceito. Em sua busca de uma doença que seja aceita por um médico, certos pacientes percebem que eles devem deslocar sua doença. É assim que, por exemplo, preocupações sexuais que inicialmente são manifestadas por menorragias freqüentemente se transformam em considerações a respeito das vantagens de uma ablação do órgão em questão.

Esperamos que a formação do clínico geral tenha como resultado permitir ao paciente que se exprima de modo mais autêntico, sem ter que se envolver na busca inútil de uma forma aceitável de doença. Se puder falar de si, dizendo que está infeliz e que tem dificuldades no trabalho e com sua família, será encorajado a expressar seus verdadeiros problemas com franqueza, não tendo mais necessidade de buscar um compromisso aceitável que exigiria muitos exames complementares sem utilidade e que o ameaçariam de uma cronicidade iatrogênica.

Existe, além disso, uma outra esperança implícita, que nunca se exprime abertamente: é aquela de que o médico, tendo compreendido a origem da doença, poderá combater sua causa em nome do paciente, pronto a entrar em conflito com a sociedade na qual a doença nasceu. Podemos mencionar o que os médicos fizeram para combater o tifo, a varíola e outras doenças contagiosas, instaurando uma política de saúde pública. Para o paciente, sempre há a esperança de que a compreensão de sua doença permitirá melhorar a sorte dos outros, senão a sua. De um ponto de vista histórico, há muitos fatos que reforçam esta esperança, mas isto não impede que haja o perigo de que os médicos assumam tal responsabilidade em nome de toda a sociedade. Com efeito, isto os conduz a usufruir do prazer que sua própria reputação terapêutica lhes propicia, sem que se perguntem se realmente estão na posição de descobrir uma espécie de equivalente social da penicilina. Podemos, portanto, nos perguntar se a sociedade, ao insistir na importância do encontro médico-paciente, visa favorecer um trabalho que poderia desembocar em perspectivas terapêuticas, ou se ela reforça a atividade de um grupo de tipo acasalamento, sonhando com a descoberta da pedra filosofal. Nesta situação, é importante, tanto para o médico quanto para o paciente, dar a César o que é de César, a saber, atribuir às condições sociais atuais, nas quais os homens do século XX vivem, aquilo que lhes cabe.

2.2. Ganhos do médico

Se o médico, graças à sua formação, puder responder aos seus pacientes de maneira mais direta, sem recorrer aos subterfúgios habituais, podemos pensar que irá se sentir muito mais íntegro. Em vista de sua maior franqueza nas relações com os pacientes, sua responsabilidade, permanecendo tão grande quanto antes, irá perder um pouco do caráter persecutório, enquanto seu prestígio se verá aumentado.

Na medida em que ele estiver mais à vontade em suas relações humanas, será menos levado a se abster, sabendo controlar melhor a situação e exercendo seu papel de terapeuta com prazer. Ele se sentirá assim, capaz de resistir à pressão de seus pacientes, ao solicitar opiniões especializadas e hospitalizações, enquanto ele próprio duvida do valor destas. Estará em melhor posição para fazer a distinção entre os pacientes que é inútil contrariar e aqueles cujas demandas podem ser reduzidas, para o benefício de todos. As consultas especializadas podem assim contribuir de um modo eficaz para o diagnóstico, ao invés de serem apenas, como é freqüente, o produto do embaraço do médico com a exigência do paciente. O médico pode começar a ver este procedimento não mais como um sinal de seu fracasso e como anteparo de sua incompetência. Além disso, se a relação médico-paciente foi aceita e compreendida, o motivo da consulta especializada se torna claro, assim como o benefício que dela se espera. Não aparece mais como um desafio à competência terapêutica do médico, mas, pelo contrário, acrescenta-se ao seu saber, o que pode lhe permitir combater a tendência de denegrir seus próprios conhecimentos. O resultado será atenuar a angústia de seus pacientes a respeito de seu senso de responsabilidade e de sua autoridade, o que levará a uma tranqüilização nas relações sociais e a uma melhora de sua auto-estima.

Se o generalista sente que domina a situação e que tem uma clara visão do motivo da consulta, poderá se expressar com franqueza em sua carta ao especialista. Por exemplo, se escrever a um psiquiatra, não irá se contentar com uma frase do tipo: "Neurose de angústia, para tratamento, por favor", ou com um resumo da biografia que o próprio especialista pode por si mesmo obter, se tiver necessidade dele. Pelo contrário, a carta poderá conter uma descrição daquilo que o médico viveu com seu paciente, comportamentos observados e interações que se desenrolaram entre os dois, elementos que o psiquiatra não pode conhecer por outro caminho. Esta maneira de proceder permite ao médico fazer ao psiquiatra perguntas consistentes, confirmando-o no papel que lhe é próprio, tanto como o dos outros especialistas, a saber, o de assistir ao "combatente de primeira linha", que é o clínico geral.

Desta maneira, o médico redescobre sua humanidade e serve como mediador entre seus pacientes e as técnicas e atitudes médicas desumanizadas que conheceu em seus estudos e que encontra de novo na maioria dos consultores especialistas. Os seminários podem assim ajudá-lo a se desprender dos aspectos negativos de seus estudos médicos.

2.3. Ganhos da clínica

Se uma clínica psiquiátrica sem leitos, como é o caso da Tavistock, deve se tornar o suporte de uma ação de clínicos gerais que procuram aliviar o sofrimento expresso através dos sintomas e das doenças, irá necessitar de uma mudança radical de perspectiva. Tanto como o médico, o psiquiatra e o administrador do estabelecimento devem passar por "uma mudança considerável, apesar de limitada", de suas atitudes e de suas concepções profissionais.

A maior parte das clínicas psiquiátricas adotou um tipo de funcionamento baseado nos serviços cirúrgicos de consulta, sendo a maneira de receber os pacientes, decorrente dos mesmos princípios. Isto pode implicar uma pausa antes que o paciente seja examinado, qualquer que seja a capacidade de mudança no momento em que foi consultar o médico. A urgência tem mais relação com a quantidade de angústia que o paciente consegue introduzir em seu meio do que com um estado favorável para a mudança em um dado momento. A consulta é muitas vezes limitada ao próprio paciente. Se um membro da família for incluído no exame, será mais utilizado como fonte suplementar de informações sobre o paciente do que como um participante da rede de relações interpessoais que acaba de ruir. Os relatos psiquiátricos que podem dizer respeito a um dos membros da família, digamos, uma criança, são tratados como se acreditássemos automaticamente em sua pertinência e seriedade. Raramente colocamos em questão a capacidade de seu autor, e raramente também o deixamos de lado para preferir uma discussão que leve em conta a complexidade da situação. Enquanto os clínicos gerais são exortados a serem sinceros e a se exporem ao impacto das relações familiares que seus pacientes trazem, seus consultores psiquiátricos continuam a se defender graças à sua rotina e ao seu jargão.

Ainda não sabemos bem qual pode ser o modelo de uma clínica organizada em vista de ajudar o médico de família. Em primeiro lugar, ela pode fornecer possibilidades

A Formação dos Médicos Generalistas

de formação e seminários de manutenção para aqueles que se beneficiam desse tipo de apoio permanente. Em seguida, é preciso que o sistema de consultas leve em conta as ocasiões surgidas. Isto pode significar que nos reservamos a possibilidade de rever constantemente, durante um curto período, uma família ou um indivíduo em crise, o que implica que o serviço de consultas terapêuticas será relativamente esvaziado dos pacientes crônicos. Um outro ponto importante é o de estudar mais seriamente como um paciente pode ser enviado aos cuidados de seu clínico geral e que tipo de ralatório pode ajudar com eficácia este último em seu trabalho. Seria preciso, pelo menos, que este relatório discutisse o diagnóstico à luz dos fenômenos relacionais da consulta, isto é, da interação entre o psiquiatra e o paciente, tal como ela real ocorreu, mencionando as inadvertências e os erros, assim como as idéias luminosas. Este diagnóstico também deveria levar em conta o conhecimento que o psiquiatra tem do médico generalista, de modo a elaborar um plano de ação útil e prático. Tudo isto exige novas capacidades para o especialista, de modo que ele possa contribuir com o médico na tarefa de cuidados de longa duração às famílias, seja ajudando-o diretamente, seja encarregando-se ele próprio da família por um período limitado, com objetivos circunscritos, considerando-se sua retirada a termo como parte integrante de seu papel.

Se esse objetivo for aceito, a clínica deverá desenvolver relações de trabalho bastante estreitas com os médicos que lhe encaminham pacientes. Isto a levará a cuidar principalmente da saúde mental em seu setor e a renunciar aos prazeres de procurar uma posição prestigiosa para si mesma com uma clientela nacional e com a reputação de ser o último recurso. A zona de trabalho do médico de consultas será limitada geograficamente pelas possibilidades de a equipe da clínica ter contatos pessoais com os outros membros do meio humano dos pacientes.

Para fazer esse trabalho, será necessário desenvolver novas técnicas de consulta. A conversa individual, face a face, como é praticada pela maioria dos médicos, não é necessariamente o melhor modelo para o médico de família. Não sabemos ainda muito bem como abordar um problema conjugal, senão vendo separadamente cada um dos membros. Do mesmo modo, os psiquiatras ainda não conhecem nenhum método para encontrar um papel terapêutico dentro das relações de uma família em sofrimento, enquanto que os clínicos gerais são obrigados a fazê-lo, mesmo que nem sempre tenham consciência disso. O desenvolvimento das técnicas necessárias para a prática da clínica geral se tornará assim uma questão importante para a clínica, e os clínicos gerais se sentirão a esse respeito na posição de professores, enquanto que os psiquiatras se tornarão seus alunos.

Quando estas mudanças ocorrerem e aumentar a capacitação do clínico geral, os casos encaminhados à clínica, com exceção daqueles que forem assistidos durante uma crise, serão cada vez mais estados crônicos, demasiado difíceis de serem tratados com proveito. A clínica será então desalojada de seu domínio atual de tratamento de distúrbios neuróticos mais tratáveis e será orientada para o campo das doenças mentais mais graves. Isto pode produzir uma espécie de aproximação entre uma clínica como a Tavistock, com sua posição talvez de privilégio, e os hospitais psiquiátricos, que tratam a maioria dos casos mais difíceis.

2.4. Ganhos da medicina

Nos últimos anos, a medicina começou a aceitar a idéia de que um diagnóstico se compõe de duas partes: uma que diz respeito ao órgão ou ao sistema atingido, por exemplo, anemia perniciosa, trombose coronária, ou câncer da próstata; outra, que diz respeito à pessoa doente, um diagnóstico psicossomático como: úlcera duodenal em uma personalidade dependente, ou trombose coronária em um sujeito de caráter rígido. Entretanto, o trabalho efetuado nestes seminários sublinha a importância de um terceiro componente do diagnóstico, a saber, a relação que se estabelece entre o médico e o paciente, a qual, de fato, condiciona toda a ação médica. É sobre este aspecto do diagnóstico que o médico irá se apoiar para prescrever um regime a uma obesa enquanto que com uma outra isto seria inútil, ou então para decidir cuidar ou não de um paciente grave a domicílio, apesar dos inconvenientes técnicos, pois sabe que, para este paciente, uma estadia no hospital estaria demasiado carregada de conotações de morte. Até mesmo a simples questão de saber se deve ou não prescrever um sedativo deve se apoiar neste terceiro componente e, provavelmente, em algum outro. Balint designou esta tentativa de ampliar o diagnóstico com a expressão de "diagnóstico global" (M. Balint, 1965). Este terceiro nível de diagnóstico não serve somente para esclarecer as bases sobre as quais se tomam inúmeras decisões terapêuticas cotidianas, mas também pode advertir o médico daquilo que está se preparando para ele e seu doente. Assim, a biografia pode alertar o médico acerca do que irá acontecer. É uma espécie de "conto moral". Por exemplo, ao saber que uma paciente asmática reagiu aos conflitos familiares em sua infância saindo de casa para tomar ar fresco, e que ela foi constantemente abandonada pelos homens que conheceu, um médico pode prever que uma ruptura semelhante ocorrerá em sua relação com ela, sendo isso o que efetivamente se produziu alguns meses mais tarde. Apesar de que, saber tal coisa não coloca nas mãos do médico um instrumento terapêutico suficientemente poderoso para lhe permitir interromper as tendências autodestrutivas da paciente, pode ajudar o médico e a paciente a se adaptarem e a se tornarem conscientes do que ocorre, em vez de permanecerem na ignorância e na confusão.

2.5. A descoberta de uma nova linguagem

Finalmente, os seminários são confrontados com a necessidade de encontrar uma linguagem que convenha às circunstâncias. O vocabulário psicológico parece trazer na maioria das vezes surpresa e inibição, em vez de esclarecimentos úteis. As cartas dos médicos e os relatórios dos especialistas utilizam uma linguagem convencional, mas não têm nenhuma utilidade para a escolha de uma conduta. Assim como o médico e o paciente buscam em conjunto um meio de expressar as dificuldades do paciente que evita utilizar uma linguagem do corpo de origem arcaica, do mesmo modo os médicos no seminário tentam descobrir uma linguagem com que possam comunicar aos colegas o

A Formação dos Médicos Generalistas

que compreendem das dificuldades do paciente. Essa linguagem deve ser compreensível para os outros médicos, para os outros membros da equipe de saúde mental, como os educadores especializados, assim como para as pessoas que constituem o ambiente do paciente. Tal como foi elaborada nos seminários até o presente, esta linguagem está mais próxima da linguagem comum do que das abstrações impressionantes da ciência. Trata-se mais de uma linguagem da vida do que de uma nomenclatura científica.

IX. Conclusão

A maior parte deste estudo foi dedicada à relação entre o médico e seu paciente e a mostrar como ela pode ser compreendida e desenvolvida com benefício de ambas as partes, graças à participação do médico em um pequeno grupo. Uma vez que se trata principalmente de uma relação entre duas pessoas, nós tentamos nos centrar nas relações que existem na situação de formação e estudar como fornecem ocasiões de confrontos, de *insights* e de colocar à prova novas respostas.

Existe em primeiro lugar a relação entre o médico que apresenta e o grupo em seu conjunto. Pensamos que algumas das operações do inconsciente, que exercem um grande papel nas relações humanas, podem ser claramente reconhecidas na participação em um pequeno grupo. É por isso que estivemos particularmente atentos ao estudo da dinâmica de grupo.

Em segundo lugar, há a relação que existe, no interior do grupo, entre o médico apresentador e o líder do seminário. Esta relação é infiltrada de elementos, em grande parte inconscientes, originários do mundo interior do médico, o que permite utilizar com proveito o quadro de referência psicanalítico para descrever seus aspectos transferenciais e contratransferenciais.

Em terceiro lugar, a relação entre os diferentes médicos apresentadores fornece inúmeras ocasiões de transferências, de mudanças de papel e de experiências substitutas. Em quarto lugar, existe a relação do líder de seminário com o grupo em seu conjunto. Esta é uma questão a que dedicamos muita atenção, em parte porque os problemas técnicos da coordenação destes seminários sempre nos preocuparam e, em parte, porque o modo com que o líder coordena o grupo fornece um modelo a ser seguido pelos médicos quando abandonarem seus antigos hábitos, substituindo-os por outros novos. Nós acreditamos, com efeito, que o processo de introjeção de um modelo exerce um papel essencial e determinante na aquisição de uma nova capacidade.

Finalmente, estudamos brevemente a relação existente entre o pequeno grupo e a sociedade em que ocorre. A sociedade externa interfere constantemente nas operações do pequeno grupo. As pressões físicas, como o tempo e o dinheiro na medicina, e os sistemas de valor, como as opiniões correntes sobre as doenças e os serviços médicos, partilhadas tanto pelos médicos quanto pelos pacientes, determinam em larga medida a zona de trabalho de um seminário e a extensão de suas explorações. Essas influências são mediatizadas pelos membros do seminário que trazem consigo a soma de suas experiências sociais e pela administração do programa de formação, que fornece os meios para que os seminários continuem a se reunir, reservando os locais, assegurando a formação de líderes, decidindo a respeito de certas prioridades e exercendo uma ação política apropriada. Do mesmo modo, mas em sentido inverso, os pequenos grupos têm um impacto sobre a sociedade. Os agentes desta transação são os membros dos seminários e as comunicações que emanam destes. Seu conteúdo é constituído pelas atitudes e idéias a respeito da doença, da medicina, do papel do médico e sua formação, do indivíduo e sua família e, por extensão, de toda a sociedade. Apesar da elaboração de uma linguagem cômoda, a ser utilizada entre os colegas médicos, evidentemente, fazer parte das inúmeras inovações introduzidas pelos pequenos grupos, ela também tem por objetivo levar aos pacientes meios mais satisfatórios de comunicação com suas famílias e, mais geralmente, com seu ambiente humano. Aquilo que se iniciou como um programa de formação pós-universitário dos médicos resultou em projetos de reforma da sociedade em seu conjunto.

5 O Grupo Balint: Passado e Futuro

M. Sapir

Um recente artigo de R. Gelly (1980) nos mostra o interesse de uma dupla perspectiva: a sua, de fora, enquanto analista interessado pelo movimento Balint e pela pessoa de seu criador; a minha, envolvida na coordenação de grupos de casos e de tudo aquilo que deriva deles há quase vinte anos. Se R. Gelly se coloca em uma perspectiva histórica, procurando analisar a evolução do movimento, eu, por minha vez, irei tentar evidenciar a especificidade de tais grupos, seu lugar na formação, suas escolhas, seus perigos, mas também suas múltiplas implicações e possíveis derivações (M. Sapir, 1972 e 1980).

Esta obra sugere que nós privilegiamos o método Balint acima de qualquer outro. Pessoalmente, eu diria sim aos grupos Balint, com as modificações que a experiência parece ter tornado necessárias; mas igualmente sim à formação intensa e descontínua, sim aos grupos com temas abordados pelo método dos casos e sim aos métodos de abordagem corporal elaborada na linguagem.

Sabe-se que o método dos casos é anterior a Balint. O interesse manifesto desta inovação foi sua aplicação aos médicos sob a égide dos analistas. Sua especificidade latente, posteriormente manifesta, graças a um número imponente de escritos e de palestras, consiste na análise de uma metalinguagem. Inspirando-se, como disse freqüentemente, no método húngaro de supervisão de jovens analistas,[1] Balint leva o apresentador,

---

[1] Ao cabo de sua análise, o novo analista submete seus primeiros casos à supervisão de seu analista.

e em seguida todo o grupo, a compreender o sentido de seu agir tal como ele surge ali, latente, durante seu relato e suas lacunas.

Psicanalista rigoroso, Balint, tendo tomado o partido de Freud em sua discussão com Ferenczi, permaneceu impregnado do espírito deste último, que foi seu mestre, e do qual foi seguidor. Ele ocupou assim, sem transgressão, um lugar original no movimento psicanalítico em um momento em que este, enrijecido pela ruptura de Freud e Ferenczi, se dividia entre "ortodoxos" estritos e kleinianos. Recusando as escolhas abruptas, Balint, tanto como seu contemporâneo D.W. Winnicott, tomou uma posição flexível. Ambos se interessaram pelo corpo em suas facetas mais diversas. A noção de amor primário, longamente definida por Balint em seu livro, estranhamente encontra a de mãe-ambiente de Winnicott (que também foi analista de Enid Balint).

Filho de médico, Balint, como Winnicott, exerceu a medicina. É provável que tenha percebido na demanda do paciente aquilo que justamente se situa no âmbito do amor primário, ali onde o médico já não é mais vivenciado como sujeito, mas situado como objeto de satisfação das necessidades e também, contraditoriamente, dos desejos. Sua recusa discutível do narcisismo primário — mas isto demandaria uma longa explanação — deve talvez ser justaposta ao sentimento do recém-nascido, mas também do paciente, de individualizar-se em função da doação do outro, seja este mãe ou médico (A. Missenard, 1979). A relação médico-paciente desenrolar-se-ia em grande parte de um modo pré-genital, influenciando fortemente aquilo que bem ou mal denominamos a contratransferência daquele que cuida.

Façamos aqui um parêntese: essa relação desenvolve-se hoje em um ambiente movediço, sob a influência de inúmeros fatores socioculturais e políticos. Mencionarei apenas a importância do progresso das técnicas, do impacto da mídia, do peso da ampliação do seguro saúde e dos custos (de fato incalculáveis) que eles implicam. Uma incursão neste domínio me parece necessária no final do capítulo.

Retornemos a Balint e aos grupos que levam seu nome. Os laços de seu autor com a medicina e com os médicos lhe permitiram se aproximar deles graças a um contato e a uma compreensão sem as quais a constituição e sobretudo a duração destes grupos não teria sido possível. Por falta destas dimensões necessárias, inúmeros psicanalistas de renome não puderam ou não quiseram continuar a assumir a função de coordenadores. Mas esta atração pela medicina e pelos médicos tem uma contrapartida: não comporta ela o desejo de melhorar o funcionamento do médico e isto para além da medicina?

De imediato, impõe-se a problemática da parte e do todo. Se o grupo Balint e a modificação que ele provoca só se dirigem a um pequeno número (avaliado por alguns em 10%), irá se criar uma divisão do corpo médico, é bem verdade que minoritária, com seus mecanismos de ataque e defesa: "nós não somos compreendidos", "nós nos compreendemos bem no nosso grupo", "é preciso fazer os outros compreenderem o que acabamos de adquirir", "nós nos aperfeiçoamos longamente e merecemos recompensa"...

Se o método visa o conjunto do corpo médico, como pode ele atingir sua meta? Se a atinge, qual será a modificação da medicina? Qual será seu impacto sobre a sociedade? Que resistências levantará da parte daqueles que asseguram a continuidade do sistema?

Enfim, que ideologia acompanharia essa mudança? Uma apropriação da medicina pela psicanálise traria consigo novos critérios de seleção? Uma medicina diferente que, sem rejeitar as técnicas, se libertasse do peso destas, imporia, em compensação, uma modificação ou mesmo uma adulteração da teoria psicanalítica, etc. Vemos que perguntas não faltam.

Não sei se elas preocupavam Balint em seu tempo. Talvez ele estivesse mais centrado no funcionamento do instrumento que havia forjado do que em suas repercussões sociais.

I. O Grupo Balint

Em uma conferência de abertura das jornadas de Ascona, em 1980, Enid Balint recorda o que permanece como fundamental, sem o que o grupo Balint não seria mais o mesmo, e procura analisar aquilo que foi submetido à mudança, em parte, graças à experiência adquirida, mas, essencialmente, sob a influência de modificações socioculturais mais completas, ocorridas nestes trinta anos. Se, por um lado, concordo com sua descrição da permanência da herança, por outro, discordo, apesar da notável probidade de sua palestra, da avaliação desta mudança, e procuro clarear o que, nesta palestra, me pareceu uma zona obscura.

Com efeito, após vinte anos de experiência, pôde ser delimitada uma atividade clínica comum, ou, dito de outro modo, um caminhar comum à maior parte dos grupos Balint, quaisquer que sejam as diferenças entre as personalidades e as ideologias dos coordenadores.

Assim, em uma primeira fase, os participantes se dirigem essencialmente ao líder supostamente detentor do saber. O grupo propriamente dito ainda não está formado e a demanda didática domina a cena. As tentativas de sedução são numerosas, principalmente sob a forma de belos casos psicológicos oferecidos ao coordenador.

Ao relativo silêncio deste, responde um período que poderíamos qualificar de agressivo. Esse período pode tomar sucessivamente diferentes aspectos: seja a tentativa de banalização ou de ideologização, tentando remeter o particular ao geral; seja a tentativa de psicoterapia, imitando o coordenador ao começar o tratamento de pacientes que até então seriam encaminhados ao psiquiatra, seja, enfim, sob a forma de relatos de casos somáticos difíceis, desesperados, destinados a tornar o papel do coordenador inútil.

É apenas ao longo de uma terceira fase que pode se instaurar uma verdadeira colaboração, com um reconhecimento mútuo, freqüentemente precedido por períodos de humor, de relaxamento, de jogo no sentido de Winnicott, e que resulta em uma cumplicidade com possibilidades de prosseguir até o final do grupo.

Apresentado assim, este esquema parece idílico, sem quaisquer acréscimos. Vários perigos espreitam ainda hoje esse grupo. Outros puderam ser evitados graças à experiência adquirida. Não esqueçamos que no início os coordenadores funcionavam como autodidatas. Se admitimos, e Enid Balint o sublinha, que o coordenador seja psicanalista a fim de analisar a contratransferência dos médicos, a fim de criar condições para expressar livremente seus sentimentos, de lhes dar o "direito à estupidez", isto é, à fantasia, de incitá-los a se questionarem a si próprios ao invés de aos outros, é certo que no passado atitudes inadaptadas, transpostas do tratamento-padrão, puderam criar uma atmosfera de agressividade e mesmo de angústia persecutória. Ocorreram rompimentos de grupos, principalmente quando os médicos se sentiram mais utilizados com vistas a uma pesquisa psicanalítica do que como beneficiários desta contribuição.

Contudo, outros perigos subsistem, alguns deles comuns aos pequenos grupos. As tentativas de contraliderança são um exemplo disto. Se, juntamente com Enid Balint, pudermos admitir que, distantes de qualquer onipotência, os coordenadores devem apoiar os participantes até mesmo difíceis ou não conformistas, e provocar sua criatividade (nós suprimimos, como se verá adiante, qualquer seleção preliminar), é-me difícil acompanhá-la quando afirma que um participante pode, se quiser, bancar a prima-dona. A vedete do espetáculo transforma-se demasiado rapidamente em bode expiatório. Ao protegê-la, o coordenador desencadeia o rancor do grupo.

Atualmente, sabemos bem que uma tentativa de contraliderança representa simultaneamente a resistência e o desejo do grupo inteiro. Várias saídas são possíveis para uma situação elaborada: ruptura do grupo de um modo agressivo, eliminação do contralíder, que se torna vítima, estagnação do grupo que, para continuar, preserva um enunciado de sentido oculto.

É a este respeito que podemos medir o quanto uma fidelidade carismática, ao pé da letra, às posições de Balint resulta em uma rejeição da experiência de teorização, como se desenvolveu desde o trabalho original de Bion sobre os pequenos grupos e sua dinâmica.

Retomarei adiante este debate, que me parece importante. No momento, tratamos da coerência do grupo em sua evolução. Diga-se de passagem que, tanto aqui quanto em outro lugar, a regra de abstinência merece ser observada, pelo menos, parcialmente. Quando, no passado, a demanda era fraca e a experiência de coordenação tateante, o medo da desagregação às vezes superava o próprio objetivo do grupo. Esta superproteção de tipo pré-genital atualmente desapareceu. A maior parte dos grupos existentes continua a funcionar e somente o desejo de ruptura do coordenador provoca, em certos casos, a desagregação.

Outro perigo conhecido por todos os coordenadores, é o ronronar do grupo, quando o prazer de funcionar supera o objetivo manifesto e as reuniões tomam o aspecto de encontros amistosos, entremeados eventualmente com banquetes de confraternização. Todos falam, todos associam livremente, trazendo algumas amostras de seu novo saber. Não existe mais história estruturada, nem prosseguimento dado aos casos precedentes, no máximo fragmentos a título de exemplos que se seguem sem significado algum. Essa situação, caso extremo, significa a morte e o fim do grupo, que poderia então ser substituído por uma "amizade". Na maior parte das vezes, coordenadores e participantes tomam consciência deste perigo, desconfiando do engodo que o prazer de funcionar sem objetivo nem limite de tempo constitui.

O Grupo Balint, Passado e Futuro 113

É então que eles podem ser levados na direção de um "agir". Alguns grupos permanentes, eternos, nunca conhecem o luto. Os vazios criados pelas partidas são preenchidos pelas chegadas. Outros grupos, a fim de evitar a própria morte, podem se exteriorizar em uma atividade social ou se centrar em novas técnicas ou novos temas, desviando assim parcialmente o procedimento balintiano, por vezes provocando reações de rejeição, mas trazendo assim um novo alento e uma nova pesquisa.

Como contraparte a este ronronar de prazer, delineia-se a bem conhecida repetição. Esta última, feita de tédio e de obrigação — reuniões em horas e dias fixos durante anos, relatos de casos similares, cujo estilo se conhece de antemão. Outra repetição é aquela que contribui para dar a cada participante um continente quente, um lugar de depósito de suas angústias, um sentido de filiação na sucessão dos casos, uma sensação de sonhos que se seguem na lógica do grupo. Repetição, fenômeno tão descrito, examinado em todas suas facetas, mas que, aqui, remete à especificidade balintiana pelo viés das histórias apresentadas metalingüisticamente. Delineia-se, repete-se, e por vezes se modifica o estilo do relato de cada um, tanto o do superinvestigador, justificado pela ciência, quanto o do médico submetido à tentativa de evitar uma agressividade recíproca. O apresentador vê o reflexo de sua apresentação na atitude e nas reações de seus colegas observadores que, por sua vez, tomarão cada um o seu lugar. Ele é um bom contador, bom demais, ou entediante? A história que conta diz respeito ao outros, é uma agressão, ou um apelo de socorro? Ela se insere nos hábitos do grupo, ou representa uma ruptura que este irá rejeitar ou, ao contrário, que permitirá efetuar uma mudança e sair da repetição? Ela se inscreve inconscientemente na filiação dos casos como uma seqüência de sonho, com suas lacunas, sua ênfase, sua angústia e seu prazer?

Balint e outros depois dele descreveram o apresentador como alguém que se identifica com aquele de quem fala no grupo. Não sei se essa afirmação pode ser generalizada. Sendo evidente em alguns casos, em outros ela revela uma problemática pessoal da qual o apresentador cedo ou tarde acaba se dando conta. Freqüentemente, contudo, o relato se desenrola de um modo duplamente objetal. O médico fala de seu paciente ora com emoção e angústia, ora com desprezo, de um modo defensivo. Outras vezes, a ambivalência lhe escapa, enquanto o grupo a adivinha. Assim, ocorre quando descreve um paciente em termos notoriamente pejorativos, repetindo que gosta bastante dele e que não tem vontade de encaminhá-lo. No relato, os esquecimentos, notoriamente reveladores, são evidenciados pouco a pouco, graças ao funcionamento do grupo. São indicadores de uma relação inconscientemente intensa, que de modo algum está apenas no plano da identificação. Porém, esse mesmo relato também está situado em relação ao objeto grupo, no *hic et nunc* da sessão. Podemos evocar então o aparelho psíquico grupal, como acabo de mencionar, quando este relato se inscreve como uma seqüência de sonho na filiação do caso precedente. É preciso salientar que esta filiação pode surgir sob formas diferentes, muitas vezes pressentidas por coordenadores experientes. Assim, após um caso impreciso, essencialmente relacional, sem morbidade notável, se sucederá outro, grave. O perigo de morte sublinha então, em contraponto, a futilidade daquilo que veio antes. Outras vezes, os casos se sucedem inflacionariamente. Um médico conta como, ante uma queixa leve, não respondeu ou minimizou a demanda do paciente. O relato seguinte irá evidenciar um outro caso mais grave, no qual a expectativa do paciente não foi correspondida. Um terceiro, na mesma ótica, irá descrever um suicídio ou uma morte advinda de doença pelos mesmos motivos.

Em outro tipo de filiação os casos não se desenrolam como o conteúdo manifesto, mas sim como o sentido latente de um sonho. Quando o grupo sente o tédio do coordenador à escuta de casos banais, repetitivos, que contam histórias de modo fatual, surgem relatos de erotização intensa, no limite da transgressão. Relatos de sucesso mais ou menos completos são seguidos pela descrição de situações sem saída, onde é vã qualquer iniciativa médica, mas que colocam em evidência a maior ou menor possibilidade de suportar e de sofrer. Todas estas intervenções têm lugar, evidentemente, em função do coordenador e da vivência grupal do momento.

Um relato discordante, que retira o grupo de seu sonho, pode significar um sofrimento pessoal fora ou dentro do grupo. Contudo, na maioria das vezes, significa uma guinada. Dependendo do contexto, pode ajudar a cimentar o grupo contra o coordenador, principalmente no início, ou utilizar o grupo como refúgio ou, pelo contrário, tentar dinamizá-lo.

É evidente que esta dinâmica grupal também tem sua especificidade graças ao método dos casos. Mas, em um grupo Balint, surge uma outra especificidade, a da medicina, de sua luta contra a doença e a morte. A relação médico-paciente se estabelece por meio de uma queixa que encobre um mal, que, por sua vez, ressoa mais ou menos profundamente no médico, dependendo de seu saber, de sua ideologia e de sua história pessoal.

II. Grupo e Identidade

Neste ponto, coloca-se o problema da identidade. Após, e mesmo durante os anos de escola, a identificação mudou de direção. Em 1969, R. Gelly e A. Missenard definiram a evolução da identificação do estudante durante os anos de estudo. Com as primeiras responsabilidades ocorre a virada. Esta identidade médica é difícil de ser adquirida, e o grupo Balint vai colocá-la em questão.

Antes de mais nada, vai fazê-lo pelo caminho da modelização. É verdade que uma vez terminados os estudos, e prosseguindo o exercício da profissão, o modelo do professor se obscurece. Ou seguimos sua via, tendo passado nos concursos difíceis, tornando-nos deste modo seus iguais, ou então, confrontados com a prática dita liberal, rejeitamos o modelo hospitalar. O modelo que permanece é, contudo, o da medicina, em oposição ao do grupo Balint, de inspiração psicanalítica. Sem dúvida, existe aqui uma mudança de registro.

Desde a época científica, há mais de quatro décadas, praticamente não existe mais filiação paternal na medicina. O grande patrono da era pré-medicamentosa foi substituído por um chefe de serviço, organizador e coordenador. Seu poder depende mais do real do que do fantasioso. Na psicanálise tudo ocorre de modo completamente diverso. Por um lado, a mãe medicina, ao mesmo tempo arcaica e culpabilizante, pelo seu discurso, e por outro lado um avô-tótem e, para cada analista, um pai simbólico, seu próprio analista. O que conta para o médico é respeitar o consenso. Infeliz de quem o transgride. Pouco importa que as teorias e suas conseqüências práticas com freqüência mudem. O essencial é aplicá-las sem conhecer, na maioria das vezes, o nome de seus autores. Quanto mais o nível hierárquico for elevado, tanto mais o saber será reconhecido, o *status* assegurado e a identidade firmada. A oposição dialética entre identidade e identificação explica, que, uma dentre outras razões, a funcionalização do médico de tempo integral seja uma exceção no grupo Balint. O clínico geral ou especialista dobra-se em maior ou menor grau às diretivas médicas do momento até que a experiência cotidiana lhe patenteie a necessidade de algumas transgressões deste consenso. Sua identidade, mais imprecisa do que a do médico hospitalar, lhe permitiria enfrentar com menos angústia o grupo Balint. Entretanto, ele permanece dentro do sistema de coerência médica, a menos que se encaminhe para as medicinas alternativas. Mesmo para este, o encontro com o inconsciente questiona sua identidade.

Do mesmo modo, o comportamento dos coordenadores se modificou ao longo destes anos. No começo, costumavam apenas parcialmente percorrer o espaço que separa o tratamento habitual de um grupo Balint, comportamento este que Enid Balint assimila, a justo título, à onipotência, mas talvez também a um movimento contrafóbico do autodidata diante de um grupo desconhecido. Essa mudança tem um sentido essencialmente pedagógico. O que podemos compreender disso? Nossa hostilidade comum, herança de M. Balint, para com o ensino de psicanálise, tem como corolário o desejo de uma pedagogia em alta temperatura. Já é tempo de definir com exemplos o que este termo significa para nós. Podemos aprender sem prazer, podemos aprender só pelo prazer? Antiga questão à qual só podemos responder com sim e não. Seria preciso ainda nos interrogarmos a respeito das modalidades do prazer segundo as diferentes personalidades. Mas deixemos de lado as interrogações fundamentais sobre "o saber alegre" para retornarmos à formação propriamente dita. Esta não existiria sem uma parte de prazer. Sobretudo os prazeres de nos encontrarmos e de descobrirmos em conjunto a partir de um material "partilhado". É o prazer que permite que a agressividade circule, promovendo um novo prazer. Disto decorre, a propósito, a impossibilidade de julgarmos um clima mesmo a partir das transcrições mais fiéis.

Neste ambiente de alta temperatura, é preciso ser didático? Respondo pela negativa, deixando de parte o emprego de termos desconhecidos ou mal-interpretados por certos participantes. Porém, sucede que, quando o grupo progride, tudo seja dito de um modo fragmentário. Resta ao coordenador fazer a síntese ou apresentar uma imagem que permita uma compreensão diferente.

Foi o que ocorreu com o caso de uma jovem, cujo pai a educou de forma muito rígida, e que veio se queixar de hemorragias após cada relação sexual. A apresentadora, ginecologista bastante experiente e balintiana de longa data, constata que se trata, não de lesões, mas de míni-hemorragias em uma mulher que tem quatro amantes, que ela teme sujar com seu sangue e que, conseqüentemente, evita. A elaboração por parte do grupo progride ao longo da sessão e um dos dois coordenadores levanta a possibilidade de esta mulher ter fantasias de prostituição. A ginecologista, durante as consultas posteriores, pôde confirmar a existência desta imagem e falar dela com a paciente. As hemorragias cessaram e surgiu, pouco tempo depois, o temor de um tumor cerebral, temor que o grupo analisa com profundidade. Sendo negativo, o resultado dos exames aliviou a paciente que, a partir daí, desenvolveu manifestações tetânicas. Neste ponto o grupo se divide, discorrendo sobre os diversos pontos de vista a respeito do tétano. Porém, em outras circunstâncias o coordenador já havia proposto que discorressem sobre a oposição entre um sujeito com crise epilética e um sujeito com crise tetânica, a quem falta ar e que apresenta rigidez na musculatura. Esta lembrança feita aqui, com a ocorrência da visão dos corpos, me parece ter natureza pedagógica, tendo a atitude do corpo um valor simbólico.

Um outro caso, igualmente muito resumido, é o de um jovem trabalhador, imigrante, casado, em vias de qualificação, hospitalizado por crises de angina, que se suspeita serem do tipo *Prinzmetal*, isto é, de origem espasmódica, sem índice arteriosclerótico. A dúvida só pode ser suspensa — aliás parcialmente — através de uma corionariografia com exames farmacêuticos. O paciente, manifestamente ansioso, não suportando a incerteza e descobrindo-se repentinamente lesado e ameaçado de morte, irrita o meio hospitalar. Na véspera do exame surge um lumbago agudo sem comprovação radiológica, o que contribui ainda mais para irritar a equipe que reage com injeções repetidas.

Nesse caso, exposto durante um seminário não descontínuo, o corpo considerado cientificamente é desinvestido de qualquer sentido. "Nesse dia ele me fez um lumbago", diz o médico, enquanto o paciente com certeza sente que não pode continuar desse jeito.

Uma intervenção de tipo pedagógico iria insistir em que uma imagem de lumbago agudo evoca uma impossibilidade; de andar, de avançar ou recuar, de ser homem para uma mulher, etc.

Um último exemplo: o caso de um homem muito idoso, em um centro de geriatria, que fez a corte a uma senhora de sua idade sem conhecimento da supervisora. Aqui, o coordenador intervém como na ocasião da resposta à apresentadora, médica de longa experiência: "Eu já ouvi falar de situações semelhantes com freqüência. Sempre os jovens da equipe toleraram bastante bem esta situação, apoiando-a contra os mais velhos ou os médicos, que pela idade poderiam ser seus pais."

Sem poder me estender mais, gostaria de salientar que este tipo de pedagogia vai contra as construções psicodinâmicas, a ponto de me perguntar se os defensores da *Ego-Psychology* poderiam coordenar tais grupos sem colocar de lado suas teorizações. Talvez seja este um dos motivos da ausência quase total dos grupos Balint nos Estados Unidos.

Evidentemente, em nosso clima sociocultural as interpretações dos médicos tais como "você é a mãe", "você está com a função do irmão maior", "ela tem sentimentos edípicos com relação a você", etc., são freqüentes no início. Eu as considero como escórias a serem eliminadas. Não que estas situações sejam raras, mas se participamos

O Grupo Balint, Passado e Futuro 117

delas estamos arriscados a incentivar os participantes a realizarem terapias sem fim. Por um lado, o médico jamais é totalmente o pai ou a mãe, ele também é outro, em um lugar específico. Por outro lado, seria falso e perigoso deixá-lo à mercê de dois modelos, o universitário e o psicanalítico.

Não importa o que se pense a respeito, não existe modelo balintiano. Entretanto, o método balintiano permite, através de diversas identificações, devolver ao médico a liberdade da qual foi privado na faculdade sem que este tenha que transgredir. Sua formação consiste não em mudar de posição, mas em entrever a multiplicidade de suas possíveis ações (e não de atuações), multiplicidade que lhe é específica.

Finalmente, afirmaremos que, para se preservar, o coordenador constrói um perfil psicodinâmico do paciente e do médico, o que pode ser útil para sua compreensão. Mas é indispensável para a formação que ele possa dar a si mesmo este "direito à estupidez" e que intervenha a partir daí apresentando imagens nas quais o corpo tem seu lugar, imagens provenientes em parte de sua escuta, mas também de seu olhar (M. Sapir, 1975-76 e 1980). Poderíamos falar do *flash* do coordenador.

III. A Modificação é Limitada?

Estes problemas apareceram a Balint desde o início de seu trabalho com os médicos. Ele sentiu necessidade de dar direito às suas fantasias e ao perigo de ver suas identidades naufragarem na imprecisão.

Assim nasceu a famosa afirmação "que visa uma modificação limitada, porém profunda, do médico". Enid Balint enriquece seu sentido, recordando que o grupo visa dar aos médicos uma "certa liberdade conjugada com a disciplina". Entretanto, nenhum dos dois me parece ter levado sua reflexão psicanalítica para este tema. Assim, desde há alguns anos eu me permito formular duas hipóteses.

A primeira concerne ao próprio Balint. Parece-me que o homem do *"amor primário"* e da *"falta básica"* viveu intensamente o conflito entre Freud e Ferenczi. A partir daí, ele levantou a problemática do possível durante toda vida. Assim como ele, creio que esta interrogação é fundamental na terapêutica e não somente na psicoterapia. Creio que ele oscilou entre a riqueza de seu imaginário e o rigor de sua atitude psicanalítica. Como explicar senão desta maneira que o mesmo homem possa conjugar o malabarismo sobre o divã do tratamento (malabarismo permitido, mas não solicitado) (M. Balint, 1971) com o atrativo da psicoterapia focal, ativa e, portanto, parcial, visando conservar o todo. Com efeito, foi nos anos 60 que, em companhia de sua mulher, Malan e outros, ele se interessou por este tipo de psicoterapia, que visa principalmente um conflito relacional localizado. É no âmbito dos grupos de médicos que, colocando voluntariamente de lado todas as contribuições da dinâmica de grupo, ele procura dar livre curso ao imaginário de cada um, não provocando, enfim, neste mais que uma modificação limitada, ainda aqui visando preservar o essencial do consenso médico e da vida privada.

Pois toda a oscilação balintiana está aqui: se o narcisismo é apenas secundário, tudo depende do que o meio pode dar à criança. O paciente, por sua vez, em vista de sua própria doença é portador de uma ferida narcísica que aquele que cuida pode cicatrizar. Mas, para assim fazer, freqüentemente é necessária uma regressão. Sem esta não é possível uma renovação. O risco está aqui e consiste em uma demanda insaciável, uma regressão maligna. Quer dizer que, se transpusermos esta questão para os médicos, a partir do grupo, uma demanda sem fim poderia se constituir ou, pelo menos, uma demanda que se encaminharia para o tratamento-padrão. Isto explica o julgamento negativo feito a respeito de cada médico que, a partir de um grupo Balint, empreenda um tratamento-padrão. Este era considerado como a conseqüência de um erro proveniente do coordenador.

O trabalho com o *flash*, de início ativamente encetado por E. e M. Balint, e em seguida, por E. Balint com seus colaboradores, se inscreve na mesma perspectiva. Parece-me necessário demorar aqui um pouco: desde o início, em 1950, eles sabiam que uma atitude de simpatia, de reconforto e de apoio, inclusive de submissão passiva do médico, não tinha qualquer serventia. Era preciso definir um método a) acessível ao maior número de médicos possível, b) compatível com as condições cotidianas do exercício da profissão, c) que pudesse ser integrado à sua *práxis*, d) baseado na compreensão da personalidade do sujeito, e, sobretudo, e) baseado na compreensão da relação. Durante anos eles sentiram os resultados de conversas longas, não diretivas, que assimilavam muitos médicos a falsos terapeutas. A tentativa de psicoterapia focal levava o psicoterapeuta a desviar as associações livres justamente em direção a estas zonas focais, distanciando-se, na maioria das vezes, do pré-genital. Pareceu-lhes que a demanda em medicina freqüentemente correspondia a uma zona limitada ao paciente: sintoma incômodo, conflito preciso que ele não conseguia resolver, etc. Apesar de tudo, a psicoterapia focal se revelou "um corpo estranho na prática cotidiana dos médicos". Foi buscando sempre uma psicoterapia específica do médico, em oposição às frustrações do tratamento-padrão, que os Balint, usufruindo de sua experiência anterior, criaram um grupo particular composto em parte de antigos balintianos e de analistas, impondo-lhes condições muito duras. Os participantes sentiram pouco a pouco que, mesmo modificados pelo grupo Balint, mais flexíveis em seus estereótipos profissionais, continuavam agindo como detetives, em função de um certo saber. Procuravam conhecer o máximo possível do paciente e submetiam esses conhecimentos ao crivo de seus *a priori*.

Após inúmeras peripécias, ocorreu a mudança. Os médicos deste grupo experimental pouco a pouco puderam se dar conta da importância de estarem "em ressonância" com seus pacientes. Em tais momentos, as considerações psicopatológicas são reduzidas a pouca coisa. Este *flash*, este relâmpago pode ocorrer somente após um longo período durante o qual o médico tentou compreender sem intervir.

Nós estudávamos, na mesma época, possibilidades comparáveis. Os intercâmbios com os Balint nos estimularam nesta via que acabou por resultar na definição da "medicina de acompanhamento" (M. Sapir, 1967), isto é de uma relação de cuidados prolongada, durante a qual o médico não se sente mais manipulado, mas sim utilizado. O paciente, por sua vez, se vê cuidado a cada passo, em função de sua demanda, mas também compreendido, em outro nível, sem interpretação nem pressão por parte do médico. Este último sabe que o paciente sabe que ele sabe. Conseqüentemente, é o paciente que, medindo os riscos para sua economia, pode continuar sem mudança ou desencadear um *flash* que modificará sua existência. É verdade que este *flash* também pode surgir por ocasião de um primeiro e breve encontro. Pessoalmente, creio que o distúrbio funcional só pode ser abordado desta maneira.

G. Braque gostava de dizer que quando a idéia que o precedeu se esgota e desaparece, o quadro pode ser considerado como terminado. Do mesmo modo, seria imprudente comparar o *flash* com um momento fusional. Trata-se sobretudo de uma identificação, tal como observamos em estados de relaxamento, que, sendo um momento intenso e desintelectualizado, pode significar a ruptura da repetição. É evidente que para que o *flash* surja, é necessário um reconhecimento — termo balintiano — entre os dois interlocutores.

Compreendemos que, ao querer forçá-lo, por economia de tempo, por exemplo, nós o desvirtuamos. Um grupo centrado sobre a produção de *flash* seria absurdo, mas qualquer experiência clínica que não separe o visto do ouvido, que tente dar sentido simbólico tanto aos gestos quanto às palavras, predisporia este grupo aos *flashes*. Tratar-ser-ia menos, portanto, de um grupo especializado do que de um grupo Balint, do qual o corpo não estaria ausente.

Esta recordação do *flash*, que mereceria amplas considerações, nos permite medir a oscilação de Balint entre o acontecimento e a continuidade, entre a regressão e a responsabilidade fatual. Ele nos mostra assim que, pouco a pouco, durante suas pesquisas, sua atenção se centrou essencialmente no médico. No que nos diz respeito, somos muitos a constatar que nosso interesse dentro do grupo Balint se centraliza sobretudo no clínico. E. Balint recorda esta evolução afirmando que atualmente é mais fácil estudar os mínimos detalhes da maneira de reagir dos médicos. De qualquer forma, esta oscilação do pensamento balintiano não permite responder se, assim fazendo, ele estava certo ou errado. É tempo de retornarmos àquilo que poderia se modificar no médico de uma maneira limitada, porém profunda.

IV. Ainda a Modificação

G. Devereux (1970) descreveu em cada um de nós uma zona de defesa etnocultural (evidentemente, não racial). Aquilo que destoa de nossas pulsões, em uma sociedade dada, se torna uma zona proibida e reprimida, ou é então invertida e utilizada seguindo um modelo sintônico, justificado. Tal hipótese me parece aplicável aos médicos. Ela justificaria a tentativa de uma modificação limitada. Com efeito, desde há alguns anos, a academia inculca os meios de utilizar as pulsões do clínico em benefício do paciente. O agir médico, destoante em todos os pontos da sociedade, é justificado pela luta contra a morte e a deficiência. Luta da qual o corpo é ao mesmo tempo o troféu e o campo de batalha. Inúmeros ritos, sustentados por explicações racionais, protegem e fortificam as defesas. Inúmeros gestos só são considerados a partir de um ponto de vista funcional.

Tomemos um exemplo dos mais comuns, o da aplicação de campos estéreis antes do ato operatório. Em nossa época, tão rica em meios de prevenção de infecção, estes campos se justificam, ou representam algo bem diferente, uma proteção para o olhar do cirurgião que não suporta a visão global de um corpo que vai cortar parcialmente.

Assim, como já recordei freqüentemente, a simples pergunta "o senhor sabe que ao colocar uma mão no ventre, o senhor está colocando uma mão no ventre?", parece a vários médicos como desprovida de sentido. Para a maioria, o apalpar abdominal visa reconhecer os órgãos subjacentes em sua dimensão, forma e sensibilidade. Qualquer aspecto agressivo ou erótico de apalpar um ventre é abolido, uma vez que não é sintônico.

No olhar e no subentendido do adulto a espontaneidade da criança é bloqueada, e é onde nasce o falso *self* (M. Sapir, 1975-76, 1980 e, sobretudo, Masud-Khan, 1976). Os médicos são freqüentemente levados a exercer, com relação aos seus pacientes, este papel bloqueador do adulto. Sua formação insistiu demasiado sobre um olhar, que se tornou cada vez mais agudo graças às técnicas, mas também cada vez mais acéptico. Entretanto, um outro agir seria útil para os pacientes? Seria suportável para o médico?

O médico balintizado é o produto de um modelo legítimo e de uma formação vivida como heterodoxa. Ocorre o mesmo para o coordenador. Eles se vivenciam e são sentidos pelos outros como bastardos. É verdade que os bastardos estão em oposição às crianças, ditas legítimas, enquanto frutos do amor sendo, portanto, sujeitos ao opróbrio. Filiação difícil que, como veremos, pode resultar no melhor ou no pior, na esterilidade ou na criatividade, na filiação psicótica ou, ao contrário, na criança reencontrada com uma ascendência paternal desaparecida na medicina.

Mas, antes de nos interessarmos pelo futuro dos médicos depois do grupo, parece-me que se impõe um retorno em direção àquilo que até agora, de propósito, foi deixado na sombra.

V. Dinâmica de Grupo e Grupos Heterocentrados[2]

É possível imaginar atualmente um pequeno grupo sem considerar o desenvolvimento de um dos processos possíveis, clássico desde a descrição de W. R. Bion, e elaborado com detalhes pela escola francesa, principalmente D. Anzieu, R. Kaes, A. Missenard, etc.? Ora, por mais surpreendente que pareça, os escritos dos Balint não fazem qualquer alusão a estes. Não encontramos qualquer traço disso tampouco nos textos mais recentes de E. Balint. Seria pelo fato de que um grupo, em função de sua natureza heterocentrada, pode se dedicar a um trabalho, a tarefas, sem a intervenção da dinâmica de grupo?

---

2 Cf. D. Anzieu, 1972, 1975 e R. Kaes, 1976.

Evidentemente, isto é indispensável, tanto mais pelo fato destes grupos comportarem, na presença de um analista, a análise da contratransferência do médico, visando, justamente, uma modificação. Tal silêncio só pode ser condicionado pelo passado.

Há mais ou menos um quarto de século, recordemo-lo, existia uma intensa concorrência entre os grupos de casos e os grupos autocentrados. Alguns apontavam as desorganizações que os primeiros causavam, outros se mostravam incrédulos diante dos resultados do segundo. Pouco tempo após, ocorreu a separação entre os Balint e a Clínica Tavistock, de inspiração kleiniana e bioniana, entre M. Balint e P. M. Turquet, que, apesar de discípulo de Bion, foi por longo tempo coordenador de grupos de casos.

A história se apaga, as personalidades desaparecem, mas o silêncio persiste. A razão disto é um poderoso mecanismo de defesa: a pureza.

Como prova disso, temos as reuniões e os congressos de médicos balintianos, que, ainda há alguns anos, se centravam na pesquisa da pureza e na descoberta das heterodoxias. Esta idéia de pureza, parente da filiação dita legítima, está paradoxalmente em oposição a qualquer bastardia.[3] Trata-se de um fenômeno que poderia nos surpreender: o grupo Balint se vivenciando como heterogêneo ao ensino clássico. É, contudo, natural em um meio hostil que isto ocorra, correspondendo bastante bem à descrição de Bion do grupo luta-fuga. A prova disto é que, uma vez modificado o meio, acabamos talvez por fazer muito menos referência à pureza.

Existe, portanto, admitamos ou não, dentro dos grupos Balint, uma constante oscilação entre tarefa e hipótese de base. Isto é demonstrado pelos movimentos a favor ou contra os coordenadores, pelas tentativas de contraliderança já mencionadas, pelos momentos depressivos ligados à repetição, pela inflação na apresentação dos casos, pelas crises e pelos desvios.

Não falo aqui das modalidades de coordenação, da "tipologia" do coordenador e das armadilhas que o espreitam. Muitos autores (D. Anzieu, A. Bejarano e cols., 1972) e, mais recentemente, E. Enriquez, consideraram-na, não sem humor. R. Gelly, por sua vez, insiste no presente volume, na evolução dos "líderes Balint". Eu acrescentaria uma dificuldade mais raramente mencionada, a da possessão. É freqüente que um médico diga, a propósito de um caso que o apaixona ou de um paciente que o interessa que "ele me fez isto" ("isto" podendo ser um câncer, uma hepatite virótica, um seguimento errado de uma receita). O coordenador, por mais psicanalista que seja, também pode ser possuído por uma adesão a uma ideologia, por uma idéia de pesquisa, que perturbaria a evolução do grupo. Mais corriqueiramente, ele é possuído pelo grupo, assim como o grupo é possuído por ele, ele é tomado por tal ou qual caso...

O fato de se tratar do método dos casos atenua, é bem verdade, a intensidade dos fenômenos descritos em primeiro lugar por Bion, dando-lhes uma especificidade duvidosa. A história pessoal de cada um permanece, por definição, desconhecida dos outros. Porém, o estilo do apresentador, suas reações em situações diversas, permitem adivinhar ou projetar outras situações ou outras relações antecedentes. A interpretação no sentido

---

3 Ver, neste volume, o texto de J. Guyotat e M. Audras de la Bastie (infra).

psicanalítico não existe, mas o "direito à estupidez" permite que os fantasmas se manifestem. O coordenador não está isento deles, seu dever é filtrá-los antes de expressá-los. M. Balint dizia "*Frech denken aber vernunftig sprechen*", o que, em tradução livre, quer dizer "pensar com arrogância, mas se expressar com prudência".

Assim, quando um médico expressa sua confusão ante as atitudes eróticas contraditórias de uma paciente que atende há alguns anos, diversos membros do grupo apontam as diferentes facetas de sua relação, tais como sua atração, o temor, o fascínio e uma resposta paternalmente repressiva. É quase no fim da discussão que o coordenador propõe uma síntese que leve em conta a contribuição do grupo, dirigindo-se a este como um todo ao invés de apenas àquele que apresenta, a fim de evitar feri-lo ou acuá-lo para que faça confissões demasiado pessoais.

Durante várias conversas amistosas com outro grupo de coordenadores (Dell, V. Gachkel), ficou claro que, para eles, as teorias a respeito da dinâmica de grupo não pareciam indispensáveis para o funcionamento de um grupo Balint. Evidentemente, tínhamos um outro ponto de vista, principalmente quando se trata de elaborar o sentido de uma contraliderança. Contudo, nós quatro pudemos constatar[4] que nossas intervenções eram feitas ora em nível individual, ora em âmbito grupal, em função daquilo que sentíamos ser suportável. Para cada um dos quatro, a utilização das noções da dinâmica de grupo parecia uma impureza, um sacrilégio. Para os quatro, contudo, a explicitação do que sentíamos da evolução do grupo só deveria lhe ser dada antes do fim. Com a reserva de que, uma crise, na maioria das vezes amadurecedora, poderia justificar uma sessão de grupo centrada sobre si mesma.

Enfim, levando em conta escritos existentes e nossas próprias experiências, o papel de coordenador nos parecia múltiplo, não assimilável a uma figura esquemática paterna ou materna. Este último ponto me parece importante: o coordenador, psicanalista, interessado pela medicina, calejado pelos problemas relacionais ou grupais, não pode funcionar como modelo ou como contramodelo. Ele seria então apenas um participante. Com efeito, ele não é nem idêntico, nem estranho, mas sim *heterogêneo*, facilitando por esta razão as identificações, ao mesmo tempo em que preserva os participantes contra uma perda de identidade. Ele reintroduz parcialmente uma filiação sem romper o pertencimento (à medicina).

VI. O Médico Hoje

E. Balint acredita que após as mudanças socioculturais de nossa sociedade o médico evoluiu para uma atitude menos dogmática. Ele seria assim mais capaz do que há trinta anos de encorajar o paciente a ser ele próprio. Ele teria menos a impressão de possuir a verdade sobre o que é bom e o que é ruim para o paciente. Mais próximo deste, menos diretivo, ele acreditaria menos nos milagres da tecnologia. Não partilhando destas

---

4 Mme. Cohen-Léon, MM. Dell, Gachkel, Sapir.

impressões e carecendo de uma documentação suficientemente válida para justificar ou enfraquecer estas afirmações, remeto-me àquilo que parece ser o sentido da ação médica em nossa época técnica e terapêutica, isto para prosseguir minha interrogação sobre o impacto pessoal e social de um grupo Balint e, para além deste, sobre a demanda e as respostas.

O prazer de verificar seu saber e de obter um resultado sempre existiu para o médico. Prazer de tipo narcísico, descrito repetidamente por J. Guyotat (R. Kaes, 1976), que o remete, ao mesmo tempo, à sua própria fragilidade. Segundo ele, o médico teme "não poder coincidir com a imagem de onipotência que o paciente projeta nele". É verdade que uma notável diferença separa especialistas de generalistas. Para os primeiros, cuja posição confirma a identidade social (à la Erickson): a medicina se situa em um mundo a-conflitual. Ele aceita as variações teóricas e suas conseqüências, pois todas se situam na via real de uma pesquisa contínua. A investigação proporciona mais prazer do que o tratamento, pois este se reduz a uma aplicação codificada. Para o clínico geral a teoria tem menos peso. Ele divide as coisas entre aquilo que lhe é ensinado e aquilo que obtém de sua experiência cotidiana. Porém, tal como o especialista hospitalar, ele se submete à Mãe-Medicina. A ação de um é justificada pela ciência, a do outro freqüentemente é marcado pelo temor e pela culpa. Neste contexto compreendemos melhor o postulado de J. Guyotat. A onipotência, e, portanto, o poder, é o da medicina, a fragilidade, independentemente do que o paciente pense, é própria do médico.

Porém, o narcisismo não é a única causa, a ele se acrescentam outros tipos de prazer: o da curiosidade e o do domínio. Não irei insistir sobre o primeiro, que deriva da pulsão epistemológica tão bem descrita por Melanie Klein. O segundo, o domínio, comporta um aspecto anal, mas é reforçado à medida que o grau de conhecimento aumenta. Qualquer que seja o valor das justificativas e da parte do real, dominar o saber, constatar os efeitos deste, trocar fragmentos com os colegas, faz parte do prazer da função médica. Na verdade, porém, este prazer não é próprio do médico. Ele é somente seu locatário. Ainda aqui, a medicina, mãe exigente e desconfiada, é a única a ter a posse. Existe, enfim, um outro prazer, descrito menos freqüentemente: enfrentar a doença e seu órgão-alvo, coisa que médico e paciente erotizam e partilham. Reencontramos aqui desejo, temor, impotência. Quanto mais o resultado é aleatório, tanto mais se faz esperar, tanto mais o médico se arrisca a se debater com ele. O que é denominado de furor terapêutico é o resultado da fobia engendrada por esta relação parcial e privilegiada. O médico reage necessariamente com uma atitude contrafóbica que o leva a agir. Aqui a relação do médico não se trava mais com o paciente, mas com a doença e com os orgãos que ela atinge. Por vezes, uma batalha decisiva, outras vezes uma guerra lenta investida de interesse e de prazer. O gozo que um diagnóstico proporciona se associa ao de um combate justificado. A introdução do corpo, para além deste campo de batalha, como lugar de gozo, recolocaria tudo em questão. Compreendemos melhor, assim, o que Balint definiu como medicina de uma pessoa, e que queria que se transformasse em medicina de dois.

VII. Efeitos Psicoterapêuticos

Se tal é o funcionamento do médico de hoje, o que ocorre com ele em um grupo que pretende lutar contra as certezas, o consenso, contra a dominação onipotente do objeto medicina?
O médico que literalmente luta com os problemas do organismo, evita, procedendo desta maneira, a simbolização e sua relação dialética com o imaginário. O pequeno Dick de Melanie Klein não podia simbolizar por temor de agredir e, provavelmente, por medo de erotizar. Ocorre o mesmo com o médico, cuja posição contrafóbica, em relação às agressões e erotizações que provoca, surge claramente ao longo de um grupo Balint. Aqui, ora identificado inconscientemente com o paciente, ora no mal-estar de algumas de suas relações de objeto, deixando-se ser percebido, expõe uma demanda, cujo aspecto transferencial é evidente. Sem ser explicitada, sua relação edípica se estabelece com o coordenador, em ressonância com o grupo. E, visto que o coordenador intervém facilitando a manifestação da contratransferência do médico, ele o coloca em situação de transferência. As condições são muito diferentes, sob numerosos pontos de vista, das do tratamento-padrão e do grupo autocentrado. Queiramos ou não, mesmo o coordenador por pouco professor que seja é, ainda assim, um pouco pedagogo. No início, vivenciado como mestre do pensamento e, ao mesmo tempo, colocado como herege, suscita uma transferência ambivalente. Um ou outro médico procura individualizar sua relação com o líder, em oposição ou acordo com o grupo. Acontece que todo o grupo se opõe através de um silêncio prolongado, ou de uma apresentação de fragmentos de caso, em reação à sessão precedente, sentida como demasiado quente. O coordenador é freado ou excitado. É suposição que ele detenha um saber e se lhe opõe aquilo que se julga que não possa saber. Se disser alguma coisa sobre a fobia, explicam-lhe em poucas palavras em que a ecografia pode contribuir. A filiação dos casos o informa sobre a evolução do grupo, sobre a ruptura na crise ou, por vezes e ao mesmo tempo, sobre uma problemática pessoal. Mais prudente com a experiência, escutará sem intervenção uma longa exposição a respeito de um paciente seguramente fóbico, mas cujo câncer só aparece no final do relato. Ele não tomará partido nem por uma técnica nem por outra, mas tentará provocar interrogações, deixar entrever outras vias além da que é formalizada pela exploração codificada de cada sintoma.

Outras vezes, pelo contrário, quando ele sente que o grupo percebe logo de início o problema relacional do apresentador, ele lhe dará a palavra, pedirá sua opinião, interrompendo o relato. Haverá momentos sofridos, difíceis, quando aparecer claramente a correspondência entre o caso apresentado e a vida privada, presente ou passada, do participante. Citei inúmeros exemplos no passado que revelavam a existência de um laço edípico, implícito, de resistências, de prazeres partilhados, contribuindo assim para uma ação psicoterapêutica.

A mudança da coordenação — falo aqui apenas em nosso nome aos dois coordenadores (S. Cohen-Léon e M. Sapir) — consistiu essencialmente na reintrodução do peso da doença e na introdução do corpo na relação (M. Sapir, 1980). O efeito sobre o grupo, mas também sobre o coordenador, não é o mesmo quando se trata de uma criança abandonada, de um câncer grave, de uma agorafobia. À diferença dos estilos de cada um se acrescenta a diferença entre os casos ouvidos (ocorre que certos apresentadores venham a se especializar no relato dos mesmos casos durante muito tempo, por exemplo, casos de histeria ou de doenças somáticas muito graves, o que necessariamente não é desprovido de significado). A famosa flexibilidade relacional que se espera seja adquirida pelos participantes é, em grande parte, devida a estes dois tipos de diferença.

A introdução do corpo consiste em conhecer melhor o físico, o comportamento, as atitudes do paciente, em suma, consiste em vê-lo e em confrontar seu discurso com o seu infraverbal, enfim, consiste em fazer o médico perceber o que o corpo do outro desperta em seu corpo.

A partir disso podemos nos perguntar: o que significa a ação psicoterapêutica do grupo Balint? Como se comporta de um sujeito para outro e em função do coordenador? Porém, considerada como complemento, como um resto, inclusive como desvio, situada para fora do alvo previsto, ela é, por enquanto, o fruto vergonhoso e, portanto, velado, estando, por conseguinte, fora do campo de pesquisa.

VIII. Após o Grupo Balint

Em que se transformam os "balintizados"?

Não creio na existência de um perfil específico que possa determinar vocações profissionais. Parece-me difícil limitar a escolha de uma profissão àquilo que pode se constituir em tenra idade. Qualquer que seja sua importância, inúmeros fatores variam de um sujeito ao outro, extratificando-se em vários momentos do desenvolvimento da personalidade, fatores que contribuem para o "tornar-se médico", e que contribuem no próprio seio da profissão para a escolha de uma via e de uma carreira. A personalidade do sujeito, seu meio ambiente, a evolução da sociedade, necessariamente entram em jogo. Face a esta grande diversidade de motivações, dentre as quais o desejo tem apenas um lugar variável, opõe-se um funcionamento comum que poderíamos subdividir entre hospitalar, liberal e ambulatorial.

Como medir o efeito Balint após a saída do grupo, como analisar as motivações dos que voltam? Tanto mais que o grupo e os coordenadores evoluíram consideravelmente de 20 anos para cá, como também o observa, por sua vez, E. Balint. Limitar-me-ei portanto a uma tentativa de descrição baseada — na falta de dados estatísticos — em meus encontros e contatos com "pós-balintianos", provenientes de vários grupos, tanto franceses quanto suíços, italianos e, mais raramente, ingleses e alemães.

O ativista, o proselitista, o justiceiro que comandam universitários e hospitalares, evangelizando seus colegas em sua negação exaltada da castração, foram um espécime muito freqüente durante os primeiros anos. Atualmente, ele está em vias de extinção. Tratar-se-ia de uma modificação dentro do grupo, ou de uma desilusão comum em nossa época? De qualquer maneira, aqueles que atualmente se engajam em atividades sociais ou de ensino, o fazem mais perto do real, levando em conta as alienações institucionais.

Freqüentemente, a possibilidade de análises selvagens, de atuações repetidas, foi evocada contra o grupo Balint. Posso afirmar que este perigo, mesmo não sendo nulo, é bem raro (mais raro até mesmo que durante uma psicanálise individual ou de grupo). A homeostase grupal impede quase que totalmente o jogo do aprendiz de feiticeiro.

O "psicoterapeuta de hora fixa", produto freqüente de anos passados, longe de ter desaparecido, está, contudo, em vias de rarefação. É verdade que ao evitar o grupo Balint, numerosos médicos, tendo feito um aperfeiçoamento em psicologia de acordo com os moldes universitários, deixaram-se perverter mais freqüentemente do que os balintianos. Ocorre inclusive que as legislações os predisponham a tanto. (Assim, em certas regiões alemãs, é possível ser clínico geral com especialização psicoterapêutica.)

Vimos que, durante a segunda fase da evolução do grupo, pôde se desenvolver uma tentativa de psicoterapia baseada no modelo psicanalítico. O que é apenas resistência neste momento do grupo, arrisca-se a se transformar em patologia após seu término: clínicos gerais ou especialistas, mantendo o exercício de sua profissão, podem se erigir em psicoterapeutas em dias e horas fixas. Estes encontros, rapidamente instituídos, repetitivos, não comportam nenhum elemento dinâmico que permita uma evolução. Estamos longe de uma medicina de acompanhamento, pois a escuta passiva é, no máximo, entrecortada por alguns conselhos práticos. Ocorre, em raros casos, que a manutenção de uma situação constitua a única possibilidade vislumbrada. Às vezes, o médico suporta ser lugar de depósito de angústia ou de depressão do outro. Porém, na maioria das vezes, estas psicoterapias, que podem se prolongar durante anos na ausência de uma abordagem psicodinâmica, são acompanhadas por um bloqueio reificante do imaginário. Elas freqüentemente estão na origem da transformação de distúrbios funcionais em uma invalidez permanente. Dito de outro modo, o possível é escamoteado. Mas, como avaliar este possível, que faz psicanalistas, economistas e sociólogos divergirem entre si? Como ignorá-lo durante um tratamento qualquer? Como não considerá-lo caso a caso, enquanto confronto dialético entre um real excessivamente pesado para ser vivido e um potencial pessoal, entre necessidades, economia e desejos (M. Sapir, 1980)? É por isto que, mesmo sendo rara, a *psicologização* é a doença balintiana mais grave. Ela é indício da clivagem que pode se instalar após as angústias vividas no grupo.

Sempre esquematicamente, também podemos mencionar aqueles que não podem deixar o grupo, os médicos que nunca mudarão, que contam sempre os mesmos casos e para quem o grupo é uma necessidade, um lugar no qual podem esvaziar-se sem perigo do que é pesado em excesso, sem correr o risco de uma descompensação, lugar no qual encontram um interior quente em um invólucro protetor.

Creio, contudo, que, por sua própria existência, os grupos Balint provocaram um debate importante. Ao evoluir, eles podem dobrar a clivagem tão nefasta da medicina. A dimensão relacional é levada em conta sem que a técnica sofra. É verdade que há tiques pós-balintianos, tendências a raciocinar em termos psicanalíticos, e talvez para alguns a impressão de serem mais informados do que a maioria dos colegas que não freqüentaram

O Grupo Balint, Passado e Futuro 127

o grupo. Contudo, existe também uma capacidade de abertura, de reflexão sobre si mesmo no desempenho da profissão, um conhecimento de seus próprios limites, características com as quais o paciente só pode se beneficiar.

Porém, o que ocorre no plano pessoal? Seria esta mudança menos limitada, menos profissional do que julgamos?

Uma resposta séria está, por enquanto, para além de nossas possibilidades. É verdade que durante o grupo ou após ele, qualquer que seja o coordenador, produzem-se acontecimentos pessoais. Separações, uniões, mudança nas relações familiares ou no lugar de trabalho ocorrem, sendo algumas realmente vinculadas, pelos interessados, às vivências do grupo. Porém, será seu número maior do que o da média dos médicos? O acontecimento-grupo terá sido mais pregnante do que outros acontecimentos na vida de cada um?

Apenas um índice neste sentido, mas sem análise estatística, nos é fornecido através do relato de certos colegas, qualquer que seja o grupo, o coordenador ou o país.

Não existe tampouco nenhum dado comparativo conhecido entre os reflexos de um grupo Balint e, por exemplo, os de um grupo de psicodrama ou autocentrado. É provável que a influência destes dois últimos sobre a vida pessoal seja mais intensa. Porém, há um fato importante que talvez possa dissipar esta névoa: o número de médicos que, após o grupo, iniciam psicoterapias de tipos diversos e também análises pessoais é importante. Isto teria sido julgado pelo próprio Balint como um índice de fracasso do grupo. Entretanto, admitia, no fim da vida, que, em certos casos, isto poderia se tratar de uma evolução positiva. Para mim, significa que o grupo funcionou como uma abertura. Uma vez ultrapassadas as racionalizações defensivas, desejou-se uma modificação em um plano mais global. Dito de outro modo, o grupo teria tido apenas um impacto profissional, social. Mais uma vez, tal como ele é, pode ser utilizado de acordo com a personalidade de cada um. Seu objetivo, essencialmente profissional, me parece na maioria das vezes atingido. Sua ampliação se torna uma questão pessoal, resultante em parte da relação com grupo e com o coordenador. O que se segue pode se transformar, raramente, em uma sede psicoterapêutica sem fim, outras vezes, e na maioria delas, em uma busca de evolução pessoal, provavelmente desejada de modo inconsciente desde sempre.

IX. Por que, como se chega a um Grupo Balint?

Uma seleção precede a entrada no grupo. O temor de introduzir nele elementos perturbadores que resultariam em sua dissolução ou impediriam seu progresso foi durante muito tempo a justificativa para seleção. Isto ocorre via de regra ainda hoje. A reputação de qualidade mantém sua importância tal como nos primeiros dias. É importante apresentar o grupo Balint como o melhor local de formação e não como refúgio de marginais ou de doentes fugitivos das diversas terapias.

Balint havia proposto um modo de seleção particular: durante conversas preliminares, era o postulante quem podia avaliar se o grupo e o coordenador lhe convinham. Naturalmente, esse procedimento, claramente menos ditatorial, não estava isento de manipulações. Pessoalmente, suprimimos a seleção. Qualquer demanda é satisfeita a partir de uma lista de espera, com a condição de que o grupo não oponha um veto que poderia depender, seja de problemas pessoais, seja de outros, de colegiados ou estatutários (por exemplo, uma ruptura de equilíbrio com a introdução de um número muito elevado de especialistas com relação aos clínicos gerais, etc.). Em seguida, um período de experimentação de três meses é instaurado. Somente o postulante decidirá, após este lapso de tempo, se o grupo lhe convém ou não.

Porém, a questão essencial permanece em aberto. Quem são os que pedem para fazer parte de um grupo Balint? Pensaram nisso após leituras, palestras ou encontros? Serão pacientes que querem se ignorar como tais? Chegam eles no grupo evitando um tratamento psiquiátrico ou psicoterapêutico?

Só podemos responder a estas interrogações pela negativa. É certo que os índices de pacientes psiquiátricos ou psicopatológicos graves não é superior, nestes grupos, ao conjunto do corpo médico. Não existiria então uma contradição entre a existência de tal seleção e a de uma técnica de formação pretensamente destinada à profissão como um todo; entre o fato de visar uma mudança limitada à esfera relacional da profissão e os números, freqüentemente sugeridos — erradamente, conforme minha opinião — nos informando que apenas 10% do corpo médico estaria apto a uma tal formação?

A título pessoal, acrescentaria que, tendo tratado médicos neuróticos, com distúrbios de conduta ou psicóticos, não tive a impressão de que seus pacientes fossem pior atendidos do que aqueles de outros. É importante salientar que, no grupo Balint, com exceção de algumas personalidades psico-rígidas, que permanecem iguais a si mesmas antes e depois de qualquer formação, encontramos as personalidades mais diversas. Entretanto, o que os levou, em contradição com a grande maioria de seus colegas, a fazer parte de um grupo? É provável que uma mudança preliminar, e na maioria das vezes inconsciente, latente, tenha intervindo. As causas nos são ignoradas, provavelmente não são unívocas. Creio que não podemos falar de pacientes no sentido habitual do termo, mas podemos nos perguntar se não se trata de *pacientes da medicina*. Mas, porque haveria tão poucos médicos pacientes da medicina?

X. As Derivações do Grupo Balint

Chegamos assim, pouco a pouco, a considerações sociológicas. Para explicitá-las melhor, parece-me indispensável fornecer um breve panorama de tudo o que deriva atualmente do grupo Balint.

Numerosos grupos holandeses, que funcionavam sem analista, foram taxados, no passado, de heresia. Encontramos aqui e ali ainda tais grupos, seja porque o número de analistas que quer assegurar a coordenação é insuficiente, seja porque o temor, apesar do fascínio, de tudo o que é psicanalítico permaneça vivo no corpo médico, seja porque se esboce aqui ou ali uma resistência, pelo medo de um domínio do grupo por parte do coordenador.

Deixemos de lado os desvios e as perversões originários de qualquer método de formação, e mais especialmente os de inspiração psicanalítica, para nos determos nas suas numerosas derivações.

A progressiva introdução da psicologia médica após uma fase de puro ensino provocou inúmeras tentativas de formação. Elas nos ensinaram, entre outras coisas, que o estudante em começo de formação, demasiado identificado com o paciente, demasiado preocupado com o êxito de seus estudos teóricos ou com problemas surgidos pelo final da adolescência, está inapto para participar de um grupo Balint. É preciso que ele seja promovido a uma responsabilidade, mesmo que limitada. Assim, é no fim do curso que a maioria das faculdades instaura seminários de casos de duração variada (na maioria das vezes breve), ora facultativos, ora obrigatórios. O objetivo disto é essencialmente balintiano: colocar em evidência os problemas relacionais, levar em consideração a contratransferência do médico. Este, contudo, opera no quadro de uma hierarquia, no espaço fechado do hospital. Não esquecendo, a propósito, que nestes locais é mais difícil se distanciar do modelo imposto, o que faz com que as faltas sejam freqüentes e que as armadilhas da recuperação sejam múltiplas. Os problemas colocados ao coordenador são complicados pelo lado institucional, necessitando de uma certa experiência. Infelizmente, por razões estritamente econômicas, a coordenação é confiada, na maioria das vezes, a iniciantes, o que reduz em muito o impacto de uma formação sobre as modalidades de exercício do futuro médico.

Mas os grupos Balint podem se centrar em um tema particular, visando um aperfeiçoamento ou uma pesquisa. Tal ocorreu com os grupos do próprio Balint centrados sobre as chamadas telefônicas ou sobre o *flash*, ou com os nossos, interessados pela histeria ou pelo diagnóstico completo, ou pelo lugar do corpo na relação. Outros coordenadores já tiveram experiências similares. Trata-se de um movimento em busca de um centro realizado por voluntários, todos tendo uma experiência preliminar do grupo. Sempre centrado no método de casos, ele recorda por uma de suas facetas aquilo que, na psicoterapia focal, é simultaneamente enriquecedor e limitante. A concentração em um tema único permite considerá-lo mais intensamente, porém cria um clima de estilo obsessivo que impede a dispersão, mas também as contribuições de uma vagueação do inconsciente. De qualquer modo, este trabalho sobre temas precisos me parece particularmente interessante, apesar de difícil.

Faz pouco tempo que surgiram grupos "impuros" e sua contribuição é muito promissora, apesar de pouco elaborada, como o que introduz, por exemplo, no método de casos, momentos de psicodrama. Não tenho qualquer experiência nesta área, mas o fato de insistir em mencionar estas modalidades, isto se deve ao fato de serem mais numerosas do que posso descrever, além de promissoras e cheias de perigos.

Contudo, uma fórmula inaugurada pelo próprio Balint em Sils-Maria, em 1961, desenvolveu-se consideravelmente e se modificou desde então. Refiro-me aqui aos seminários descontínuos de alguns dias ou de uma semana que se repetem a cada seis ou doze meses. Essencialmente centrados no método de casos, sempre coordenados por analistas, diferem, todavia, em muitos aspectos de um grupo Balint clássico. Com efeito, pequenos grupos se alternam com grandes grupos, aos quais se acrescentam sessões do grupo centradas sobre ele próprio. Técnicas corporais passivas, como o relaxamento, além de outras tais como o psicodrama profissional ou audiovisual completam a sessão. (R. Kaes, 1973). Não posso me estender sobre o sentido, a vivência ou o objetivo de tais grupos, que me parecem, entretanto, ocupar um lugar essencial na formação. Eu os cito aqui não visando uma exaustão, aliás impossível, do assunto, mas para sublinhar sua grande intensidade para os participantes, bem como a disparidade destes: "recém-chegados" ingênuos, velhos balintianos reunidos por vezes para demonstrar seu saber, mas na maioria dos casos para recolocá-lo em questão; participantes de grupos em andamento, que procuram com experiências intensas e descontínuas romper a repetição, "filiados" que voltam várias vezes, procurando uma formação anual ou bienal, mas que se recusam a suportar a continuidade. Este breve panorama esclarece mais do que longas exegeses as possibilidades oferecidas pela descoberta balintiana, que estão longe de se esgotar. Ele prova assim que ao lado dos riscos de perversão existe um potencial de criatividade que nada tem a fazer com o absolutismo dos "ortodoxos".

XI. Medicina e Grupos Balint

Ao ler estas linhas, o leitor pode imaginar que a obra de Balint se difundiu no mundo inteiro e que influenciou o funcionamento da medicina. Seus escritos sobre a formação e o exercício da medicina já percorreram, creio eu, o mundo inteiro. Particularmente na Europa ocidental poucos médicos deixaram de ouvir falar deles. Seus trabalhos são mencionados e, às vezes, debatidos na maior parte de nossas faculdades de medicina e de psicologia. Os que tratam de psicanálise só encontraram aliados. Mas isto ocorre com todas as obras do mesmo tipo, com exceção das de Freud. Contudo, partidários e adversários o reconhecem como um autor sério e original.

A discordância é ainda mais flagrante entre a repercussão dos escritos e o pequeno número de grupos que funciona no mundo (com variações importantes, é bem verdade, de um país para o outro). É com dificuldades que seu progresso segue o ritmo da demografia médica. Existe uma ruptura entre o mito e o real.

Poderíamos afirmar que o grupo Balint luta contra as certezas supostamente científicas. A submissão do médico ao consenso médico; a do paciente à ideologia do médico, são colocadas em questão. Por outro lado, a medicina está desde há muito tempo em crise de funcionamento. Por exemplo, nenhuma faculdade conseguiu definir o que seria a formação do médico, senão prolongando indefinidamente o tempo de estudos. Entre o hospital e a medicina liberal, o muro erguido é sólido. A prevenção, atualmente na boca de todos, não encontra uma aplicação prática fácil. Os custos mais importantes só são combatidos por mínimas economias fáceis de computar.

Na maioria dos países há uma doença da medicina, um conflito grave entre a Mãe-Medicina e a Senhora Saúde. Contudo, os médicos doentes da medicina são aparentemente pouco numerosos. De fato, creio que seu número seja bem maior do que presumimos. Julgo isto pelo número de médicos que vem participar de reuniões sobre a formação, de seminários descontínuos, pedindo conselho tanto no plano profissional quanto no pessoal para psiquiatras e psicanalistas. A expressão sincera de suas queixas, no que diz respeito ao funcionamento profissional, prova que eles sabem perfeitamente como definir esta doença. Entretanto, a queixa destes não se traduz de modo algum, no plano social, senão através de reivindicações sindicais. É verdade que a profissão se vê pressionada pela agressão administrativa, atingida em sua independência e ameaçada no plano material.

A pletora recente, que é um fato internacional, irá incitar a multiplicação dos grupos Balint, visto que os médicos dispõem de mais tempo, ou irá tender à multiplicação de atos? Temo que a realidade se incline a favor desta segunda hipótese. Contudo, surge um fenômeno novo: o número de médicos, entre as novas gerações, que tomam nas próprias mãos o ensino e também a formação pós-universitária, inventando novos modos de trabalho, é crescente. Entretanto, os psicanalistas estão ausentes deste fenômeno na maior parte das vezes. Isto nos remete ao mito balintiano e à sua função defensiva, reacionária, por assim dizer: o analista-coordenador modificaria, dentro do grupo, os médicos, tornando-os mais felizes em sua profissão. Mas para chegar a isto, o participante deveria se desnudar. O que dissesse a respeito de seu paciente deveria ser relacionado a si mesmo pelo analista. Tornar-se-ia cada vez mais transparente ao olhos do coordenador e também aos do grupo.

Por que não começar, ao invés disso, uma análise pessoal e, se não houver necessidade desta, por que não permanecer como estamos ou procurar uma mudança nos escritos, reservando o grupo àqueles que julgamos perturbados? Queiramos ou não, desperta-se o velho temor de um domínio psicanalítico, de uma aventura que poderia levar a uma descompensação, a uma perda da identidade.

É justo sublinhar que coordenadores e participantes balintianos compartilharam a propagação desse mito. Ao invés de levar em conta a dificuldade de modificar os hábitos de uma profissão onde constantemente intervêm a morte e o gozo, eles propagaram a idéia de uma única solução graças a um pai infalível. Contrariamente, na verdade, à vontade deste pai, que, prudente por natureza, interessava-se essencialmente pelo desenvolvimento das pesquisas.

Como já em 1968 escrevia L. Israel: "Uma lamentável reação, desprovida de espírito científico... tentou criar um monopólio deste tipo de formação psicológica... Mesmo tendo o vínculo perdido seu rigor medieval, ele ameaça persistir sob a forma de uma relação paternal, cujos exemplos poderíamos procurar em vão fora das igrejas, dos exércitos ou das sociedades de psicanálise".

A onipotência do objeto-medicina é substituída assim pela do objeto-grupo. Processo provavelmente inevitável quando, em um ambiente hostil, um pequeno grupo busca um novo caminho.

Um dos papéis em que o grupo tem tido sucesso consiste em desideologizar as atitudes médicas, em romper com a famosa função apostólica. Mas, por sua própria existência, contrastando a audiência obtida com seu pequeno número, os balintianos não se arriscam a forjar uma nova ideologia elitista, com seus porta-vozes e sua busca de poder?

O Estado, por sua vez, ou melhor, a administração defrontada com problemas de orçamento não poderia tentar impor os grupos Balint com intuitos econômicos, destruindo assim completamente seu sentido?

O exemplo do grupo Balint nas faculdades é significativo a este respeito. Demasiado próximo do consenso, não realiza mudança alguma: caso se distancie do consenso, arrisca-se a não ser tolerado. Neste caso, o coordenador se sente como Carlitos, correndo sobre um cume, com o risco de ser morto pelos de seu campo ou pelos inimigos.

A este respeito podemos nos perguntar se, ao se centrar sobre os casos particulares de cada relação médico-paciente, colocando de lado as ideologias anteriores, o grupo Balint não conduz a uma perda de combatividade? A menos que a desloquemos completamente, a seu favor, escotomizando, assim, todo o seu peso político e sociocultural.

É verdade que essa interrogação pode ser aplicada a qualquer grupo. Durante o Congresso Internacional de Psicoterapia de Grupo, em Copenhague, em agosto de 1980, a ministra da Saúde dinamarquesa, psicóloga, nos perguntou se aprofundando o estudo dos processos grupais nós nos aproximaríamos ou nos distanciaríamos de grupos maiores e, de um modo mais geral, dos problemas que surgem tanto no Ocidente, no Leste, quanto no hemisfério Sul.

Retornamos às duas primeiras interrogações: esse grupo pode se dirigir ao conjunto do corpo médico ou, pelo menos, à sua maioria, ou está destinado apenas a um pequeno número? Neste caso, qual será a composição sociológica dos participantes? Qual é o obstáculo que impede os outros? Como se situa este grupo com relação às outras técnicas de formação? O método Balint pretende ser o único e o melhor, ou admite a existência de outros, aceita as derivações, as misturas, as "impurezas"? Aqueles que querem ampliá-lo colocaram o problema em termos políticos: Será a formação balintiana recuperada ou transformará o funcionamento da medicina? Qual poderia ser a resistência encontrada, mas também os novos problemas que estas mudanças trariam? Os analistas-coordenadores, por seu lado cessaram de testar nestes grupos a influência da psicanálise sobre a medicina, e, neste caso, como se sentem eles em relação às instituições psicanalíticas?

XII. Sobre alguns Objetivos do Grupo

Ao terminar, gostaria de recordar que o grupo Balint sempre foi descrito pelo seu autor como um grupo de *formação* e de *pesquisa*. Mencionei as soluções de grupo com temas precisos, que funcionam de acordo com o método de casos. Não nego nem sua importância nem sua eficácia quando um grupo experimentado está apto para se centrar em um tema. Porém, foi da espontaneidade dos grupos ditos "clássicos" que as descobertas mais importantes nasceram.

Nós centramos, depois de três anos de funcionamento habitual, um de nossos grupos sobre a histeria, o que permitiu superar, aparentemente, as apreensões dos médicos. Esse tema nos pareceu particularmente formador, mas não fizemos nele nenhuma descoberta. Foi, ao contrário, durante grupos assim chamados "banais" que nós pudemos observar em conjunto fenômenos importantes como a filiação e a inflação de casos, a atitude particular e defensiva dos médicos em relação às famílias de cancerosos, etc. Outros autores e sobretudo os Balint puderam observar a criatividade do grupo.

Um dos objetivos principais para Balint era a elaboração, pelo médico, de um diagnóstico global (*overall diagnosis*). Esta idéia o levou a admitir durante muito tempo o prolongamento sem limites das conversas, porta aberta para as psicoterapias bloqueadas. A idéia do *flash* se situa, em parte, como uma reação ao diagnóstico global. Creio que este não existe. Ele está inserido no médico dentro de um projeto megalomaníaco. O que importa é a medida da urgência, o risco do distante, o confronto entre o exame e o discurso tal como é modelado para ser recebido pelo médico. O diagnóstico pode mudar tanto durante a existência do paciente quanto durante a evolução de sua relação com o médico. É um diagnóstico evolutivo. É no intuito de obtê-lo que a formação se mostra necessária.

Em certos casos, com efeito, o remédio-médico, sempre presente, não se basta a si mesmo. Ele pode ser completado com uma receita ou com consultas. É aqui que se situa um outro objetivo importante, que, até agora, não me parece atingido. Estou me referindo à *psicoterapia específica do clínico*. Os Balint procuraram exaustivamente defini-la. Haviam notado claramente que as consultas prolongadas, as longas escutas repetidas, tendiam a perverter o médico, transformando-o em um subpsicanalista que funcionava através do mimetismo. Estavam persuadidos, como eu, de que o perigo de descaracterização do método balintiano reside no evitamento do corpo em proveito da relação, no propósito da institucionalização de uma medicina relacional, na codificação cientificista de uma psicoterapia do clínico, na dominação exercida por uma psicanálise, também ela institucionalizada, podendo chegar até a anulação da medicina.

Sempre em busca da especificidade, eles descobriram e opuseram o *flash* a este procedimento. Momento importante, o *flash* não podia, contudo, caracterizar sozinho esta psicoterapia específica. Assim, parece-me essencial prosseguir esta busca, tentando definir melhor o que, neste domínio, é próprio do médico e além da competência do psiquiatra e do psicanalista: uma nova compreensão do sintoma enquanto apelo ao médico a partir do indício e de sua referência, a presença constante na relação do corpo como entidade que reage e como parte doente, parecem-me ser o apanágio de uma especificidade médica. Assim, ao invés de responder, como costuma, ao distúrbio funcional através da superexploração e da rejeição, mesmo após ter freqüentado um grupo Balint, o médico estaria apto para perceber o papel do corpo e o que a palavra simboliza. Dito de outro modo, ele seria o único capaz de intervir logo de início na fase ainda ativa do sintoma.

Ao eliminar qualquer modelização, ele tomaria seu lugar, carregado de responsabilidades, mas aberto à criatividade. É isto que denominam ser heterogêneo. É na busca desta via que percebo a especificidade da ação psicoterapêutica (e não da psicoterapia) do médico, o que necessita uma formação, dentro da qual o grupo Balint mantém uma posição importante, com a condição de que o coordenador, por sua vez, reavalie sua própria heterogeneidade e possa, a partir daí, considerar as modificações dentro do funcionamento do grupo.

6 Problemas de Filiação nos Grupos Balint

J. Guyotat e M. Audras de la Bastie

Durante muito tempo foi sublinhada a heterogeneidade da Ordem Médica e da Ordem Psicanalítica — é um dos temas principais do livro de Clavreul (1978) —, a ponto de todos os coordenadores de grupo Balint se sentirem em um momento ou outro como excomungados diante dos seus colegas analistas, como se ele deixasse à mostra uma espécie de pecado original.

Entretanto, é a articulação destas duas ordens que é colocada em ação no grupo Balint. É fato que muitas centenas de médicos balintianos na França (e vários milhares no mundo) exercem a profissão de acordo com uma prática cuja especificidade e utilidade deve ser simultaneamente reconhecida: tratamento psicológico de pacientes graves, abandonados por outros médicos, pacientes psicóticos que não aceitariam consultar um psiquiatra ou que tentaram escapar da rede psiquiátrica, abordagem nova de inúmeros casos de histeria com traços depressivos, que formam uma legião na prática corrente, abordagem familiar do conjunto destes distúrbios concebida muito antes de se falar em terapia familiar.

Se nos referirmos aos testemunhos destes colegas,[1] sentimos reiteradamente a impressão de um melhor embasamento narcísico, consecutivo a uma melhora na qualidade dos tratamentos, estando esses dois aspectos essencialmente ligados. A curiosidade

---

1   A. Bayon de Noyer, P. Bellier, P. Buis, Ch. Damato, P. Gauthier, M. Megard in J. Guyotat, 1978, tomo 1, p. 247-262.

pela vida psíquica pode, é bem verdade, desembocar pelo acréscimo de fatores pessoais em uma análise, mas esse não é o caso mais freqüente. Basta ter uma experiência suficiente de grupo Balint para percebermos que o balanço é positivo tanto para o médico quanto para o paciente.

O fato de tão poucos médicos entrarem nos grupos Balint permanece, portanto, um problema. É verdade que a participação no grupo Balint não permite ganhar mais dinheiro, apesar do esforço pessoal que esta formação representa. Também se falou da ação do mito Balint, que proporia uma espécie de exercício ideal da medicina, proposta deprimente para alguns e irritante para outros.

Além disso, *ignoramos ainda muitas coisas sobre a psicoterapia espontânea do médico*, que parece mais sólida, de um ponto de vista psicoterapêutico, do que geralmente acreditamos. Dito de outro modo, se os analistas realmente contribuem com algo novo e importante para o médico, é certo que, por outro lado, ainda temos muito a aprender da prática psicoterapêutica do médico.

Em uma concepção dialética, o grupo Balint seria então essencialmente um lugar de confronto, de troca entre duas teorias e técnicas da psicoterapia: uma mais selvagem, mais secreta e mais ativa, a outra mais aberta, mais elaborada e passando essencialmente pelo canal verbal.

Tentaremos abordar neste artigo este problema ao falar do conceito de filiação, pelos seguintes motivos:

a) Muitos casos relatados pelo médico dizem respeito a problemas de filiação. Retornaremos a isto.

b) A noção de filiação cobre três aspectos importantes a serem explorados em cada caso: filiação enquanto vínculo que liga um indivíduo a seus ascendentes reais ou imaginários; filiação enquanto organização mental na medida em que, como veremos, podemos opor um vínculo instituído a um vínculo imaginário (narcísico); filiação enquanto processo dinâmico e econômico, pois a abordagem dos vínculos de filiação desencadeia uma mobilização enérgica, um movimento dialético entre o pólo instituído e o pólo imaginário.

Precisemos melhor:

a) A filiação instituída representa o grupo social enquanto identifica a proveniência do sujeito de tal ou qual linhagem e inscreve essa proveniência no jogo da linguagem (nome do pai, por exemplo).

b) A filiação narcísica capta o imaginário do vínculo de filiação, é como veremos uma filiação de corpo a corpo.

Podemos aventar a hipótese de que estes diferentes aspectos da filiação são postos em jogo tanto na psicoterapia do analista quanto na do médico. Mas a primeira, a do analista, é mais próxima do instituído, da palavra e, de uma certa maneira, do pólo paterno. A outra, a do médico, está mais próxima da filiação do corpo a corpo (e também do prescrito e do escrito) e, de uma certa maneira, do pólo materno.

Problemas de Filiação nos Grupos Balint 137

c) A palavra filiação pode ser tomada no sentido figurado de filiação de pensamentos, pois nos ocorreu que, em certos pacientes, o sentido habitual e o sentido figurado misturavam-se estreitamente. Por outro lado, no ambiente do paciente, a palavra filiação tem a mesma ressonância que a palavra etiologia para o médico. Trata-se, nos dois casos, de uma busca das origens e de um encadeamento da causa e efeito a partir das origens. Veremos como estas séries se misturam tanto no grupo Balint quanto na relação médico-paciente. Também podemos dizer que se trata da *filiação pensada pela mãe*.
Ela também pode remeter à filiação das instituições, sentido diferente do de filiação instituída, pois aqui se trata da filiação de uma instituição com relação a uma outra: no sentido em que se fala de casa-matriz, por exemplo.

d) A partir de pesquisas efetuadas sobre a filiação nas psicoses e na psicossomática constatamos a freqüente associação entre uma interrogação sobre a filiação e a mobilização evidente daquilo que acabamos por denominar um desejo de tratar primário: será este desejo de tratar que está em jogo na psicoterapia espontânea do médico? Desejo que ele teme imaginariamente perder se se engajar em um grupo Balint?

I. Casos de Filiação Relatados nos Grupos Balint

Não se trata de uma problemática particular de alguns líderes, pois basta consultar os relatórios de sessões de grupo coordenadas por líderes bem diferentes para nos convencermos de sua freqüência.

A. Missenard e R. Gelly demonstraram claramente os mecanismos de identificação em jogo nestes grupos, principalmente com o estudante de medicina. A partir de sua análise, e ao aproximá-los da de S. Bourne (1979), podemos afirmar que o estudante de medicina se identifica com as posições de seus professores, em seguida com as dos coordenadores com relação aos pacientes, privilegiando assim uma problemática edípica. Mas o médico estaria mais preocupado com a relação com a doença (do corpo) do que com a relação com os doentes. Podemos nos perguntar, nestas condições, se, tal como afirma S. Bourne, a ênfase dada à relação *médico-paciente* não funcionaria como uma resistência à relação *médico-doença*. (A paciente histérica se colocaria então nos dois planos.)

De qualquer modo, médicos e estudantes de medicina se encontram em uma problemática de formação, e em qualquer circunstância a formação mobiliza em ambos o vínculo e o processo de filiação. Encontramos, a propósito, alguma coisa do mesmo tipo na prática analítica: o que um analista investe em primeiro lugar com relação à sua atividade de tratamentos e ao seu desejo de fazer escola? É difícil dizer.

Tanto estudantes quanto médicos se vêem, de qualquer modo, assustados, habitados e contaminados pela doença. Os comprometimentos somáticos que são a base da prática médica conduzem então a uma transmissibilidade psíquica particular que parece não poder depender unicamente de uma problemática pulsional, mas se referir a um tipo de economia narcísica próxima da relação hipnótica.

Os casos de filiação apresentados deveriam então ser objeto de uma dupla leitura.

Em nível pulsional (genital ou pré-genital): desejo de ter um filho de um pai ideal; desejo de ser seu próprio pai; desejo de se identificar com o coordenador ou com algum líder do grupo para tomar seu lugar ou sua força, desejo de ter um filho da mãe..., desejo de se identificar com o paciente com relação aos professores, desejo de controle... neste nível, se dirá que aquele que apresenta o caso faz o grupo vivenciar o que o paciente o faz viver. A problemática exposta será compreendida em termos de rivalidades, de diferenças de sexos (ou de castração), de sedução: fantasias originárias que podem se tornar a fantasia comum do grupo. O caráter falado, associativo da apresentação e da discussão favorecem este tipo de rede interpretativa, como na sessão analítica.

Essencialmente, é a vida fantasmática do paciente, através do que é projetado no grupo, que será o objeto do trabalho dos coordenadores. Este corresponde à orientação psicanalítica corrente, a saber, a psicanálise como ciência do imaginário em vez de ciência da história individual (Y. Bres, 1980).

Em nível narcísico, trata-se sobretudo de perda, de desaparecimento, de restauração, de possessão ou de despossessão, de multiplicação dos efeitos ligados a um impacto emocional direto, de persecutoriedade por parte do corpo... Neste nível, o grupo funciona como um continente, um lugar de catarse, de expulsão do mal. O grupo se deprime ou se exalta, funcionando de algum modo a partir de um modelo maníaco ou depressivo, como um aparelho psíquico materno que transforma em bem o mal de que se livra o apresentador.

Qualquer coordenador conhece estes casos, que via de regra não são aqueles do início, início no qual ele deve passar por um movimento de depressão, um sentimento de deserto interior, para poder, em um segundo tempo, elaborar uma intervenção dinâmica. Ele apenas vivencia aquilo que o grupo está vivenciando. O trabalho do grupo Balint, nesta perspectiva, é uma longa sucessão de reparações narcísicas, que os participantes, por sua vez, fazem repercutir sobre seus pacientes na prática cotidiana.

Em nossa coordenação colocamos a ênfase essencialmente neste aspecto. A exaltação "maníaca" ou, mais exatamente, a elação que segue, permite que elementos pulsionais genitais ou pré-genitais apareçam, sendo que é por ocasião destes momentos que, retornando ao primeiro tipo de leitura, o trabalho se aproxima mais de uma espécie de psicanálise de grupo.

Entretanto, por muito tempo o trabalho dos coordenadores será do tipo consistente em tomar a seu cargo uma situação fragmentada, e cujos fragmentos estão ligados entre si pelo pensamento mágico, tão somente.

Contudo, o caso, a sucessão de casos, diferentemente daquilo que ocorre em uma psicanálise de grupo, faz o trabalho se desenrolar como o relato de um mito ou de um conjunto de mitos, ou mesmo, de uma alegoria: mito do grupo ou mito Balint (quando ele é chamado em socorro) que tem por função contar mais tarde (trata-se de uma história passada que é recontada) alguma coisa que ilustra o fantasma presente em ação no grupo ou aquilo através do que este mesmo grupo é aterrorizado ou possuído também no presente. Deste modo, na medida em que existe filiação dos fantasmas do grupo de uma sessão a outra, também poderemos descrever uma filiação dos casos que se encadeiam uns aos outros como mitos (M. Audras de la Bastie, 1978).

E. Gillieron (1980) demonstra com clareza um outro caráter importante dos mitos e de seu encadeamento em relação aos fantasmas: oferecem "modalidades aparentemente estáveis de comportamento da coletividade, obrigatórios ou proibidos". Trata-se aqui da coletividade tanto dos médicos como da dos pacientes.

Entretanto, o caso contado me parece mais próximo da alegoria que supõe uma transposição do presente para o passado mais móvel do que no quadro do mito. Mito ou alegoria remetem sempre, em maior ou menor grau, a um mito das origens: origens do mal, origem natural ou demoníaca do mal, pois o médico sempre se interroga sobre a etiologia: é de origem psíquica "demoníaca", ou de origem somática "natural"?

Um certo número de casos poderia ser assim resumido: "um certo paciente fazia uma evolução cancerosa grave, descobri que o início deste câncer coincidia com a morte de seu pai." Também pode se tratar da morte de um filho ou do nascimento (notemos que se trata sempre de um objeto a menos, uma perda, um falecimento, ou de um objeto a mais, um nascimento, uma aquisição, uma promoção). Descobrir o acontecimento desencadeante teria, no plano psíquico, o mesmo valor terapêutico que isolar um micróbio em uma hemocultura. (Neste caso, com um procedimento preciso: antibioterapia...)

Descobrir o acontecimento resulta em algo próprio do plano da prescrição de uma receita, qualquer que seja o conteúdo, e praticamente da ordem da magia, inclusive alguma coisa de completamente aberrante, como demonstrou S. Bourne em certos casos: rituais terapêuticos irracionais relativos à descoberta da origem.

Esses rituais mágicos devem ser considerados, contudo, apenas como resíduos com relação a uma psicoterapia verbal, por exemplo, ou tratar-se-ia aqui, antes de mais nada, de falar com o paciente, escutá-lo, e até mesmo interpretá-lo? Busca da origem e comportamento em relação com esta busca, tudo isto faz parte tanto para o paciente quanto para o médico de uma indagação a respeito do vínculo de filiação. Retornaríamos neste caso a um antigo procedimento psicanalítico, aquele que Y. Bres descreve como próprio de uma ciência da história individual.

O que a noção de filiação traz de novo é que se trata de uma ciência da história da linhagem do paciente assinalado, vinculada à das intervenções de tratamento. É preciso aqui entrar mais profundamente, portanto, em uma teoria psicológica da filiação.

II. Os dois Eixos do Vínculo de Filiação

Pareceu-nos esclarecedor utilizar para a compreensão do trabalho do grupo Balint aquilo que o psicótico nos ensina a respeito do vínculo de filiação. Nós nos sentimos autorizados a isto pelo fato de que casos deste tipo freqüentemente apareçam no grupo. Por outro lado, o generalista balintiano pode ter uma atividade válida com um certo número de psicóticos ou de deprimidos graves, através de uma reconstituição do vínculo de filiação.

Nos delírios de filiação, as psicoses puerperais (espécie de delírio de filiação projetado sobre a descendência), constatamos na maioria das vezes irregularidades da filiação instituída e uma inflação imaginária, cujo caráter narcísico é evidente (Guyotat, 1980).

1. A Filiação Instituída

O grupo fala de um indivíduo como sendo filho de tal ou qual pai ou tal ou qual mãe. Ele é assim designado como pertencente a uma linhagem, podendo por exemplo, usufruir de tal herança... A filiação instituída comporta um aspecto lingüístico: um indivíduo traz o nome de seu pai, pelo menos em nossa cultura, ele está no discurso da família e do grupo ao qual pertence "falado" como "o filho de...". Mas também existe um aspecto não lingüístico: convenções jurídicas, ritos, hábitos, aspecto este levado ao máximo nas funções transmitidas hereditariamente. Por outro lado, os bens da linhagem lhe são (ou não), por exemplo, transmitidos... *É o caráter instituído do vínculo que lhe dá o peso de realidade.*

Nas psicoses relacionadas com os problemas de filiação reencontramos freqüentemente anomalias da rede instituída que dizem respeito principalmente ao pai. Estas anomalias afetam a realidade do vínculo, surgindo brechas através das quais a inflação narcísica naufraga. Nós voltaremos a isto mais adiante. Nesses pacientes psicóticos, mas também em muitos depressivos e em pacientes psicossomáticos, encontramos freqüentemente uma atitude seja de hiperinvestimento daquilo que é instituído, seja o contrário, ou então as duas simultaneamente: comportamento, em particular, relacionado à titularização, naturalização..., em suma, em relação a tudo o que se enquadra neste conjunto articulado que é a instituição, da qual nos tornamos (ou não) um elo.

Essas noções podem explicar facilmente alguns aspectos dos casos relatados aos grupos Balint. Tomemos, por exemplo, o caso de um médico instalado desde há bastante tempo em uma pequena cidade e que, vários anos antes, seguia a mãe de uma paciente. Após várias conversas desta paciente com o médico, expressa uma indagação a respeito de sua filiação e quer proceder de modo a descobrir, com sua avó, os elementos desconhecidos a respeito de seu pai biológico. Tudo se iniciara a partir da descoberta de datas que não coincidiam e de nomes do registro do estado civil que não se encaixavam. O médico surge como restituinte do vínculo de filiação instituído. Ele se surpreende então em perceber que, alguns meses mais tarde, esta jovem enfim consegue engravidar, já que suas consultas eram devidas à *esterilidade*.

Qual a razão desse procedimento espontâneo do médico? A paciente lhe perguntava, de início, indiretamente, em seguida, diretamente, numa espécie de busca das origens de seu estado depressivo e de sua esterilidade. Mas também porque o grupo Balint desenvolve toda uma mitologia das origens, como dissemos acima, e porque as pesquisas da paciente e as do médico coincidiam.

Nessa perspectiva, paciente e médico se situariam com relação a um ancestral imaginário comum ("causa primeira", "grande relojoeiro", não importa o que se queira), que se supõe deter o poder original e a chave do "programa" do qual se faz parte. Mas, a pesquisa é feita através de uma história pessoal. Trata-se de um mito fabricado a dois, talvez, mas de um mito terapêutico que passa pela *reconstituição da trama da árvore genealógica, passa por sua reinstitucionalização.*

O procedimento deste médico se enquadra naquele que é comum ao grupo: participar de um grupo Balint é, simbolicamente, trocar de filiação, pois é mudar de mito das origens. O relato não é mais o mesmo, o ritual dele decorrente tampouco.

O médico, em um grupo Balint, oscila entre duas mitologias. A mitologia médica: primazia do corpo, prescrição de receitas, base racional dos comportamentos terapêuticos. A mitologia balintiana: escutar, sair do anonimato, rever certos pacientes em intervalos regulares, diferenciar a resposta segundo a demanda... Mas é através do mito construído por cada grupo Balint, mito que prescreve comportamentos novos através do seguimento dos casos, que a problemática das fantasias pessoais de cada participante é reelaborada.

O único problema que permanece em suspenso é o seguinte. É, aliás, uma indagação vinda principalmente de analistas que não têm prática do grupo Balint. Em tais participantes, inicia-se uma auto-análise, não deveria ela resultar em uma análise pessoal?

É verdade que um processo auto-analítico é iniciado na medida em que falamos de nós mesmos através de um ou outro caso, sobretudo na apresentação dos primeiros casos. Mas o trabalho do próprio grupo certamente não é algo como uma análise pessoal, não sendo tampouco algo que enrijeça as atitudes. Foi isto que Balint quis dizer ao falar da mudança limitada, mas expressiva.

De qualquer modo, o participante se engaja em um trabalho do âmbito do processo psicanalítico. Poderá ele, por esta razão, abandonar alguma coisa de sua prática psicoterapêutica espontânea, que concebemos essencialmente como sendo do âmbito da ação mágica? Iremos abordar este outro aspecto através da análise do vínculo de filiação narcísico.

2. A Filiação Narcísica

Ocorre nas psicoses de filiação que existam carências na filiação instituída, através das quais a inflação narcísica submerge.

Qualquer vínculo de filiação comporta uma parte imaginária que tornamos a encontrar na maior parte dos mitos religiosos ou de outros tipos a respeito das origens da filiação: filiação pela cabeça (filiação dos pensamentos), ilusão pré-formadora, (tudo é programado a partir de um momento primordial) tema do *homúnculo*, bonecas russas, mitos da Imaculada Conceição, da reprodução por emanação, oposto à reprodução carnal (mito catarro...). Todos estes mitos negam a diferença dos sexos, a diferença das gerações, e representam a filiação como uma reprodução do mesmo desde as origens (molde interior ou exterior do qual tudo provém...). Eles postulam uma espécie de estado original, que nega a morte, a diferença dos sexos, de onde tudo proviria e para onde tudo convergiria. É uma concepção assexuada da filiação.

O romance familiar das crianças pode, é verdade, ser interpretado como uma forma de evitar o Édipo, a rivalidade com o pai. Mas é também uma manifestação da filiação narcísica. O vínculo narcísico existe em todos os indivíduos, mas a clínica demonstra que, em tal ou qual paciente, alguns acontecimentos ocorridos na família ou nele próprio favorecem uma filiação particular deste vínculo. Na maioria das vezes, trata-se de: morte prematura do pai, morte de filhos em tenra idade, coincidências morte-nascimento (por exemplo, morte de um ascendente que coincide com o nascimento de um descendente, filhos póstumos...), anomalias corporais congênitas que funcionam como *estigmas*, suicidas nos ascendentes ou descendentes, comprometimentos dos aparelhos de reprodução. Mas, recentemente, o câncer pareceu-nos poder se situar nesta série de acontecimentos, quer atinja o paciente ou seus próximos, sobretudo se há repetição.

Nossa hipótese é de que aqui existe *uma série, uma cadeia da qual indicamos apenas alguns elementos, que parecem, no inconsciente do paciente, colocar-se em relação de filiação e interferir com os problemas de filiação no sentido habitual do termo*, a ponto de que, quando uma das séries é tocada, este toque é transmitido à outra e vice-versa.

Em cada um destes acontecimentos, o médico é envolvido em um ou outro momento, projetando o paciente sobre o médico esta série filiativa narcísica e dele fazendo seu depositário. Ele pede a seu médico que a assuma; série à qual o paciente, é bem verdade, confere um valor maléfico, mas, como veremos, também benéfico. Em nossa opinião, o fato de esta série ser depositada nele pelo paciente é uma das raízes da psicoterapia espontânea do médico.

Como já vimos, estes acontecimentos ora são comprometimentos do corpo, ora estão em relação com a morte ou com o nascimento. A respeito deste assunto nos referimos à filiação corpo a corpo. O que nos levou a fazer esta aproximação foram observações de psicóticos onde as duas séries problemas de filiação (ausência do pai, dúvida sobre o filho...) e *repetição dos comprometimentos do corpo* estavam estreitamente ligadas.

A seguinte história esclarecerá nossa afirmação. Uma paciente desenvolve um surto psicótico com exaltação, associado a temores de destruição interna (destruição de seus órgãos genitais, medo de não ter filhos...). Este temor se apóia no fato de que um de seus irmãos nasceu com um braço atrofiado. Entrevistas com a família nos informam que a mãe se sente responsável pela anomalia do braço do filho pois ela teria feito uma tentativa de aborto. O comprometimento corporal real de um de seus irmãos, congênito, no nascimento, está, na mente da mãe, em uma relação de causa e efeito, de "filiação" com esta tentativa. Mas isto se transpõe à mente de sua filha como um comprometimento de seus aparelhos de reprodução e de sua descendência (ela não pode ter filhos).

O vínculo de filiação corpo a corpo a partir de um comprometimento real é pensado pela mãe e inscrito na filha: o comprometimento do braço funciona como um estigma no sentido em que se falava outrora de estigma de degenerescência.

Conhecemos a tendência, tanto do médico quanto do paciente, de vincular os comprometimentos do corpo uns aos outros: na medicina, isto resulta no diagnóstico, no plano imaginário, na acupuntura: um órgão é dito ser a mãe de outro. No público, um comprometimento corporal de um filho pode ser colocado em relação de filiação com um outro comprometimento da mãe ou do pai, colocando-se então a freqüente questão de um comprometimento hereditário.

Como formular esta problemática em termos psicanalíticos?

A concepção do originário, desenvolvida por Piera Aulagnier (1975), parece ser a mais próxima daquilo que tentamos demonstrar. Para esta autora, a atividade psíquica é, essencialmente, uma atividade de representação. A atividade de representação mais elementar é aquela em que o representante é o duplo da coisa representada. Assim, cada parte do corpo, corresponde um representante isomorfo que é o duplo desta parte do corpo, nós diríamos de bom grado um objeto narcísico, onde corpo e psique se representam mutuamente em espelho. As partes do corpo se articulam entre si e se duplicam a partir de uma representação psíquica. Quanto à criança, ela é para o corpo da mãe aquilo que uma parte do corpo da mãe é para uma outra parte. Ela é uma parte do corpo que pode ser subtraída ou dada novamente à mãe em um nível extremamente elementar, nível preexistente à simbolização, que é, segundo Piera Aulagnier, da ordem do plano primário, da fantasia e do desejo.

Quando existe funcionamento simbólico, existe possibilidade de substituição e de simbolização na ausência dos objetos: criança-fezes-pênis são equivalentes pulsionais no plano do investimento pelo desejo, mas não são equivalentes narcísicos (no sentido de objeto narcísico).

No plano originário existe perda, existe aquilo que é de menos ou que pode ser demais, existe aquilo que pode ser multiplicado (vários filhos) mas não existe substituição simbólica possível. Um braço a menos, para voltarmos à nossa paciente, é o equivalente à perda de um filho (ou de um não-filho), a atividade de representação correspondente é da ordem semiológica do traço ou do índice: quando o traço está perdido, o objeto está perdido.

A filiação narcísica é aquilo que liga entre si estes objetos narcísicos, estigmas dentro do corpo ou seu representante psíquico, representantes psíquicos que se perdem como um braço pode ser perdido, ou melhor, excluído à força... Aqui temos um aspecto característico da filiação narcísica nas psicoses.

Podemos formular as coisas de outro modo: os objetos, neste nível de funcionamento, só podem manter sua representação interna (objeto interno) com referência a uma marca no corpo (do paciente, de seu meio, de seus ascendentes ou de seus descendentes). São as marcas no corpo que são ligadas entre si (principalmente pela mãe, mas também pelo médico). Os objetos internos, por sua vez, só se ligam entre si pela relação entre as marcas no corpo.

O grupo Balint e sua *periferia de pacientes* funciona como qualquer outro grupo, como demonstrou R. Kaes (1976), com um aparelho psíquico grupal. Podemos caracterizá-lo como "um espaço natural de funcionamento psicótico, não psicopatológico em si mesmo ou pela tendência dos limites do aparelho individual a se diluírem, de um modo sutil ou maciço, em um aparelho psíquico grupal" (Furtos). Este aparelho psíquico grupal tem uma tendência que pode ser qualificada de psicótica "na medida em que diz respeito à manutenção da identidade de percepção entre os objetos endopsíquicos e os objetos grupais" (R. Kaes, 1976).

Nossa pesquisa sobre as psicoses de filiação demonstrou que podíamos falar de uma espécie de grupo "vertical" neste vínculo de filiação narcísica, de tal modo que os acontecimentos (suicídio, repetição de comprometimentos do corpo, comprometimentos "realmente" genéticos, etc.) da linhagem se transmitiam de uma geração a outra, de uma pessoa a outra, segundo o modelo da isomorfia, como se não houvesse limite entre os indivíduos e as gerações. É isto o que já vimos no exemplo citado acima, a respeito do braço do irmão da paciente psicótica. Poderíamos falar então de um aparelho psíquico genealógico segundo a feliz expressão de Furtos (pelo modelo do aparelho psíquico grupal "horizontal"), onde existiria uma identidade de percepção entre os objetos grupais e os objetos narcísicos da linhagem, cristalizados em torno de estigmas somáticos ou de acontecimentos (morte, suicídio...).

Este aparelho psíquico genealógico funcionaria da mesma forma que o mito familiar descrito por Ferreri, mito que transporta as obrigações e as interdições da linhagem com relação a uma espécie de ideal desta, qualificando-a com um traço: "nós, em nossa família, somos hipertensos", "nós somos alcoólatras", "somos isto ou aquilo".

Tal como os pesquisadores de terapias familiares, ficamos surpresos pelo poder deste aparelho psíquico genealógico, quando se encontram na linhagem os acontecimentos acima, com seu cortejo de segredos, de subentendidos consecutivos e a maldição que se afirma estar ligada a eles... Quando o médico aborda com seu paciente uma pesquisa etiológica, uma busca das origens, ele pode se chocar com o poder deste aparelho assim como o psiquiatra, quando aborda a mãe de um psicótico, fica surpreso pelo poder contraterapêutico desta mãe.

Vimos acima que quando existe delírio de filiação no sentido verdadeiro do termo, surge de modo constante um desejo de cuidar que se expressa, seja pela palavra, seja nos atos por parte do paciente. Este desejo, que denominamos alhures de desejo de cuidar primário, tende a ser considerado por nós como a parte positiva do mito das origens, devendo ser conotado positivamente no sentido em que Mara Selvini (1978) conota positivamente os comportamentos dos membros da família em relação a um de seus membros psicótico. Ela os conota, aliás, freqüentemente, como desejos de cuidar, reparadores... Na história de nossa psicótica citada acima, o processo é acompanhado por um intenso desejo de cuidar, sendo efetivamente uma atividade de reparação maníaca da "falta" materna.

Nosso confrade, o doutor Soldevilla, fez a gentileza de nos confiar a seguinte observação que ilustra a imbricação destes diversos mecanismos:[2]

> Trata-se de um paciente acompanhado há vários anos devido a problema de esterilidade, sobre a qual somos informados, bastante tardiamente, ser secundária à morte

---

2 Esta observação, aqui resumida, já foi objeto de publicação (J. Guyotat, 1980 a).

de uma criança. Este paciente se apresenta como um hipocondríaco particularmente rebelde à terapêutica, excluindo completamente a mulher da relação com seu médico. Após diversos exames, fala-se de um estreitamento dos canais espermáticos, levantando-se a possibilidade de uma operação. A história relatada pelo médico consiste nos combates de adiamento, realizados pelo paciente para evitar esta intervenção. A relação tão fascinante entre o médico e o paciente leva a um início de oclusão intestinal, neste último, que quase passa desapercebido.

Nosso confrade fala disto a um grupo de discussão. Mostramos ao médico que pode ser interessante permitir ao paciente falar de seus ascendentes, visto que qualquer projeção sobre sua descendência parece bloqueada. É o que faz o médico, que nos escreve, vários meses após, que seu paciente havia "adotado" um compatriota com psicose, para dele tratar ativamente. A abordagem do vínculo de filiação havia desenvolvido, neste paciente, um desejo de cuidar que se exteriorizara nesta adoção, que, a propósito, fora apenas transitória, prestando-se pouco o jovem psicótico à paternidade proposta. Não poderíamos, entretanto, ignorar a qualidade de cuidado desta atitude.

Em suma, o grupo Balint funciona, nesta perspectiva, como mobilizador, nos médicos, de seu próprio vínculo de filiação, mobilização que se transmite à periferia de seus pacientes e aos próximos dos pacientes... Segue-se disto uma redistribuição dos eixos instituídos e narcísicos do vínculo de filiação.

Bastante freqüentemente, no início, passar da linhagem tradicional médica para a linhagem Balint é vivenciar uma espécie de vazamento de seu próprio vínculo de filiação vivido como *uma falta*, vazamento por onde a inflação narcísica, a onipotência do mito das origens e a potência terapêutica originária submergem. Serão apresentados então casos de melhora mágica, ou ao contrário, casos de impotência total no grupo. Alguns participantes deixam então o grupo, outros também podem abandonar o sistema mágico de "tudo ou nada" e falar de seus pacientes em termos de fantasmas, fantasiar a respeito destes e deixar surgir pouco a pouco os aspectos pulsionais da prática sem, contudo, perder suas possibilidades primárias de tratar. Estas se investem mais particularmente no cuidado de pacientes abandonados por outros médicos: pacientes gravemente comprometidos, psicóticos, depressivos agudos, "conjugopatias", "familiopatias". Para estes casos, o médico é realmente mais apto a cuidar do que seu colega não balintiano.

Ele não o é, contudo, somente porque escuta mais, prescreve menos, *é também porque pode utilizar no sentido positivo* (conotar positivamente para si mesmo) *suas próprias disposições mágicas de cuidar*. Talvez possamos falar, neste momento, de uma verdadeira mística do cuidado (J. Guyotat, 1980 b) que seria a expressão de uma aceitação do núcleo mágico incluso em toda psicoterapia.

Aqui se encontra, em nossa opinião, o corte entre uma abordagem analítica demasiado rigorosa e a abordagem psicoterapêutica espontânea do médico. A técnica analítica aborda o núcleo em termos de fantasmas, de desejos (de prazer, de onipotência); o médico aborda-o, em primeiro lugar, em termos de capacidade de cuidar e de realidade:

realidade do acontecimento traumatizante, realidade do comprometimento do corpo, realidade da dor, da amputação, da esterilidade, realidade também do verdadeiro poder terapêutico. Porém, a realidade como avesso imediato do imaginário. No médico, o imaginário se mantém próximo da realidade e vice-versa. Trata-se de um binômio (isomorfo do binômio psique-soma), que pouco a pouco infiltra o simbólico: a palavra câncer é apenas uma palavra em uma cadeia simbólica, mas é também uma palavra projétil, é uma inclusão psíquica projetada pelo médico em seu paciente, que o deixa bom. É um objeto narcísico no sentido utilizado acima, que é transmitido tanto no grupo vertical "genealógico" quanto no grupo "horizontal" cuidante-familiar, e que se transmite pelo corpo, na medida em que podemos falar de uma história emocional do corpo, mesmo que através da fixação tônica muscular, por exemplo. História emocional do corpo da família, igualmente, se, nesta família, se reproduziram comprometimentos somáticos cancerosos ou não.

Proferir a palavra câncer tem, portanto, um abalo psicossomático direto. Mas não proferi-la significa constituir um não dito, um buraco no discurso que o paciente detecta bastante bem. No espaço secreto assim constituído estabelece-se uma relação de poder no interior da qual ninguém pode dizer quem tem papel dominante: aparentemente, o médico, porém, não sabendo ele próprio aquilo que o paciente sabe, a posição se inverte. De fato, tudo se reduz a um diálogo emocional entre atitudes tônicas, em grande parte não verbais, onde a única coisa que o médico tem a fazer é não se defender emocionalmente demasiado contra aquilo que o paciente quer colocar nele de seu mal. Somente então a relação com o segredo, com o não-dito, pode variar, e é certo que falar dele para o grupo Balint faz esta relação evoluir. No interior do grupo Balint as coisas se passam no nível verbal: entre paciente e médico, encontramo-nos no plano do originário.

A história seguinte permitirá abordar melhor estes aspectos:

> Em um grupo, uma médica externa apresenta o caso de um paciente de 19 anos atingido por uma afecção cancerosa grave que já se encontra em sua terceira recidiva local. O paciente não pede veredicto nem a verdade à externa, mas, sim, uma certa proximidade, evidentemente angustiante para esta, em vista de sua identificação narcísica. A pergunta feita por ela é a seguinte: devo atendê-lo novamente amanhã de manhã; que posso dizer-lhe?

> A discussão traz um certo número de definições sobre as atitudes do grupo cuidante: um dos membros da equipe, situado no meio da hierarquia, propõe responder através do cuidado somático: uma nova perfusão de antimitótico, na qual ele acredita *tanto* por seu *efeito farmacológico* quanto por seu *efeito psicológico*. De fato, a segurança é dada ao paciente por esta proposição de *duplo efeito*. O professor passa a ver o paciente e lhe diz algumas palavras reconfortantes. Porém, mal aquele partiu, o paciente diz à externa: "Você viu o marionete"... O que perturba a externa, pois estima seu professor, mas não pode evitar a conivência com o paciente.

Aquele com quem falamos está neste caso no mais baixo degrau da escala médica, aquele que age está no meio, aquele que é ironizado no topo da escala. Porém, sabemos

que, em outros casos, apenas aquele que está no topo pode, por sua própria posição, ter um efeito psicoterapêutico por vezes poderoso.
Como interpretar esta sessão?
Podemos afirmar que o paciente projeta uma certa representação de seu corpo na equipe. O marionete desarticulado em que seu corpo se transforma é projetado no professor. Seu duplo é projetado sobre a externa, que se vê tomada por ele, o que a angustia e a faz falar com o grupo. Algo que seria "corpo *re*-unido" (psique próxima do corpo) é projetado no assistente, que responde com um procedimento da mesma natureza.

É a externa, interessada em psicologia médica, quem transporta o pólo psicoterápico mais próximo do verbal, tanto mais porque ela não pode agir. Projetado no professor é o que S. Bourne (1979) descreveu como o "corpo *des*-unido":

> Nós construímos uma tradição para a formação psicológica do médico orientada para a fisiologia para que eles possam reconhecer seu paciente como sendo um homem e não como uma máquina. Creio que evitamos o problema de ver nossos pacientes não como pessoas ou máquinas, mas sim como agregados. Os médicos são formados para consertar máquinas quebradas ou inutilizáveis, mas o mundo dos agregados que se desmontam é bem diferente. Creio que deveríamos falar do corpo também como uma casa assombrada.

Poderíamos também falar de corpo desarticulado na medida em que o representante original do corpo é um corpo anatômico articulado. A projeção do corpo anatômico articulado é feita tanto mais de bom grado sobre o representante da instituição hospitalar (o professor) pelo fato de esta instituição representar com clareza um conjunto articulado com uma cabeça, braços (direitos...).

Quanto ao médico externo, sabe que em um grupo Balint, falamos: sabe que no mito Balint é preciso falar com o paciente e também escutá-lo. Em seu nível de formação, tanto psicológica quanto médica, tal situação não lhe ensinará nada se for lida no primeiro nível, pulsional, que descrevemos acima, o qual poderia ser, por exemplo, o de sua rivalidade, com seu superior hierárquico, ou de sua identificação com a posição do paciente para se tornar o objeto de cuidados do professor. Ele surge muito mais como um dos lugares de projeção, entre outros, da fragmentação do corpo doente, e esta projeção que o habita, transmite-a, por sua vez, ao grupo. Porém, o relato do caso se torna um fragmento do mito, ao qual o grupo em seu desenvolvimento posterior irá se referir mais ou menos conscientemente.

Não é, a propósito, acidental que o caso apresentado na sessão seguinte girasse em torno da manutenção, solicitada ao médico por um paciente, de uma imagem ideal, da qual ambos teriam caído.

III. Síntese

Encontramo-nos, portanto, ante duas séries da prática psicoterápica do médico, estreitamente ligadas:

A primeira concerne à filiação instituída: casos de crianças provenientes de adultério, filhos póstumos, dúvida sobre o pai, ligações ilícitas (sempre vividas como um ataque à filiação instituída), mas também morte prematura de um dos pais... na medida em que estes acontecimentos são vividos como um ataque àquilo que o grupo instituiu em sua perenidade para além dos indivíduos: aliança, hábitos, ritos, transmissão de bens.

Tais casos funcionam inicialmente como um relato mítico da categoria de uma história que passou e uma chamada à ordem do que é, por um lado, obrigatório, e por outro, proibido. A palavra "falta" freqüentemente conota estes casos. Porém, falta original enterrada em um segredo, em um não dito. O mito toma às vezes a forma de um romance, e nós conhecemos todos estes maravilhosos romances que, por vezes, são as exposições de casos, sobretudo em antigos balintianos em sessões curtas e intensivas como as organizadas em Divonne, por M. Sapir (S. Cohen-Leon e M. Sapir, 1979).

Nestes romances, a noção de falta é transformada em mistério das origens.

Falta original, mistério das origens, mobilizam a curiosidade dos participantes do grupo em direção à busca de uma causa primeira na situação atual. Não sabemos se esta curiosidade psíquica pode resultar na descoberta de um acontecimento real. É certo que a prática das terapias familiares de psicóticos nos levou a encontrar a realidade de certos traumatismos e a reconhecer seu valor para o paciente. Vários casos contados por médicos balintianos seguem a mesma direção, o que não é nada desprezível. O geneticista que faz aconselhamento genético encontra, a propósito, em proporções significativas, casos com situações traumáticas originais. Porém, mesmo se nada fosse descoberto, algo da categoria do processo psicoterápico é ativado, tanto no médico, quanto no paciente: vimos acima um exemplo disto.

Este procedimento "etiológico" é natural para o médico, mas é preciso que se desenvolva segundo o ritmo do paciente, seja este atingido por uma afecção psíquica ou somática. Também podemos pensar que o comprometimento somático para alguns pacientes (Bourdier, 1980) é a ocasião para uma retomada de um processo psicoterapêutico bloqueado dentro de uma sofisticação mental bastante distante do corpo.

É verdade que aqui encontramos uma discussão bastante atual no movimento psicanalítico que a obra de M. Balmary (1979) torna particularmente polêmica: a construção psicanalítica, principalmente a da atividade fantasmática em torno da situação edípica, não é, sustenta M. Balmary, mais que uma defesa contra uma série de acontecimentos reais da vida do pai de S. Freud. Se compreendemos certamente o autor, Freud teria, nesta reconstituição, "nascido" do suicídio de uma segunda mulher de seu pai (Rebecca): segredo sobre o qual parte da obra de Freud seria o comentário, principalmente tudo o que diz respeito à realidade da sedução e à revisão implacável de Freud da teoria da sedução na etiologia da histeria.

Em vez disso, diríamos que se trata aqui de uma "série" que a prática psicanalítica clássica deixou de lado, dirigindo-se exclusivamente a neuroses ou a depressões de tipo neurótico. Porém, esta série é de novo encontrada, por um lado, na pesquisa sobre a psicose, por outro, na família do psicótico, e enfim, na atividade do clínico geral.

Problemas de Filiação nos Grupos Balint

Acontecimento real, ou melhor, acontecimento que faz coincidir o real com o imaginário: coincidência falada ou não com um outro, e integrada *a posteriori* na cadeia simbólica. Sendo este outro o analista, mas também o médico, que sem dúvida, mais freqüentemente que o analista, é o suporte da confissão (?) ou da enunciação (M. Balmary) destes acontecimentos.

Por que o médico mais freqüentemente que o analista? Talvez em razão da outra dimensão, a da filiação narcísica que o paciente projeta nele, na esperança de um contato imaginário com a "causa primeira" (Deus, o Demônio, a Natureza...). Halo mágico, do qual ele é portador e do qual se sente encarregado, e mais encarregado do que analista.

A filiação narcísica é aquilo que vincula, como que se repetindo, a morte, o nascimento, o comprometimento congênito, a repetição dos comprometimentos corporais, as partes do corpo, o corpo do filho para o corpo da mãe... talvez um assassinato em detrimento do tempo instituído, das regras que distinguem as gerações e o encadeamento do discurso falado.

A observação dos psicóticos nos mostra a preferência dada por eles a esta filiação, sendo sua potência mobilizadora freqüentemente antiterapêutica se não a considerarmos positivamente, apesar da louca corrida em direção ao imaginário das origens do comprometimento atual. Retomar com o paciente a anamnese, aproximá-la de seus ascendentes ou de sua descendência, reais ou imaginárias, é o que o médico ajunta estreitamente em seu relato ao grupo Balint e o que vivencia com seu cliente.

O doutor Z. (*in* J. Guyotat, 1980 a) conta a seguinte história:

Ele trata de uma mulher que sofre de hipertensão. Acompanha-a há alguns meses e chegou, através de um tratamento medicamentoso, a melhorar sua hipertensão, mas ela continuava a se queixar continuamente, vinha consultá-lo regularmente, seja por ansiedade, seja por outros distúrbios aparentemente funcionais. Esta mulher era acompanhada, a cada vez, por seu marido que, um belo dia, disse ao doutor Z. que sua mulher voltava da consulta acusando-o continuamente, a propósito de uma ligação com outra mulher que ele teria tido há alguns anos. Para o marido, a hipertensão estaria ligada à morte desta mulher.

Até a declaração feita pelo marido da paciente, parece que tudo funcionou, entre esta mulher e seu marido, segundo o modo do não dito: a partir do momento em que sua mulher abordou o problema desta ligação, o marido sempre ficou furioso, dando-lhe bofetadas... É diante do médico, o doutor Z., que, pela primeira vez, a ligação foi verbalizada: no passado, também, visto que a amante deste homem morreu, faz agora dois anos.

O doutor Z. observa que, desde a declaração do marido, a paciente refez uma nova elevação tensional dificilmente controlável. Contudo, esta mulher consulta-o regularmente uma vez por mês, tendo começado a falar de sua história pessoal desde a declaração do marido.

A história é a seguinte: criança da Assistência Pública, recolhida por um casal que mantinha um bar e que havia "lutado na Resistência" durante a guerra, ela se criara neste clima. Encontrou seu futuro marido, então com a idade de 18 anos, teve relações com ele e ficou grávida. O futuro marido, contra a opinião de seus pais, quisera entrar na marinha para ser considerado como major e, eventualmente, casar-se com a namorada. Porém, durante semanas, a paciente não ouviu mais falar dele, sendo necessário para convocar o noivo e obrigá-lo a casar-se, que os "pais adotivos" ex-resistentes, usassem a intermediação de um coronel também membro da Resistência e que agora se encontrava no comando do regimento do futuro marido. Depois disso ela teve uma filha, por cesária, e o médico teria dito que não seria mais possível que engravidasse, pois deveria escolher entre o nascimento de um outro filho e sua própria morte. A paciente contou este episódio dizendo que ela gostaria de levar a termo esta gravidez, ter esta criança e que, se morresse, que ficasse claro que a criança seria filha do pai, como se se colocasse a si mesma fora da linhagem, ligando o pai a esta criança. A criança, uma filha, atualmente com 20 anos, casou-se recentemente, mas a paciente não fala disso.

Por outro lado, a paciente fala facilmente da linhagem da amante do marido e pensa, a propósito, que uma das filhas da amante tem por pai sangüíneo seu marido.

Do ponto de vista do tratamento feito pelo médico, as coisas mudaram, e o médico hesita quanto ao ponto de vista terapêutico. Isto surge cada vez mais claramente durante a exposição que ele faz. Começa por se perguntar como regularizar a hipertensão, que conselhos deve dar neste sentido, negando de fato ou escotomizando todo o processo psicoterapêutico que está se desenrolando desde que as coisas foram verbalizadas pelo marido. Mostramos a ele então que todo um trabalho de pesquisa da paciente, a respeito de suas origens, está se desenvolvendo, e que este só pode se fazer com a condição de que a cobertura somática da hipertensão seja conservada. Existe, portanto, de um lado, um trabalho psicoterapêutico verbal que é feito pelo médico, por outro, um tratamento terapêutico clássico da hipertensão. É interessante notar que o médico não tinha consciência do trabalho psicoterapêutico e só podia fazê-lo com a condição de pensar na hipertensão.

Por outro lado, fazemos notar que o não dito envolvendo a ligação deste marido com a amante reproduzia, nesta mulher, o não dito de sua própria origem. É provável que, sob alguns pontos de vista, a mulher se identificasse com a amante de seu marido, com sua linhagem ilegítima, reproduzindo sua própria situação de filha ilegítima. Assim, quando a amante traz, de um certo modo, sua própria linhagem, notamos que a mulher só se interessa, essencialmente, em seu discurso, pela linhagem da amante e não pela sua própria. Aconselha-se, portanto, ao médico que continue a escutar esta paciente sem nenhum conselho e nenhuma diretividade. Ele parece ter por papel permitir à paciente localizar-se em sua própria genealogia e em sua própria filiação, por um lado, através das consultas, por outro, através da repetição dos exames e da prescrição do tratamento para a hipertensão: repetição que mantém a filiação de corpo a corpo.

Trata-se de um exemplo ilustrativo do modo de fazer uma psicoterapia médica. É preciso enfim observar que esta idéia da linhagem legítima e da linhagem ilegítima foi sugerida pelo fato de esta paciente ter sido infiel a seu médico anterior ao consultar o médico atual. Também observamos que, nesta busca de filiação por parte da paciente, encontramos principalmente a crença no mito do nascimento que provoca a morte.

IV. Conclusão

Neste artigo, quisemos descrever especialmente um modo de pensamento que integra experiências diversas: a dos coordenadores de grupo Balint, a de terapeutas de psicóticos e também a dos analistas clássicos. Trata-se apenas de um momento de elaboração em um caminho pouco explorado até aqui, e que parece comportar muitos pontos obscuros ainda.

Do lado da psicose, apoiando-nos na teoria da filiação, quisemos mostrar que enveredar nesta direção como psicótico seria um procedimento terapêutico possível de praticar com o paciente e sua família. O antigo provérbio árabe poderia ser aqui transposto: a única árvore que cresce no deserto da psicose é a árvore genealógica: genealogia da linhagem, mas também genealogia dos corpos desta linhagem e também, pouco a pouco, das instituições e dos pensamentos.

Do lado do grupo Balint, o procedimento psicanalítico, nele incluso, o do grupo, pareceu-nos dever ser enriquecido por nossos conhecimentos sobre a psicose. Ele parte de um aprofundamento da dimensão mágica (e também hipnótica) que a filiação corpo a corpo esconde. Dimensão que o paciente projeta sobre o médico, que não pode desvencilhar-se dela totalmente (qualquer que seja a análise pessoal que ele realize de seu desejo de onipotência). Dimensão mágica que a transposição pela palavra ou pelos atos para a rede de filiação instituída permite regularizar em um sentido psicoterapêutico real.

7 Grupo Balint e Terapia Familiar

E. Gilliéron

I. Elementos Teóricos

1. Introdução

Este capítulo dará algumas indicações a respeito das pesquisas realizadas no quadro de grupos Balint constituídos por jovens médicos que trabalham em um serviço de atendimento universitário ou por generalistas, na maioria deles, estabelecidos no campo. O trabalho tende a estudar as possibilidades de integração dos novos dados provenientes das terapias sistêmicas de família na prática Balint. Esta atitude parece justificada, pois, como todos sabem, é bastante raro que um médico tenha que tratar de apenas um membro de uma família. Muito pelo contrário, com freqüência ele cuida não apenas de vários membros, mas também de pessoas do meio (vizinhos, por exemplo). Ora, observamos com bastante freqüência reações em cadeia, nas quais diferentes membros vêm à consulta, sucessivamente, em intervalos relativamente próximos. Estas consultas parecem ser sempre motivadas por uma crise que abala as relações interpessoais.

Convém ressaltar igualmente que a maioria dos casos apresentados nos grupos Balint diz respeito a pacientes que não sofrem de um comprometimento orgânico claramente definido: as doenças psicossomáticas verdadeiras e as afecções essencialmente psicológicas (distúrbios neuróticos e distúrbios psicóticos) não parecem perturbar demasiado o médico, que pode encaminhá-los a um especialista ou se contentar em prescrever-lhes o medicamento adequado. São sobretudo os pacientes com diagnósticos incertos no plano somático ou psicológico que parecem perturbar o clínico: distúrbios ditos "funcionais", "sobrecargas psicogênicas", "somatizações", etc. Ora, estas manifestações, em sua grande maioria, são desencadeadas por conflitos que opõem o paciente ao seu *meio*, resultando em dificuldades na *relação médico-paciente* (ver M. Balint, 1960, ou M. Sapir, 1980, por exemplo). Nestes casos, apenas a compreensão dos problemas internos e externos do paciente raramente resulta em uma *solução* válida. Médico e paciente apelam *para medidas* terapêuticas visando uma melhora do *conjunto* (o paciente *e* seu meio).

Interrogamo-nos aqui sobre a função *pedagógica* do grupo Balint. Habitualmente, por ocasião das discussões de casos no grupo Balint, analisamos as fantasias individuais e as relações psicofisiológicas, freqüentemente de um modo aprofundado. Mas, a *ação* e o *papel* do médico no equilíbrio psíquico e familiar do paciente são muito mal compreendidos (com exceção das reações emocionais e das contra-atitudes). Ir além do simples diagnóstico de "doença funcional" e colocar em evidência os conflitos subjacentes raramente satisfaz o clínico. Se é útil que o médico "compreenda seu paciente" e que possa levá-lo a "compreender-se a si mesmo", segundo os termos de M. Balint (1966), ainda assim é indispensável compreender a abrangência psicológica (o efeito sobre o psiquismo) dos *atos* ou comportamentos médicos, em particular, se o grupo familiar foi tocado como um todo. Isto diz respeito à dinâmica de relações e às fantasias subjacentes a elas enquanto *unidade familiar* e *unidade* médico-paciente.

A abordagem preconizada nas páginas seguintes é, sob alguns aspectos, semelhante à de E. Erikson (1976), porém pretende ser uma continuação das pesquisas de Balint. Tentaremos compreender o teor psicológico do *ato* médico na prática cotidiana e a influência destes atos no equilíbrio da *família do paciente*.

2. A família do paciente em clínica geral

Em uma recente pesquisa sobre duas semanas (escolhidas ao acaso) de consultas de clínicos gerais, tanto na cidade quanto no campo, estudamos a proporção das famílias das quais pelo menos dois membros haviam consultado o mesmo médico (amostra de mil pacientes) durante o ano em curso: em 25% dos casos, a família inteira foi se tratar; em 55%, pelo menos dois parentes próximos. Não houve nenhuma diferença entre a cidade e o campo. As explicações comumente dadas para estas elevadas taxas ("é um bom médico", "é uma epidemia virótica", etc.) não são de modo algum suficientes. Em vez disso, convém levar em conta o papel do médico e a *função da doença no equilíbrio familiar* para compreender esta proporção elevada. Essa questão foi amplamente discutida na literatura (M. Balint, 1960-1965, M. Sapir, 1980, etc.).

R. Kellner (1963) estudou a influência do estado de saúde de um membro sobre o resto da família em uma amostra de 146 consultas "acompanhadas" (consultas onde pelo menos dois membros da família pediam ajuda). Ele pode demonstrar que, na maioria dos casos, a doença de um dos membros influenciava o grupo. Este efeito parece depender

Grupo Balint e Terapia Familiar 155

da gravidade, da duração, do tipo de doença, do vínculo emocional entre o paciente e seus próximos e da suceptibilidade do paciente. Encontramos assim freqüentemente desordens psíquicas em crianças cujos pais sofrem de doenças crônicas ou recorrentes, sobretudo, segundo o autor, se for a mãe a ocupar uma posição central.

Isto porém não é a regra e, para compreender as forças em questão, parece judicioso nos interrogarmos a respeito das *funções* da família, o que permitiria determinar melhor as que estão perturbadas pela doença de um dos membros e compreender a natureza do desequilíbrio capaz de se instalar.

Estas funções elementares podem ser assim resumidas:

1) Funções *nutritivas*, normalmente garantidas pelos pais, que devem vir ao encontro da incapacidade das crianças de se alimentar (alimento, cuidados diversos, calor afetivo, etc.), mas que também interessam às relações entre os parceiros. A qualidade dos cuidados varia de acordo com a idade da criança, com os respectivos caracteres dos pais e com a natureza de seus vínculos afetivos.

2) Funções *sexuais* e de procriação, reservadas aos pais, mas que também oferecem às crianças um "modelo" capaz de dar o sentido de sua identidade e de seu papel sexual: a criança vê o comportamento dos pais um em relação ao outro, o pai vê a atitude de sua esposa em relação ao filho, etc.

3) Funções *sociais*: a família é um conjunto social primário, uma espécie de ponte entre o indivíduo e a sociedade, também ela encarregada de iniciar a criança em seu futuro papel social.

Assim, cada um tem um papel material ou de fantasia, e compreendemos que a doença de qualquer um dos dois rompa um equilíbrio ambiente. Contudo, este modelo é insuficiente e muitos mecanismos em jogo ainda permanecem obscuros.

Convém acrescentar a estas noções "estáticas" de funções e de papéis aquela de "psicodinâmica das interações", isto é, a influência recíproca exercida pelos diferentes membros da família uns sobre os outros. Retornaremos a isto adiante, porém, ressaltemos aqui que J. Waekland (1981), tendo esgotado a hipótese de uma certa influência das interações sobre o funcionamento biológico do homem, propõe o estudo das diversas situações seguintes:

1) Um certo tipo de interação necessária, sem ser suficiente, ativaria um agente nocivo (por exemplo, um vírus), sendo por outro lado, essencial, pois permitiria o desenvolvimento de uma doença.

2) Um outro modo de interação entre indivíduos com boa saúde, que, a continuar por um tempo suficiente, determinaria as condições do surgimento de algumas doenças.

3) Um terceiro tipo de interação, enfim, que, sem ser necessário, predisporia a tal ou qual doença.

Ele salienta assim que a interação pode influenciar o decorrer de uma doença, entravar ou facilitar a aplicação de um tratamento médico.

Essas hipóteses abrem o caminho para uma pesquisa sobre as relações entre os *comportamentos* dos membros de uma família e a eclosão de doenças assim como sobre as relações entre os *atos* do médico e a cura ou não de doenças.

Vimos que o equilíbrio familiar pode ser perturbado por diferentes categorias de fenômenos: disfunções (da alimentação, sexuais, sociais) do conjunto, perversão dos papéis ("instrumentais" ou fantasmáticos), etc., disfunções que repercutem na natureza das trocas (linguagem e interações) entre os diferentes membros e que podem ser reveladas por manifestações "funcionais" nos indivíduos (sem prejuízo da *etiologia* familiar ou individual dos distúrbios). Isto concorda com a idéia de M. Sapir: "O que há de comum entre os distúrbios funcionais de norte-africanos, atingidos por um choque de culturas, a uma coisificação do corpo, e os de *trabalhadores em greve*, ligados a uma situação material e moralmente desvalorizante, e enfim os distúrbios polimorfos da velha solteirona ou os unívocos da jovem casada. *Seu denominador comum é a existência de um distúrbio relacional que se expressa através de um sofrimento corporal*" (1980). Ora, estes distúrbios repercutem na *relação médico-paciente*, repercussão esta que será preciso definir antes de mostrar como uma modificação desta relação pode agir voltando para o meio familiar como um todo.

3. Abordagem teórica

Descrever uma relação ou um distúrbio relacional é uma coisa extremamente difícil. Por definição, a relação é uma abstração que implica uma ligação entre vários elementos: (complementaridade, simetria, diferença, etc.), enquanto que, no caso das doenças psicossomáticas (no sentido amplo), descrevemos sofrimentos *corporais* (com ou sem lesão), sofrimentos aos quais o psicanalista eventualmente pode dar um *sentido*: a "linguagem do corpo", sentido que pode, a propósito, variar de uma escola a outra. Estudamos, portanto, sobretudo o sentido e a *causa* de comprometimentos *individuais*. A dificuldade consistirá portanto em definir a ligação dinâmica que vincula um distúrbio *relacional* a uma manifestação *corporal* individual capaz de ter um sentido metafórico (sendo a metáfora uma *imagem estática*, de acordo com uma primeira aproximação). Esta dificuldade faz Marty, De M'Uzan e David suporem a existência de um vínculo heterogêneo, de uma "certa equivalência energética entre a atividade relacional com um objeto externo; a atividade relacional com a representação de um objeto externo; a atividade mental enquanto tal, intelectual ou fantasmática; e a atividade funcional somática perturbada. (...) É assim que podemos ver um distúrbio visceral ou muscular substituir uma relação com uma pessoa significativa do meio" (1963). Admite-se, atualmente, que esta substituição não é irreversível. Os pacientes psicossomáticos podem mudar de modo de expressão: "mentalização" ao invés de "somatização", ex ressão *"afetiva"* de conflitos e não mais "*somática*", e até mesmo reversibilidade de um modo de expressão para o outro, particularmente nos casos benignos.

Por outro lado, conhecemos a influência das mudanças que ocorrem no meio social sobre o desencadeamento e o curso das doenças (por exemplo, Engel, 1962), porém a especificidade da *articulação* entre estas mudanças e sua repercussão no corpo permanece praticamente desconhecida. Cremos que um dos elementos existentes na origem da dificuldade de definir esta articulação provém do fato de que a falta de mentalização dos pacientes funcionais não ocorre apenas com o *indivíduo consultante, mas concerne igualmente ao seu meio*. Segundo este ponto de vista, fundado numa hipótese grupal e sistêmica, *a doença surge no momento em que dois membros de uma relação duradoura se mostram incapazes de enfrentar um conflito e de resolvê-lo em um plano simbólico*: ela é o produto de *uma falha de apoio ao indivíduo no casal ou na família*. Conseqüentemente, se não levarmos em conta os *fantasmas* partilhados pelo *grupo*, será difícil compreender a descompensação de um único membro. Esta descompensação depende ao mesmo tempo de fatores contextuais e pessoais.

Qualquer relação interpessoal durável implica o que R. Kaes denomina de "*um contrato de apoio*" ou uma "relação de reciprocidade no *prazer* e o benefício do apoio mútuo" (1979). Este contrato, que determina um equilíbrio homeostático, se fundamenta num acordo simbólico (Ferreira, 1963 ou E. Gilliéron, 1980). Os distúrbios funcionais surgem, segundo nossa hipótese, no momento em que este acordo — na maior parte, inconsciente — não é mais respeitado por uma razão ou por outra, sendo os membros incapazes de "inventar" um novo contrato. Este contrato define um equilíbrio sutil de gratificações e de frustrações, em função dos ideais do grupo, e delimita o conjunto dos *comportamentos* admissíveis ou desejáveis (homeostase do grupo). As noções de "transicionalidade" ou de "espaço intermediário" de comunicação (R. Kaes, 1979, E. Gilliéron, 1979), poderiam ser bastante úteis para compreender o que estamos dizendo. Com efeito, colocar a ênfase nas *relações interpessoais* ou no conjunto do grupo familiar é designar um espaço virtual "entre" os indivíduos, lugar de conjunção e de disjunção das fantasias.

O modelo que utilizamos, mas que não podemos desenvolver teoricamente aqui, se situa na zona fronteiriça entre as teorias sistêmicas e as teorias psicanalíticas, onde a noção de *homeostase* ocupa um lugar central (ver, a este respeito, E. Gilliéron, 1980). Tentaremos demonstrar que o médico pode exercer um papel fundamental na manutenção ou no restabelecimento da homeostase familiar ou conjugal.

De um modo simplificado, poderíamos dizer que nossa investigação concerne, assim como a de Balint, à determinação da demanda latente dos pacientes. Porém, em vez de polarizar nossa atenção sobre o conteúdo latente da demanda *individual*, tentamos ficar à escuta do conteúdo latente da demanda *do grupo familiar* e *do casal*, do qual o paciente é o porta-voz ou o sinal. Além disso, tentamos apreender a articulação dos diversos comportamentos, inclusive os *do médico*, com *a problemática simbólica ambiente* como também procuramos compreender o teor fantasmático dos atos médicos. Para compreendermos sua ação, iremos nos referir às teorias cibernéticas, particularmente à noção de circularidade (ao invés de causalidade linear) e de homeostase.

II. Aspectos Clínicos

1. Consultas repetidas — homeostase — mudança — ruptura

Considerar o médico como parte integrante de um sistema que comporta o (ou os) paciente que o consulta tornou-se quase automático em nossa atividade Balint, na medida em que as vantagens disso são consideráveis: as reações emocionais do médico ficam mais compreensíveis e com isso encontramos freqüentemente soluções práticas para problemas anteriormente insolúveis. Esta noção de "solução" pode chocar o espírito do adepto dos métodos Balint, mais habituado a refletir em termos de *insight* ou "comunicação de *insight*". (Balint falava de "compreender seu paciente" e de "ajudá-lo a compreender-se a si mesmo".) Ora, o aspecto metafórico de alguns distúrbios funcionais, é, freqüentemente, fácil de ser percebido pelo médico que trata, porém, extremamente difícil de ser transmitido aos pacientes.

Em um estudo prospectivo ainda não publicado a respeito da evolução de uma população de 385 pacientes de clínica geral, pudemos constatar um fenômeno interessante: após um intervalo de quatro anos, estes pacientes, dos quais mais que a metade havia sido caracterizada como "funcional", podiam ser divididos em dois grupos quase iguais: um nos quais os diagnósticos feitos no início não haviam sido modificados, e outro nos quais os diagnósticos haviam mudado com freqüência. Porém, o mais surpreendente é que, no primeiro grupo, o número de interrupções de tratamento era amplamente superior ao do segundo. Um exame mais aprofundado demonstrou que estas interrupções não diziam respeito exclusivamente às curas de doenças orgânicas, mas eram também relativas aos pacientes ditos funcionais, e em uma proporção claramente superior ao segundo grupo. No segundo grupo, pelo contrário, a relação médico-paciente era mais sólida, mas parecia manter-se ao preço de *modificações de diagnósticos*. Tudo se passava como se o médico e o paciente funcional se entendessem para procurar ainda e sempre uma doença *orgânica* até então desapercebida, Entretanto, foi também nesse grupo que notamos o surgimento de *diagnósticos indicativos de problemas psicológicos*, como se, em certos casos, tanto o médico quanto o paciente acabassem por abandonar esta busca e por *reconhecer sem disfarces* o componente psicológico dos distúrbios funcionais. Contudo, a proporção destes casos era mínima com relação aos outros. Ora, esta pesquisa foi feita com médicos cuja *maior parte era sensível aos problemas psicológicos, seja por uma participação em um grupo Balint, seja por estágios em um meio psiquiátrico*. Isto parece confirmar as últimas elaborações de Balint, segundo as quais o tempo do clínico geral não é o mesmo que o do psiquiatra e que suas respectivas percepções do paciente não podem ser comparadas (1976).

É raro (isto acontece, sem dúvida) que o clínico geral possa se contentar em escutar seu paciente. A relação é mantida por atos (auscultação, exames diversos) que podem ter o valor de *rituais* necessários, mas cujo *sentido* pode variar de un sujeito a outro. O mesmo ato pode adquirir um valor simbólico diferente, mas de qualquer modo necessário. São estes atos que mantêm a homeostase do conjunto "família-médico"

Grupo Balint e Terapia Familiar 159

enquanto seu sentido não for revelado. É o que tentaremos demonstrar nos exemplos seguintes.

Exemplo clínico nº 1: (apresentado por um médico em um grupo Balint) *onde a médica quase rompe a homeostase de um casal ao não assumir o papel que lhe era inconscientemente atribuído.*

Uma jovem estrangeira de trinta anos vem me consultar com todo um cortejo de sintomas somáticos (fadiga, insônia, cefaléias, vertigens, nervosismo, formigamentos, queimações gástricas, etc.). Somente ao final do exame físico começa a me falar de seus verdadeiros problemas. Diz-me que foi sua cunhada que a aconselhou a vir, pois pode-se falar comigo (eu, aliás, retirei a cunhada de um estado depressivo reativo). Conta-me que tem problemas sexuais. Está bloqueada sexualmente, sobretudo porque seu marido pede-lhe que tome seu sexo com a boca. Vê-se completamente enojada por isso, e aguarda a noite com angústia. Masturba-se e se sente extremamente culpada.

O casal tem dois filhos, o último, o menino, nasceu três meses antes de ela me fazer a primeira consulta. Aparentemente, não há qualquer outro problema com o casal, com exceção do problema sexual da paciente. Durante o dia, ela é uma alegre, jovem e bela mamãe, mas quando a noite e as relações sexuais se aproximam, fica cada vez mais angustiada e em pânico de antemão, apresentando diferentes manifestações somáticas para poder recusar a aproximação do marido. Acrescentemos ainda que foi criada por religiosas até a idade de 19 anos e que, em seguida, veio para a Suíça.

À parte uma hipotensão ortoestática e uma pequena anemia da qual trato, não encontro nela nada de especial. Discutimos seus sentimentos de culpa ligados a sua educação rigorosa, o que parece relaxá-la. Pouco a pouco, os sintomas somáticos se esfumam nas discussões e a paciente parece mais reticente. Finalmente, torna qualquer discussão impossível trazendo seu filho à consulta. Sinto-me muito decepcionada, pois tenho a impressão de um fracasso.

O grupo se interessou vivamente por este caso. A aparição da criança à consulta havia claramente marcado o fim de um tratamento que prometia. Entretanto, o conteúdo latente da demanda havia sido bem compreendido? Não poderíamos compreender a vinda da criança como um sinal oferecido pela paciente, que, recordemo-lo, havia se consultado três meses após tê-lo dado à luz? Esta aparente manifestação de resistência continha talvez o gérmen de uma solução do problema. Observamos que a história desta paciente era obscura: por que havia sido colocada tão jovem numa instituição? Não seria órfã de pai ou de mãe? Isto foi confirmado pela médica.

Sabemos que, nestes casos, os órfãos têm tendência de compensar suas frustrações precoces dando aos outros — sobretudo aos parceiros — aquilo que lhes faltou. Escolhem parceiros com caráter dependente, em quem possam exercer seus próprios talentos maternos. Acabamos por fazer a seguinte hipótese: o casal, em função da história de cada um dos parceiros, havia amarrado os laços de marcante dependência mútua. O nascimento dos filhos havia modificado o equilíbrio relacional (homeostase) e, para salvar sua relação, o casal havia entrado em acordo por meio de um sintoma — inibições sexuais da esposa — sintoma facilmente explicável, levando-se em conta o passado da mulher, porém que condensava muito bem os diferentes aspectos do problema: ao recusar a felação, a paciente também recusava tomar consciência de suas próprias necessidades orais, e de patentear as do marido.

Podemos assim interpretar o procedimento desta paciente: "Olhe, doutora, meu problema é meu (ou meus) filho! Curar-me de minhas inibições sexuais é muito perigoso, pois isto coloca em questão seu (ou seus) nascimento". No caso, a médica se ocupou excessivamente com a solução dos problemas da paciente e os sintomas somáticos desapareceram, o que colocou em questão a homeostase familiar, donde a ruptura. Aquilo que se lhe pedia inconscientemente era confirmar e manter o sintoma, que devia ser considerado como um sintoma *familiar* e não individual. Com efeito, enquanto a médica se contentava em dar atenção aos males "físicos" de sua paciente, seus cuidados poderiam ser recebidos como os de uma "boa mãe". Por outro lado, introduzir uma discussão a respeito dos problemas sexuais frustrava as necessidades *orais* dela e de seu marido. À primeira vista, a médica parecia estar incitando *prematuramente* sua paciente a viver uma sexualidade "adulta", confrontando o marido com suas insuficiências. A médica se tornava assim uma "má mãe" para cada um deles. O surgimento do filho na consulta era um novo sintoma capaz de, *paradoxalmente*, abrir os olhos da médica ou de permitir a manutenção do *status quo*.

Isto concerne à "demanda latente" do grupo familiar. Segundo o ponto de vista sistêmico, podemos, com efeito, considerar juntamente com L. Kaufmann que todo sintoma comporta de certa maneira uma dupla face de resistência e abertura para a mudança (dupla norma do sintoma, E. e R. Fivazk, L. Kaufmann, 1980). É a atividade do médico que irá favorecer seja a mudança, seja a manutenção da homeostase (atividade "morfogenética", cf. E. Wertheim, 1975). Porém, se em tal caso a resistência pode ter ao mesmo tempo um valor de abertura, existem outros nos quais a intervenção de um parceiro tem claramente a função de restabelecer a homeostase anterior.

Exemplo clínico nº 2: (Apresentado por um médico de um grupo Balint).

Trata-se de uma mulher de origem suíço-alemã, terceira de um grupo de sete filhos. O pai é descrito como um alcoólatra violento e a atmosfera familiar foi marcada por contínuas querelas, nas quais a paciente teve muitas vezes o papel de bode expiatório. A sra S. afirma, com efeito, ter sido freqüentemente surrada tanto por seu pai quanto por sua mãe, e certamente mais do que seus irmãos e irmãs. Com a idade de 18 anos, após uma cena familiar, na qual teria tomado parte ativa, seu pai teria tentado estrangulá-la, salvando-se ao pular de uma janela do primeiro andar.

Após ter vivido três anos fora do meio familiar, conheceu o futuro marido por ocasião de uma viagem à Áustria, casando-se com 21 anos. A sra S. é atualmente mãe de duas crianças, uma menina de 3 anos e um menino de 1 ano. Até 1971, havia sido tratada por um colega, que ela deixou após uma "paralisia" de todo o lado esquerdo.

Grupo Balint e Terapia Familiar 161

Este colega teria falado na época da possibilidade de um tumor cerebral. Desde 1971, cuidei da sra. S. por diferentes distúrbios sob a forma de cólicas abdominais, acompanhadas por vezes de vômitos, náuseas, etc. Ela por vezes se queixou de artralgias na área da articulação têmporo-maxilar direita. Sempre apresenta uma sintomatologia desproporcional a seu estado geral.

A sra. S. freqüentemente fez consultas por afecções de seus filhos, geralmente mais brandas: vômitos, diarréias leves, estados febris, etc.

Há quatro meses ela se queixa de lombalgias cada vez mais intensas e tenazes, irradiando-se por vezes ao membro inferior direito, acompanhadas por parestesias localizadas nos artelhos. A sintomatologia era bastante cambiante de uma vez para a outra, atípica, incompatível com uma ciática, geralmente sem a melhora de diversos analgésicos. Em desespero de causa, encaminhei a paciente por duas vezes a um serviço universitário de reumatologia. Ela permaneceu ali por cinco semanas. Saiu com o diagnóstico de lombociática direita tipo L5-S1. Síndrome cervicodorsolombar após uma mielografia lombar. Spondilolisteses do L5. Entre os médicos que viram a sra. S., alguns teriam suspeitado de um caso de histeria, tendo mesmo sido pedida uma consulta psiquiátrica, da qual não se faz menção no relatório.

Na saída do hospital, a senhora S. está tão doente quanto na entrada, necessitando de uma ajuda da família para cuidar da casa sendo, ao cabo de alguns dias, obrigada a alugar um par de muletas. A partir deste momento não sai mais do apartamento.

Em vista do meu conhecimento da história do casal e levando-se em conta o fato de que o marido deve acompanhar a mulher, gostaria de explicar meu modo de atender os dois durante uma longa consulta, sugerindo a existência de uma situação conflituosa e a participação de um componente psíquico.

Fica claro nesta consulta que, ao contrário do marido, que é bastante ativo em diversas sociedades e que freqüentemente sai à noite, a sra. S. teve dificuldades em se adaptar e conhece poucas pessoas. Numa noite, cerca de 23 horas, precisamente na ausência do marido ocorreu que, em razão de uma exacerbação da sintomatologia, a sra. S. teve que recorrer à ajuda de uma vizinha. Durante a consulta, sou informado, além disso, da existência de um problema sexual; a sra. S. era frígida. Por outro lado, faz muito tempo que é nervosa e insone. Durante a discussão, também fiquei surpreso pela atitude demonstrativa da sra. S., que fazia muitas caretas em sua poltrona, agitando-se fortemente. Após ter aconselhado firmemente à sra. S. a abandonar suas muletas, "ao preço de ter que andar de quatro", tive nos dias seguintes um pouco de esperança, visto que, numa visita de surpresa ao domicílio da paciente, encontrei-a nitidamente menos reivindicadora e queixosa.

Contudo, após dois ou três dias, o marido me telefonou com um tom exasperado, dizendo que não acreditava em nada do que eu lhe havia dito, que sua mulher devia *"ter alguma coisa"* e que ele queria levá-la a um especialista em X. Quanto a isto, estando a guerra perdida, aliei-me à sua proposta. A sra. S. retornou pretendendo que havia sido encontrado nela "uma musculatura fraca" e que ela "estava arriscada a ter uma hérnia de disco". Na verdade, porém, o relatório que me foi encaminhado mostrava um *status* neurológico e radiológico absolutamente normal. Por outro lado, devemos notar que a sra. S. foi atendida em tratamento ambulatorial neurológico em Y, onde pela primeira vez um médico fazia o diagnóstico de "distúrbios funcionais em uma histérica". Atualmente, a sintomatologia é ainda idêntica e atípica. Ela não é influenciada de modo algum pelo tratamento sentindo-me eu impotente para ajudá-la.

A situação aqui descrita é típica: uma paciente sofre de inúmeros distúrbios funcionais, que o médico não consegue tratar. Ela consulta em rodízio, freqüentemente por sua própria iniciativa, clínicas universitárias e especialistas, retornando sempre ao seu médico particular com um novo diagnóstico e propostas terapêuticas ineficazes. O médico se sente desvalorizado e inútil. Ele é, contudo, o único a ter uma visão mais global do problema, e quando, cansado dos sucessivos fracassos, inicia uma discussão com o casal, os problemas conjugais vêm à luz, com um *desaparecimento momentâneo dos sintomas*.

É então surpreendente notar com que harmonia *os esposos entram em acordo* para denegrir a intervenção do médico: a sra. S. consulta um novo especialista e o sr. S. telefona furioso para o médico para *negar* aquilo que havia dito e pedir *uma investigação clínica suplementar*. Vemos, portanto, bastante claramente, que a sintomatologia de um serve aos dois. Trata-se da homeostase do casal que está em jogo, homeostase na qual o médico tem um papel importante: ele deve intervir, buscar, mas não deve *nunca achar*.

2. Primeiras consultas e consultas de urgência (resultados de uma pesquisa e hipóteses)

A importância dos atos médicos em pacientes funcionais surge claramente do fato das inúmeras rupturas de tratamento quando estes atos não são realizados. Essas rupturas ocorrem, por um lado, no momento em que o *comportamento* do médico não corresponde às expectativas do paciente, por outro lado, no momento em que o comportamento do paciente não corresponde às expectativas do médico. Para o médico, o paciente deve fazer esforços para se curar, para o paciente, também o médico deve se esforçar para curá-lo. Vimos que em inúmeros casos ditos funcionais, ambos entram em acordo num compromisso: o médico continua a examinar seu paciente, ritualmente, continua a buscar uma afecção hipotética, chegando a mudar freqüentemente de diagnóstico enquanto o paciente respeita as prescrições médicas, modifica às vezes a natureza de suas queixas e pode continuar a não sarar. Quando o médico quer mudar de tática e propõe uma interpretação psicológica, ou quando ele afirma que o paciente "não tem nada de orgânico", com bastante freqüência as coisas desandam e a ruptura sobrevém. Mas, o que espera então, como regra geral, o doente funcional?

Grupo Balint e Terapia Familiar 163

Correndo o risco de parecermos simplistas aos olhos de alguns, cremos poder afirmar que, em sua grande maioria, os pacientes funcionais não pedem inconscientemente ao médico nada além do que *restabelecer ou manter o equilíbrio homeostático* do grupo ao qual pertencem. Ao tratar dos problemas "somáticos" de seu paciente, o médico se torna cúmplice involuntário do grupo familiar ou do casal incapaz de enfrentar e elaborar psiquicamente um conflito. As situações de crises são particularmente exemplares: para tentar compreendê-las, estudamos 135 chamados de urgência, dirigidos a um serviço de medicina interna. Deste total, menos de 20% poderia ser considerada como urgências somáticas "verdadeiras", 30% como reações ansiosas à uma afecção benigna e 50% como "distúrbios funcionais" sem substrato orgânico. O exame atento deste último grupo mostrou, em todos os casos examinados de perto, o surgimento de uma crise relacional, seja na família ampliada, seja no casal. Porém, o mais interessante diz respeito ao comportamento dos pacientes quando da consulta: de maneira quase caricatural, adotam o comportamento que parecem sempre ter tido com seu parceiro habitual. Além disso, inevitavelmente, parecem induzir no médico a atitude do parceiro. Assim, quando podíamos deduzir da anamnese um casal sadomasoquista, o médico rapidamente ficava agressivo; quando, ao contrário, o paciente parecia ser tratado como criança, adotava uma atitude benevolente e protetora, isto sem ter a mínima consciência do fato (Axelrod e col.). Esta indução feita pelo paciente, indução de uma contra-atitude específica no médico, é, evidentemente bem conhecida (basta reler os casos estudados por Balint), porém, parece particularmente marcante nos pacientes que vêm às consultas de urgência.[1]

Segundo nossa hipótese, a urgência do apelo do "funcional" é *uma medida defensiva que visa impedir o médico de pensar, de mentalizar*, o que o leva a agir em vez de refletir. Nestas condições, o papel *dinâmico* do médico no equilíbrio *psíquico* do paciente e *no do seu meio* surge claramente, *desde o início.*

Assim, podemos constatar que, na maioria dos casos, o paciente busca inconscientemente fazer o médico assumir o papel do parceiro com quem a crise surgiu; esquematicamente, busca-se uma compensação. Porém, ele verifica que esta compensação é útil também para o parceiro ausente, de modo que, muitas vezes, a relação irá evoluir para a cronicidade.

Exemplo clínico n° 3: (consulta registrada em vídeoteipe no plano de nossos estudos sobre as urgências médicas).

A Sra. N. divorciada e com 26 anos, faz uma consulta de urgência em função de problemas intestinais que remontam a um acidente automobilístico, em fins de 1979.

---

[1] Este fenômeno, no qual observamos uma tendência a fazer do médico uma parte integrante do "narcisismo familiar", parece sustentar a tese da permanência necessária de um apoio grupal ao psiquismo. Apesar disto ser evidente nos casos nos quais a escolha dos parceiros é de natureza "anaclítica", parece-nos que este fenômeno traduz um mecanismo relacional universal. Do ponto de vista sistêmico, noções tais como a "triangulação" de M. Bowen (1978), ou a "morfogênese nula" de E. Wertheim (já citado) são tentativas de sua conceituação. Mas este seria um capítulo à parte.

O médico pede uma descrição do acidente e, em seguida, dos problemas intestinais. A paciente explica que, às vezes, "eles lhe dão a impressão de estar grávida", mas não é nada disso. Também menciona que fez análises por causa de uma infecção renal e que, nas radiografias que foram feitas após o acidente, os médicos encontraram "um monte de coisas que iam mal"! Além disso, seguindo o conselho de sua ginecologista, ela mudou de pílula contraceptiva, e inclusive parou de tomar, sem que "seu ventre se comportasse melhor". Um pouco mais tarde, fala de uma cesariana que sofreu há seis anos. A consulta segue assim, com o médico perguntando aqui e ali sobre detalhes da natureza dos problemas, datas, etc., sempre mantendo uma atitude de muita disponibilidade. Em um dado momento, a paciente menciona insônias e afirma ao médico que está "aflita, atualmente, por causa de problemas *familiares*". Acontece-lhe algumas vezes de se levantar por engano no meio da noite e ir acordar seu filho de cinco anos, crendo que já é de manhã! Acrescenta então que o filho reage mal e que é pouco disponível: " Eu queria que me compreendessem... ninguém me ajuda. Não vejo solução!" Conta, em seguida, que só pode se evadir através do trabalho (empregada de escritório em meio-período em uma pequena empresa). Declara enfim que todas as suas dificuldades recomeçam, com seu filho, quando ela volta para casa.

É surpreendente ver, durante a consulta, o médico adotar uma atitude cada vez mais aberta, compreensiva e calorosa. Quando a paciente lhe diz que seu *namorado*, claramente mais velho que ela, provavelmente irá deixá-la e que ela receia se ver novamente só com seu filho, ele diz, com um tom *muito paternal*, que compreende a angústia dela e que seus problemas provavelmente estão ligados a estas dificuldades. Para sua grande surpresa, ele se choca com uma viva denegação e tem que terminar a consulta prescrevendo um laxante...

Sem examinar em detalhe este caso, observamos uma relação onde a paciente progressivamente se *comporta* como uma menina com medo, e o médico como adulto tentando dar-lhe segurança. No momento em que o médico escapa desta interação para comunicar seu *pensamento* e dar um sentido psicológico muito geral aos problemas da paciente, esta reage vivamente pela negativa: aquilo de que precisa é de alguém que a escute e a apóie, como seu namorado idoso fazia antes, e como seu filho não se decidiu a fazer. Esta mulher de passado sobrecarregado pertence à categoria dos "estados limites", segundo J. Bergeret.

Ela tem claramente tendência de estabelecer relações de tipo anaclítico, ao mesmo tempo em que mantém uma certa distância dos outros. Assim, exige em voz alta a ajuda do médico e do meio, mas a recusa a partir do momento em que essa ajuda realmente vem: mantém, então, com o meio, um estilo de relação onde a *idéia* de ajuda sempre deve estar presente, mas onde a ajuda *efetiva* nunca é realmente realizada, sendo um jogo de ação e retroação entre ela e o médico, ela e seus próximos.

Evidentemente, ocorre em certos casos que mesmo os sintomas agudos desapareçam quando o médico revela seu sentido latente, mas tal não é a regra, e freqüentemente

Grupo Balint e Terapia Familiar 165

é preciso dar provas de muita sutileza. Algumas regras simples (muito aparentadas às regras técnicas da psicanálise) podem, por vezes, ser definidas: assim, na maioria das situações de crise relacional, é errôneo adotar uma atitude que visa favorecer a ruptura que parece se aproximar. Convém definir os fundamentos do equilíbrio familiar anterior, os ideais latentes e os mecanismos que levaram à crise. Isto permite que o médico compreenda melhor o que poderia ser chamado de "narcisismo familiar", e levar em conta a importância do investimento libidinal do "todo familiar" da unidade, para em seguida colocar em evidência o desejo do paciente de *restabelecer esta unidade*. Essa atitude tem como efeito relaxar consideravelmente a atmosfera e iniciar um diálogo freqüentemente construtivo.

Por outro lado, nossa tática de intervenção leva em conta as teorias da comunicação. Assim, quando da discussão do caso n° 3, foram levantados os seguintes elementos: a tendência da paciente de provocar no médico uma reação *protetora*; esta mulher divorciada tem sozinha a guarda do filho, e não pode contar com seu namorado; ela evocou por várias vezes a "pílula" e as idéias de gravidez, o que supõe preocupações no plano sexual; o namorado ameaça ir embora.

Tudo isso somado permite que levantemos a seguinte hipótese: esta paciente "temerosa de abandono" e muito ligada de um modo oral a seu filho deve oferecer poucas satisfações sexuais ao namorado, que, ao mesmo tempo em que a trata como uma criança, deve lhe reclamar os deveres de amante e a ameaça com sua partida, daí a aparição dos sintomas abdominais e o pedido de apoio ao médico.

A seguinte tática é preconizada: o médico deve essencialmente sublinhar o desejo da mãe de proteger seu filho, a importância que ela dá a uma relação harmoniosa entre ela e ele e seus *escrúpulos* por desejar reter seu namorado a qualquer preço.

Isto foi feito. A paciente se tranqüilizou imediatamente, seus problemas funcionais desapareceram totalmente. Começou a sair mais livremente à noite, confiando seu filho a uma vizinha, e não se agarrando mais desesperadamente a seu namorado ou ao médico. As consultas prosseguiram com este, com longos intervalos.

3. Consultas em casal e ruptura de homeostase (tática de intervenção)

Exemplo clínico n° 4
O doutor X. introduz a discussão do grupo Balint:

"A sra. Z. me consultou em situação de urgência. Eu não a conhecia. Era atendida há dez anos por um colega. Disse-me dele coisas a tal ponto surpreendentes que me pergunto se não deveria ter lhe telefonado para verificar a veracidade do que ela contou". O grupo reagiu imediatamente com vivacidade, espantando-se com esta afirmação e pedindo explicações. O doutor X. dá então os seguintes detalhes: ele já havia sido consultado por esta mulher alguns meses antes por causa de um leve estado gripal. Sabendo que era atendida por um colega, não se surpreendeu. Ela havia respondido evasivamente e não reaparecera mais, até vir em situação de urgência, acompanhada pelo marido, que praticamente havia forçado a porta do consultório.

Foi ele primeiro quem tomou a palavra, não deixando a esposa ter tempo de se expressar e explicando com muitos detalhes que ela tinha febre desde há alguns dias e que sofria, além disso, de palpitações, de dores pré-cordiais e de sensações de opressão além de insônias rebeldes a todos os medicamentos. Estava esgotada por um excesso de trabalho, sofria de inapetência, de náuseas e de angústias incontroláveis. A esposa acrescentou que havia consultado seu médico habitual, mas que seu tratamento era ineficaz. Além disso, ele se mostrara grosseiro com ela e se recusou a lhe dar uma licença médica para o trabalho. O marido ainda acrescentou: "Eu próprio estou esgotado, devia me ocupar mais com minha mulher, mas tenho que passar em *exames muito importantes para obter uma promoção na empresa onde trabalho."*

O doutor X., um pouco atordoado pelas afirmações veementes do marido, auscultou rapidamente a mulher, constatou uma leve gripe e propôs uma interrupção de trabalho de alguns dias, como fora pedido ao outro médico, mas ela recusou energicamente. Ele prescreveu então aspirina, um sonífero e um fortificante e pediu à mulher que voltasse sozinha alguns dias mais tarde.

Quanto ela voltou, as coisas não haviam evoluído. Ela se sentia igualmente mal, não chegava a dormir apesar dos soníferos receitados, e insistia nos maus-tratos do primeiro médico. O doutor X. reiterou sua proposta de repouso, o que foi novamente recusado, pois, afirmou a paciente soluçando, isto não é possível. O médico mudou outra vez de medicamentos e marcou um novo encontro.

Por ocasião da discussão foram levantados os seguintes elementos:

1) A sra. Z. foi regularmente atendida por seu médico precedente, por dez anos, em razão de afecções benignas.

2) O marido, que acompanhou a paciente, se encontra num ponto crítico de sua carreira, às vésperas de uma importante promoção, se passar nos exames (chefe de pessoal).

3) Até o momento, era a sra. Z. quem ocupava a posição profissional hierarquicamente superior, o que não mais acontecerá.

A análise deste caso permite que façamos diferentes hipóteses, das quais a mais importante é a de que os problemas da paciente são o produto de uma *ruptura da homeostase do casal*. Porém, quais são os elementos em jogo neste equilíbrio?

Parece evidente, aos olhos do doutor X., que a sra. Z. é uma pessoa de caráter dominador, manifestamente mais enérgica que seu marido. Este último, descrito como um ser um tanto apagado, parece ter sido fortemente apoiado por sua esposa, que o havia levado "à força ao altar". Após isso, havia lhe arranjado um emprego subalterno na empresa onde ela era chefe de escritório, antes de incitá-lo a fazer cursos noturnos. Tratava-se, portanto, de um "casal invertido", mas os papéis estavam mudando visto que o marido iria trocar seu posto subalterno por outro nitidamente superior. A esposa, por sua vez, caiu doente!

Podíamos supor então que a paciente, uma espécie Pigmalião feminino, queria "fazer de seu marido um homem". O equilíbrio deste casal sem filhos estava fundado em um acordo tácito: o marido fazia o papel do "filho-falo" com um futuro promissor, a mulher, o de "boa mãe", pronta a todos os sacrifícios por seu filho. Mas o filho havia crescido, estava próximo da emancipação e a esposa-mãe cedia a uma angústia que não conseguia dominar mentalmente. Ela se sentia, fantasmaticamente, às vésperas de uma ruptura, tal como as mães histéricas que não suportam a emancipação do filho.

Entretanto, compreender isto poderia ajudar o médico? Em uma certa medida, sim. Mas dois pontos permaneciam obscuros: por que a paciente havia mudado de médico e falava tão mal do primeiro, a quem, entretanto, havia estimado até então? E o que fazer ou o que dizer a esta paciente?

Comecemos pelo segundo ponto! A situação parecia urgente na medida em que a paciente, com suas queixas repetidas, havia perturbado o marido que começava a se desleixar nos estudos por sua causa, arriscando-se a fracassar. Qualquer interpretação, por mais prudente que fosse, parecia fadada ao fracasso: como a sra. Z. poderia aceitar a idéia de que sua angústia pudesse provir da eventualidade de um sucesso do marido, justamente ela que havia feito tudo para que isto ocorresse? Ela só podia sentir isso como uma grave acusação, não sendo, no caso, o marido de nenhuma ajuda. Qualquer tentativa de ajudar esta paciente a tomar consciência do que se passava parecia impossível. O médico se sentia assim totalmente paralisado, o que o levava a repetir suas prescrições de medicamentos, sem acreditar em sua eficácia.

Voltemos ao primeiro médico: qual era seu papel até bem recentemente? Ele havia estado bastante próximo do casal tratando sobretudo da paciente em períodos curtos e *sempre com sucesso*, o que aparecia claramente na anamnese: tudo ia perfeitamente bem até a recente discussão. (O grupo era contudo levado a crer que as coisas já haviam se degradado alguns meses antes, no momento da primeira consulta com o doutor X.) A sra. Z. havia também incidentalmente revelado que uma vez ela lhe havia apresentado seu marido para uma prescrição de um fortificante (ele estava sobrecarregado com seus cursos).

Era então bastante plausível que este médico exercesse um papel importante no *equilíbrio do casal* (as consultas haviam se iniciado pouco após o casamento...). Assim, desenhava-se a trama de uma peça na qual o primeiro médico fazia o papel de pai imaginário, apoio da mãe, o marido, o papel de criança prodígio, felicidade da mãe, e a paciente o de boa mãe que sacrifica sua vida por seu filho.

O narcisismo da sra. Z. apoiava-se em seu marido e vice-versa, o primeiro médico compensava as frustrações de cada um deles. Equilíbrio homeostático perfeito, se pudesse ser duradouro! Porém, no momento atual o sistema estava em crise e o médico não podia mais fazer o papel de bom pai, bom apoio. Sabemos quantos conflitos conjugais vêm à tona com a partida dos filhos. Para simplificar as coisas poderíamos dizer que a paciente procurava salvar o casal *separando-se do médico* (em vez de enfrentar o fantasma da separação de seu marido-filho e encontrar um marido adulto).

Por outro lado, o segundo médico, por sua vez, deveria fracassar de qualquer modo em suas medidas terapêuticas, o que permitiria à sra. Z. *encontrar* nele o filho-marido que ela estava perdendo, tudo assim entrando em ordem, ao preço de problemas funcionais que se arriscavam à cronicidade. Além disso, inúmeros pontos muito importantes ainda pareciam obscuros.

Após muitas trocas de pontos de vista, propusemos a tática seguinte: era evidente que a paciente faria fracassar todas as prescrições do médico, se este quisesse "curar" a qualquer preço a paciente. Nessas condições, não valia mais a pena adotar uma *atitude* que tivesse valor de interpretação e que permitisse a abertura para uma discussão frutífera? Tratava-se de o médico reconhecer sua situação de *fracasso* e esperar (sem lhe dizer que, por uma ou outra razão, ela *precisava* de seu fracasso). Isto foi feito. Na consulta seguinte, o médico diz à paciente que seu problema era "eminentemente complicado" e que, por enquanto, ele não via quais medidas lhe propor. A paciente lhe respondeu que outros médicos haviam sentido as mesmas dificuldades, que não *tinham tido a honestidade de reconhecê-lo*, ela compreendia muito bem o doutor... Acrescentou que tinha uma *confidência* a lhe fazer: começou então a falar de detalhes importantes de sua vida íntima, de suas preocupações afetivas, etc. Desde então as queixas somáticas desapareceram totalmente e a situação conjugal pareceu se estabilizar.

4. A influência da família do doente sobre a família do médico

Ocorre às vezes que uma família só possa manter a unidade recorrendo à ajuda inconsciente da família do médico e não somente a este último. Isto é bem ilustrado pelo caso seguinte:

Exemplo clínico n° 5

"Tenho a impressão de que, se continuar a tratando desta família, acabarei estourando!", diz o doutor T. ao grupo Balint. Ele descreve então uma corrente de consultas da maior parte dos membros de uma família (um avô viúvo, casado em segundas núpcias, sua segunda esposa, um filho do primeiro casamento e sucessivamente as duas esposas deste último, a primeira estando morta, um filho e uma filha do segundo casamento, os filhos do primeiro filho). Ora, todos apresentavam distúrbios funcionais sem substrato orgânico, com exceção do avô que havia uma vez torcido o tornozelo. Os outros problemas surgem com intermitência, variam com o tempo, e o médico às vezes tem a impressão de que as mulheres têm tendência a imitar as doenças dos outros. Porém, o que é mais difícil é que cada um aproveita as consultas para confiar os segredos da família ao doutor T., sobretudo para fazer importantes críticas ao avô, mas também às diversas mulheres da família. Ora, o médico havia, no início de sua carreira, aceitado uma ajuda do avô, de quem tinha tido a imprudência de aceitar a amizade, e agora se encontrava no segredo de todas as intrigas familiares, sem jamais conseguir intervir. Está persuadido de que o conflito maciço que opõe os diferentes membros e os ciúmes ligados aos problemas da herança estão na origem dos distúrbios funcionais dos membros desta família. Entretanto, levando em conta

Grupo Balint e Terapia Familiar 169

os estreitos laços que haviam sido estabelecidos com seus clientes, ele não sabia como abordar o tema. Por outro lado, parece haver entre todos eles uma espécie de concorrência pelo sofrimento, e os tratamentos preconizados pelo doutor T. foram ineficazes, para a "grande decepção" (*sic*) dos pacientes que, aliás, não respeitavam de modo algum as prescrições médicas. Cada um, por outro lado, dedicava uma boa parte das consultas para criticar vivamente os outros membros da família.

O doutor T. já havia falado deste problema para o grupo Balint alguns meses antes e lhe havíamos aconselhado a aproveitar uma ocasião qualquer para renunciar ao tratamento desta família, insistindo nos "laços de amizade que os uniam e que impediam qualquer objetividade". Ele se lembra desta proposta e afirma que, em certo momento, ele teve oportunidade de fazê-lo, mas para sua surpresa, viu sua mulher reagir vivamente e impedi-lo de continuar seu discurso! Desde então, nas consultas, os pacientes se queixam menos, mas é a esposa do médico que o mantém a par das novas intrigas. O doutor T. termina a sua apresentação dizendo que ele tem a impressão de só poder se separar desta família ao preço de um grave *conflito conjugal*! Vê-se em um estado de tensão intolerável a partir do momento em que pensa neles. A gota d'água, conclui, é que minha mulher e eu acabamos de ser convidados para uma importante festa de família, e somos os únicos estranhos a participar dela!

Trata-se aqui de uma manobra inconsciente de uma família que, para evitar o rompimento, fagocita o médico, para *depositar nele* os "maus objetos familiares", a agressividade destruidora que, na fantasia, conduziria ao desastre. Percebendo as reticências cada vez mais claras do doutor T., conseguiram fazer de sua esposa uma aliada...

5. Conclusões

Em seus diversos trabalhos, Balint muitas vezes insistiu naquilo que denominava de "clima terapêutico da consulta": o quadro da consulta médica, muito mais flexível que o da sessão de psicanálise, determina um modo de relação médico-paciente muito particular, no qual gestos são realizados, onde o tempo é cortado muito irregularmente, onde os encontros "na realidade" são possíveis, etc.

É neste *contexto* que a demanda do paciente e a resposta do médico ganham *sentido*. O quadro específico, que restringe o espaço de fantasia, deixa um amplo lugar para uma certa "realidade" do paciente. Tentamos mostrar que esta realidade é, em grande parte, a mesma do grupo familiar (em primeiro lugar) e social. Ainda mais do que sobre o divã do psicanalista, o paciente traz ao consultório médico a problemática do seu grupo primário. Este último irá modular fortemente as trocas nas quais, diferentemente da psicanálise, os *atos* realizados pelo clínico parecem ter uma função organizadora muito importante: estes atos repetitivos têm o valor de *rituais*, rituais cujo significado pode mudar de uma situação para outra. Eles reforçam a *palavra* dos interlocutores e apóiam um mito cujo objetivo último é a manutenção da *coesão do grupo*. Em sua atividade, o médico pode ou ser o cúmplice inconsciente de um retorno ao equilíbrio anterior (mas então toma parte integrante do grupo), ou se tornar o catalisador de uma mudança e de uma nova organização (o que lhe permite encontrar sua identidade terapêutica).

Nós tentamos ilustrar através de alguns exemplos clínicos a missão *social* da medicina, missão que implica atos pretensamente científicos, mas que de fato têm um teor psicológico.[2]

---

2 A frase pode causar estranheza, na medida em que parece excluir o teor psicológico do campo científico. O que parece de fato ser o pensamento do autor é que o alcance psicológico, desses atos ultrapassa as intenções da estratégia médica. (N. R.)

8 Médicos se formam

Ensaio sobre o Processo Psíquico nos Grupos "Balint"

A. Missenard

I. Modo de Abordagem

Há poucos trabalhos, de nosso conhecimento, dedicados aos processos psíquicos que se desenvolvem ao longo da formação médica Balint[1] para resultar, eventualmente, na "mudança limitada, apesar de considerável", da personalidade. Esta raridade está, talvez, ligada a uma dificuldade encontrada pelos analistas: a teoria psicanalítica está em estreitos laços com o tratamento, e fazer dela um uso diferente, ou seja, aplicá-la, é contestável aos olhos de alguns. A título de exemplo, nas psicoterapias analíticas — as "feitas por psicanalistas" e nas quais se pratica o manejo da transferência — em vez de apenas a interpretação, é a dimensão pessoal do terapeuta que ocupa um lugar pouco propício para a publicação de trabalhos científicos. O exemplo, dado numerosas vezes por Freud, da aplicação da análise fora do seu domínio é pouco seguido.

Entretanto, uma pesquisa sobre a formação Balint deveria provocar menos reservas. O campo de aplicação da análise é aqui, com efeito duplamente clínico: ele tem por objeto o estudo de um caso, e por condição a implicação pessoal do médico responsável pelo paciente. Além disso, o trabalho se realiza num dado espaço de tempo. Sabemos, portanto, de antemão, que a matéria a ser trabalhada oferecerá repetições e transferências (mesmo se utilizamos estas palavras com reserva). O risco que toda aplicação corre, o de se tornar uma capa artificial, pode assim se dissipar.

---

1 Esta fórmula nos parece mais conforme ao espírito de M. Balint ao longo de sua evolução do que aquela, por vezes utilizada, da "formação psicológica" do médico.

Contudo, nos grupos de médicos, a intervenção sobre a transferência seria, como Balint o sublinhou, um erro. Ao proceder deste modo, estaríamos transformando o trabalho de pesquisa dos casos em uma psicoterapia individual em grupo, objetivo não desejável. Assim, será sob um outro ângulo, o do grupo, que o processo de formação será aqui considerado.

Uma linha de pesquisa sobre os grupos — demonstrada neste volume pelo artigo de P. M. Turquet e R. Goslling (1965), e estudada pelo trabalho de R. Gelly — desenvolveu-se na Grã-Bretanha, paralelamente aos trabalhos de Balint, desde há muito tempo. Entretanto, irei me apoiar principalmente nas pesquisas realizadas na França desde 1971[2] sobre os grupos ditos de "formação", reunidos em sessões de curta duração e estudados em uma perspectiva analítica.[3] Elas demonstraram que estas situações grupais colocavam em movimento, de modo privilegiado, algumas partes da psique, principalmente instâncias psíquicas (Freud havia sublinhado isto com o Ideal de Ego), identificações e organizações do narcisismo.

A questão preliminar que grupos de formação levantam é aquela da elaboração psíquica, da perlaboração.[4] Este processo psicanalítico não pode ter efeitos de transformação dinâmica, tópica e econômica em um tempo breve. Porém, nos grupos do tipo Balint, cuja história se estende por vários anos, ocorrerá o mesmo? Ou se trata de outros processos, de um trabalho de luto do objeto imaginário, por exemplo, ou de remanejamentos identificatórios? Estas questões têm sua razão de ser.

Abordarei aqui o estudo do processo da formação Balint à luz desses trabalhos sobre os pequenos grupos, levando também em consideração a psicodinâmica da atividade profissional do médico em sua relação com o objeto de seu trabalho, o paciente. Tentarei definir do que resulta a formação enquanto transformação psíquica em um grupo de médicos reunidos não para estudar o funcionamento de seu próprio grupo, mas para se formar em conjunto pelo viés de casos clínicos. Terminarei pelo exame da resistência à formação Balint no mundo médico.

II. Constituição do Grupo e Motivações

Os clínicos que se encontram por ocasião da primeira sessão de um grupo Balint e que não se conhecem têm, contudo, pontos em comum entre si: estão parcialmente insatisfeitos com o trabalho que fazem, ou pelo menos em dificuldades com alguns pacientes que não correspondem ao saber e à experiência adquiridos anteriormente, estão desejosos de uma formação nova para exercer uma melhor medicina, solicitando isso de

---

2 Ver em particular D. Anzieu, A. Bejarano, R. Kaes, A. Missenard, J.-B. Pontalis, 1972; D. Anzieu, 1975 e R. Kaes, 1976.

3 Eles foram designados também como grupos autocentrados ou ainda "grupos de diagnóstico" ou "grupos de evolução".

4 Ver M. Mathieu e A. M. Blanchard, "La Perlaboration dans les groupes", a ser publicado *in* Bulletin de Psychologie.

um líder Balint. Estes traços semelhantes constituem uma comunidade preexistente de vínculos sobre os quais o grupo se estabelece e se desenvolve. Há também outros vínculos preexistentes, porém mais antigos, entre os participantes: o fato de pertencer ao corpo médico e a passagem anterior pelos mesmos estudos hospital-universitários.

O grupo reunido em torno do líder é, portanto, um conjunto restrito que se destaca de um conjunto maior.

De um ponto de vista menos descritivo, vínculos unem a psique dos indivíduos e o corpo social ao qual pertencem. E. Jaques indicou desde há muito que as instituições fornecem mecanismos de defesa contra as angústias arcaicas para aqueles que delas fazem parte. No exercício da medicina, as angústias estão ligadas à pulsão de morte e às outras pulsões que a profissão atualiza e mobiliza: o corpo médico impõe, portanto, àqueles que recorrem a ele, não somente a aquisição de um saber (hoje o "discurso científico", J. Clavreul, 1978), mas também a adoção (por identificação) de mecanismos de defesa que protegem contra a angústia. Balint descreveu em seu primeiro livro um certo número destas defesas, a cumplicidade do anonimato, por exemplo. Na participação de um grupo Balint é, portanto, provável que os clínicos tenham que descobrir alguns dos mecanismos psíquicos com os quais cada um funciona e organiza sua relação com os pacientes, e que herdou do meio médico que freqüentou.

A tomada de posição de um grupo Balint se faz não somente com relação ao conjunto do corpo médico, do qual os participantes se diferenciam por sua motivação, mas também com relação a uma medicina ideal, da qual a prática de cada um se diferencia por uma certa distância. Esta última está em função de sua sensibilidade particular, ligada à experiência concreta dos pacientes, ao seu poder de observação e à sua estrutura psíquica, que os deixa insatisfeitos com os vazios deixados em seu trabalho terapêutico pela aplicação exclusiva do critério científico. Muitos destes sujeitos não são profissionalmente felizes. Isto porque os mecanismos sublimatórios fornecidos atualmente pela medicina (a sublimação é um conceito que se refere aos valores sociais do meio) não lhes bastam. Existe, de algum modo, um remanescente.

Ora, as pulsões que são gerenciadas pela sublimação realizada no exercício da medicina são as de ver,[5] saber e poder sobre o corpo (L. Israel, 1968). Talvez os médicos atraídos pelo trabalho Balint tenham a mais o desejo de escutar, e além disso, o de ouvir e de exercer um "poder" profissional diferente. Estas disposições comuns são importantes quando da constituição de um grupo: elas são um dos seus elementos de base.

III. O Caso e o Relator do Caso

Em torno de um caso que gera dificuldades para aquele que faz o seu relato aos outros desenvolve-se uma discussão. Na realidade, trata-se menos de fazer uma narração

---

5 G. Rosolato (1980) demonstra como, no psiquiatra que foi Clérambault, a função do olhar se mantinha pregnante, principalmente no diagnóstico.

do que *relatar* o caso do paciente e compreender aquilo que se passa entre este médico e seu paciente, seu "objeto" profissional. Sabemos que este relato do caso, feito pelo clínico diante dos colegas e do líder, reproduz a relação: o relator ocupa o lugar do paciente, e os colegas o do médico. Graças a isto, os fenômenos relacionais que se desenvolveram com este paciente podem ser esclarecidos.

A exposição do caso permite ao médico que se escute a si mesmo, que se experimente no relato que faz e na percepção obtida que relata de seu paciente, assim como na maneira com que vive sua relação. O fato de tomar a palavra dá ao relator uma nova luz sobre o caso e sobre sua relação com ele. Balint demonstrou como as questões levantadas pelo relato permitiam desvelar as falhas deste, inclusive os pontos cegos do relator, e destacar outros pontos de vista para a compreensão do caso e para a intervenção do clínico: um certo número de facetas pode assim ser examinado, dando ao médico novas liberdades em sua relação com o paciente.

De um modo bastante geral, o conjunto dos colegas tem por função ampliar o campo das representações do caso que o relator pode usar, assim como a função de ampliar o leque das representações de sua própria psique que o caso põe em movimento e que não têm todas elas o mesmo acesso a sua consciência. Na diversidade das intervenções dos colegas, o relator encontra um eco de sua própria diversidade interior, da qual uma parte limitada estava, até então, à sua disposição. Nas maneiras de ser de cada um, nas dominantes individuais, ele pode projetar seus movimentos pulsionais e as defesas que a elas estão ligadas, assim como os elementos do conflito tal como o paciente "trouxe" para o médico e que o penetraram obscuramente antes de encontrarem eco no grupo.

Estando os colegas presentes, escutando, intervindo ou ficando em silêncio, permitem ao relator do caso que disponha de diferentes instâncias em torno de si, com as quais funciona junto do paciente: instâncias ideais, extremamente arcaicas, enxertadas sobre o ego ideal, as mais próximas da onipotência médica e as que se articulam com o ideal do ego, tendo certa relação com as possibilidades sublimatórias, também com instâncias superegóicas, com suas diferentes moções pulsionais e assim como os movimentos eróticos que o encontro com o paciente provoca. Com cada um dos outros (ou dos subgrupos resultantes de várias outras reuniões na ocasião, ou permanentemente, sob a mesma "bandeira") o sujeito pode funcionar sob o aspecto de casal como uma parte de si mesmo exteriorizada e falante, e não condenada ao silêncio estando em ação. Dito de outro modo, e para concretizar movimentos diversos — não obrigatoriamente harmoniosos, nem claramente perceptíveis —, suscitados no relator pela exposição de um caso, os colegas reagirão com uma diversidade de intervenções que se mostrarão falantes para o sujeito, definirão as diferentes tendências que o animam e que também são o reflexo, o eco, direto ou invertido, do paciente. Graças a isso, o relator poderá melhor situar o caso e a si mesmo em sua relação com este. Pelo menos, não ficará imobilizado num impasse diante de um obstáculo impenetrável.

As trocas entre os participantes, que o caso poderá gerar e das quais o relator participa ou não, constituem possivelmente novos vínculos entre os elementos que estão em conflito no paciente e que colocam o médico, por sua vez, em dificuldades. A discussão se mostra, ao mesmo tempo, a expressão de posições individuais diferenciadas, reflexo das sensibilidades particulares e da experiência de cada participante, mas também dramatização daquilo que entra no conflito interno do paciente, aquilo com que o médico ressoou a seu modo e que demonstrou em seu relato. O efeito formador pela descoberta de uma nova clínica e de novas modalidades a ela ligadas pode ser percebido com a exposição de um caso, assim "aberto" pelos outros, graças aos modos de reação individual de cada um. Através dos outros, que podem expressar livremente (porque não implicados pelo caso em questão) aquilo que sentem e associam a seu respeito, o relator pode descobrir o conjunto, inclusive a riqueza do paciente e das maneiras individuais de reagir a ela. Pelas discussões de casos, os participantes podem assim, progressivamente, fazer uso de suas reações pessoais aos seus pacientes, reconhecendo-as mais como dados clínicos utilizáveis do que como restos indesejáveis.

Contudo, em um plano dinâmico, o relato do caso conta menos do que o conjunto formado pelo "caso e pelo relator do caso" que constituem uma entidade clínica. Apesar de composto por duas pessoas, ele é, no sentido analítico, um objeto investido por todos (eles são médicos e terapeutas) e por cada um. As implicações deste fato requerem um lembrete: o paciente é o objeto profissional através do qual a "fantasia terapêutica" se realiza (J. P. Valabrega, 1962). Em torno desta fantasia cada um desenvolve e organiza, sobretudo inconscientemente, a relação com o paciente, em função da estrutura psíquica deste último, da sua própria, e em função dos mecanismos de defesa institucionais, das regras e leis que clara ou silenciosamente o corpo médico lhe transmitiu e faz com que partilhe freqüentemente, sem que ele se dê conta disto. O conjunto "caso + médico relator" é, portanto, um objeto composto, investido de múltiplas maneiras: é um objeto comum enquanto objeto central típico da vida profissional. Mas se por um lado reúne os participantes, ao mesmo tempo ele os separa, pois está ali para ser esclarecido, examinado, compreendido, desmontado sob diversos ângulos para poder ser retomado, construído, recomposto por cada um, que faz isso à sua maneira. Contudo, estão todos reunidos em torno dele em acordo sobre o fato de que o objeto da medicina "puramente" científico não corresponde a sua expectativa: é em torno deste objeto novo que se unem. Este objeto é também lugar de projeções: cada um se projeta no relator e pode assim perceber traços, concepções, que são as suas, mas com relação às quais pode funcionar de um modo distante, senão crítico. Pois uma outra parte de cada um funciona como aquele que discute, parte que toma na elaboração dos casos uma posição possivelmente diferente da do relator.

O caráter desviante da função do relator é, evidentemente, essencial na dinâmica deste trabalho em comum, tendo a alternância das posições em que se expõe e que se elabora (esquematicamente) efeitos de identificações múltiplas.

IV. O Funcionamento do Grupo e seus Efeitos

Mencionaram-se até aqui colegas participantes e outros pacientes que respondem ao relato do caso clínico e intervêm cada um à sua maneira.

Este conjunto de pessoas, como já vimos, reunidas por uma comunidade de aspirações, de desejos de mudança e de demandas dirigidas a um líder, constitui, por isso mesmo, um grupo que se individualiza no seio do corpo médico. Não existe aqui somente um acréscimo de clínicos que permitem perceber uma representação viva do caso relatado, mas também um conjunto unido pelo procedimento comum de seus membros e, exatamente por isso, investido com seu narcisismo. O grupo é uma totalidade imaginária que incentiva o projeto de todos de praticar uma "melhor medicina". O grupo é, portanto, o lugar para onde cada um traz seu desejo de mudar e a esperança de realizá-lo.

Mas cada um chega nele com o peso de seu passado, as marcas de sua história profissional, da formação recebida, das tradições herdadas, dos mecanismos de defesa do meio, e das "organizações" psíquicas que dentro de cada um se alojaram, silenciosamente, sob forma de identificações, principalmente naqueles que então favoreceram, através de sua presença, de suas palavras, de sua maneira de ser, de seu exemplo, a entronização do impetrante no seio da profissão. Ao localizar em tal ou qual "antigo" um traço em que discerne um ideal (porque o traço responde ao que já estava nele como um objeto a ser atingido), o estudante investe aquilo através do que tentará se construir como médico. Em cada um, na chegada ao grupo, estão presentes tendências mais recentes: seu desejo de adquirir e de mudar, e suas marcas mais antigas, provenientes daqueles que o formaram (elas próprias tinham relação com certas particularidades de sua história pessoal). Estas diferentes partes de cada um terão, em grupo, a possibilidade de se manifestar e, de algum modo, de se pôr em movimento.

A propósito de um caso clínico, objeto de discussão, se desenvolvem trocas entre o relator e os outros, mas também entre os participantes, sendo a ocasião da ativação de mecanismos psíquicos, principalmente de projeções e de introjeções. As diversas tendências, movimentos pulsionais, defesas psíquicas, ideais, regras, etc., que funcionam em cada um em sua profissão, mas segundo modalidades individualizadas, são projetadas reciprocamente e podem aparecer constituídas em subgrupos representativos de uma ou outra destas tendências. Assim se mobilizam, se confundem ou se contestam através de diferentes pessoas os elementos que até aqui estavam imobilizados dentro de cada um. É através de um meio indireto e por intermédio do caso relatado, investido pelo conjunto dos participantes, que se opera este trabalho de troca, que pode, secundariamente, resultar em um "trabalho psíquico" individual. Este se origina não somente das projeções sobre os outros, mas também das introjeções feitas por cada um: introduzimos em nós aquilo que percebemos nos outros, aqueles que têm em si o objeto que desejamos e do qual carecemos. O caso do paciente é, com certeza, a oportunidade de uma representação de seu problema, mas também de uma troca de diferentes maneiras de perceber, de conceber e de exercer a medicina: modos de ser e modos de fazer. Aparentemente, entre os desejos, as defesas, as regras implícitas ou explícitas, os ideais que, ao se articularem entre si, determinam o funcionamento profissional de cada um, a importância dos ideais adquiridos durante a iniciação, mas também durante a história do corpo médico, é muito significativa.

O trabalho psíquico grupal, que um grupo Balint propicia, pode ser descrito sob três aspectos.

O desenvolvimento das projeções e das identificações entre os membros ou os subgrupos de participantes tem por efeito a constituição de um tecido psíquico comum e a construção de um corpo grupal imaginário, que funciona como referência identificatória para os membros. Esta última é particularmente necessária em vista das perdas de identificações a que o trabalho grupal dá origem.

Estas perdas dizem respeito aos sistemas de identificação profissional trazidos pelo corpo médico ao longo de sua história (principalmente desde o surgimento da era científica e da constituição do paciente como objeto de estudo separado do observador), sistemas que se mostram especialmente úteis no início dos estudos para a luta contra as angústias de morte. Estas operações psíquicas são as das perdas de objeto ideal, que são acompanhadas por movimentos depressivos (J. Guyotat, 1978) vividos por cada um, mas também suportados pelo corpo grupal. Um outro aspecto do trabalho psíquico em grupo é constituído pela criação de um corpo comum de trabalho e de experiência: ele é o fruto das trocas, das dificuldades encontradas, dos abandonos sucessivos — das concepções que se tinha ou dos participantes que pararam de vir — daquilo que havia sido recebido como herança do passado — confortável e desconfortável, simultaneamente, visto que obtido sem a necessidade de sua construção —, todas as coisas que é preciso renovar, substituir, refazer à própria maneira, em grupo ou pessoalmente, para que cada um possa se identificar, reconhecer a si próprio e se fazer reconhecer.

Podemos dar um exemplo do possível resultado deste trabalho comum quando o abandono do ideal (implícito) da onipotência profissional dá lugar à descoberta, por parte de cada um, de suas próprias expectativas terapêuticas em cada caso (sua "função apostólica") e ao reconhecimento tanto de seu saber quanto de seus limites (a aceitação de "suas besteiras").

A importância dada aqui aos fenômenos de grupo conduz a duas observações: a vida de grupo só existe, em cada sessão, através do(s) caso(s) relatado(s): o caso representa o objeto profissional investido por todos, sendo assim a ocasião para cada um se expressar, se manifestar ou discutir. A segunda observação concerne ao relator. Evidentemente, este tem dificuldades com o caso que descreve, mas cada um dos outros, nesta ocasião, lhe empresta e lhe formula suas atitudes, sua experiência, sua maneira de compreender e de agir. É, portanto, a partir do relator, assim como do caso, que o tecido grupal se desenvolve. Convém lembrar que cada um está, por sua vez, na posição de relator.

Uma topologia do funcionamento do corpo grupal é representável: o paciente, para o corpo grupal, é um objeto exterior, porém adjacente ao grupo. O relator está situado numa zona intermediária entre o grupo e o objeto doente; é através de sua boca que se iniciam e se travam as trocas. Ele está, simultânea e alternadamente, fora do grupo, assim como o paciente, e dentro do grupo, como membro. Ele faz um movimento de oscilação de fora para dentro e de dentro para fora. Mas, este movimento é também o da doença no interior do fantasma terapêutico (J. P. Valabrega, 1962). A doença nele "circula" entre o médico e o paciente. No caso relatado ao grupo esta circulação está bloqueada. O deslocamento "fora-dentro", efetuado pelo médico relator, oferece a possibilidade de pôr de novo em movimento aquilo que já não estava mais. O grupo está em posição metonímica com relação ao todo do corpo médico, o mesmo sucede com o relator em relação aos colegas do grupo. O trabalho do grupo, considerado do ponto de vista topológico, faz simultaneamente a doença "circular" e reintegra o médico no corpo médico, com seus diversos encaixes.

Estas observações visam restituir o trabalho grupal ao eixo em torno do qual ele se regula.

A situação de grupo considerada sob o ângulo da psique dos participantes é uma situação em que, evidentemente, as diversas partes de cada um se projetam nos outros, considerados como indivíduos distintos. Mas é também um lugar onde as partes arcaicas da psique se projetam sobre o grupo percebido no conjunto como uma totalidade imaginária unificada. Deste modo — retornaremos a isto adiante — aquilo que existe em cada um, do narcisismo e das identificações primárias, das imagos do corpo, é sustentado pelo conjunto grupal, por cuja coesão Balint se dedicava com cuidado.

O grupo também é o lugar onde, a cada sessão, uma experiência da origem e do tempo é vivenciada. O encontro de todos em torno do líder remete cada um à sua motivação primeira, a uma pesquisa sobre a prática e ao seu desejo inicial de se tornar médico. A cada vez também é feita a experiência da separação, a experiência da "perda" do grupo como objeto investido e do retorno de cada um à solidão de seu trabalho. Como indicou A. Green (1974) a propósito do tratamento analítico, o grupo é o quadro intermediário entre o clínico e sua prática. Ele fica perdido a cada fim de sessão, para depois se reencontrar. Assim, são vivenciados o retorno à origem a separação ritmada, a continuidade na duração, o que pode favorecer, em cada participante, um renovamento.

V. Funções do Líder

As posições comuns dos participantes, suas expectativas, seus projetos, suas demandas constituem, como vimos, o grupo como um conjunto que tem uma certa unidade e bases de funcionamento. Iniciador da reunião dos médicos, o líder também deve ser situado em seu lugar, o de fundador. Podemos apreciar o impacto disto no caso de Balint: seu nome continua a ser a marca daqueles que experimentaram os grupos que criou.

O papel do líder de grupo de formação de médicos deve ser referido à posição tomada desde o início por Balint em seu procedimento primeiro: sua intenção foi a de constituir grupos de pesquisa; nas sessões de trabalho em que foi solicitado a responder enquanto detentor do saber, se dispensou. Propõe assim uma interpretação fundadora: os membros do grupo são confirmados em sua função de pesquisadores a respeito de sua prática) e o líder deve ser distinguido efetivamente do Mestre da Ciência. A função do líder na perspectiva Balint decorre desta posição inaugural: seu objetivo é não centralizar sobre si as manifestações de transferência, favorecer a expressão individual, fazer de modo a que os movimentos laterais de transferência se desenvolvam ao mesmo tempo em que diferenças pessoais e as especificidades de cada um sejam sublinhadas. Com relação ao grupo, o líder tem por tarefa manter sua coesão (função de "continente" na terminologia de W. R. Bion); deve também suportar, com o grupo, as ameaças de rompimento, de ruptura (senão de explosão), de desencorajamento e de depressão. Figura central, em torno da qual o nascimento do grupo foi feito, o líder representa tanto a continuidade quanto o futuro. É nele que o trabalho psíquico grupal, tal como foi descrito acima, pode se realizar. A formação dos participantes resulta desta dupla presença, a do líder e a do grupo, ligadas entre si. Dentro do grupo, eventualmente se atualizam as dimensões narcísicas negativas, pois, paralelamente, a continuidade é trazida pelo líder, suporte do narcisismo individual e coletivo. Um mecanismo de "desdobramento narcísico" é aqui identificável;[6] ele é um dos mecanismos da formação: permite viver momentos de desencorajamento (quando do abandono de formas anteriores de funcionamento) sem perder os marcos identificatórios que asseguram a permanência do sentimento de si mesmo.

Em uma reflexão sobre o líder, a dimensão contratransferencial deve ser examinada. Duas formas desta são perceptíveis: o projeto de Balint de formação de médicos repousa sobre uma teoria da "falta básica" e sobre aquilo que se denominou o otimismo de Balint (M. Khan, 1978) em razão de sua teoria do amor primário, a qual não é aceita por todos os analistas. Isto porque o ódio e o sadismo primário nela não ocupam um lugar correspondente à sua função estruturante. Certamente, esta argumentação teórica tem algum laço com as identificações arcaicas presentes nele e fortalecidas por sua análise com S. Ferenczi, as quais ainda estariam atuantes. Seria esta uma especulação sem interesse e sem confirmação? Talvez. Entretanto, ela deve ser ligada a este outro aspecto da contratransferência de Balint, que foi de um peso determinante em sua função de formador de terapeutas: sua disponibilidade calorosa e estimulante, percebida como um interesse pelas pessoas e seus problemas, são uma manifestação deste outro aspecto. Seria isso uma operação de sedução, de investimento narcísico de si no outro, ou uma atitude em relação com a partilha do projeto terapêutico dos médicos?[7]

---

6 Como em outras situações individuais ou grupais: cf. A. Missenard, 1976 e 1980.

7 Os vínculos entre a psicanálise e a terapêutica certamente não são os mesmos na Inglaterra, onde os dois procedimentos não são, em conjunto, estranhos um ao outro, e na França, principalmente na corrente lacaniana, onde a pesquisa teórica pretende ser pura, e onde a psicanálise "pura" é a didática.

VI. Trabalho do Grupo Balint e Personalidade Profissional do Médico

A pergunta sobre a formação do médico que vise desvelar o fantasma organizador em que sua vida profissional se estabelece pode ser formulada? A resposta à pergunta é evidente: não.

A atividade médica corresponde ao desenvolvimento de uma sublimação que teve por efeito o remanejamento de um conjunto de desejos inconscientes, de pulsões. Na profissão, estas encontraram um objeto com o qual a psique funciona com um certo prazer e em uma inserção social reconhecida. Os casos clínicos que os médicos apresentam não estão, certamente, sem relação com a personalidade do relator. Como poderia ser diferente? É certo também que o caso relatado esteja em relação com o que J. P. Valabrega (1980) denomina de "o transferido" na relação analítica. Com algumas reservas, ou colocações restritivas, o conceito de "transferido" pode ser utilizado fora de seu campo de origem. Trata-se, no caso, de considerá-lo em um sentido projetivo e imaginário, e não como J. P. Valabrega o faz, em sua versão simbólica e repetitiva. Na psicanálise, o transferido é, com efeito, aquilo que se repete semelhantemente no tratamento tanto para o analista quanto para o paciente, e o trabalho consistirá precisamente em elucidar aquilo que se repete no outro, graças a uma elucidação anterior ou concomitante. Na medicina, igualmente na relação com o paciente, existem zonas comuns: percebemos no outro o que percebemos de nós nele. A zona comum é impregnada, neste caso, de narcisismo, mas com outros pacientes a comunidade diz respeito à zonas cegas, aquelas que cada um dos dois só pode deixar na sombra em vista de seu inconsciente. É freqüentemente em razão disto que o clínico experimenta em seu trabalho dificuldades, e relata casos ao grupo: a zona cega, por definição, é um anteparo: as fantasias subjacentes, apesar de veladas, atraem o olhar, fascinam a atenção, assim como, às vezes, uma pedra isolada numa estrada nos fascina e atrai irresistivelmente, e que, apesar de percebida como obstáculo, não conseguimos evitar. No caso do médico e do paciente aqui referido é a organização das fantasias que ligam os dois protagonistas que, por vezes, subjuga e faz o médico tropeçar. Os aspectos da personalidade do médico aqui implicados se articulam com traços de caráter narcisicamente investidos: eles têm poucas razões para mudar, mas seu conhecimento pode esclarecer quem os descobre em ação nos casos clínicos. Pode se tratar também de modos de fazer profissionalmente adquiridos, cuja utilidade ou inconvenientes são mensuráveis.

O trabalho em grupo oferece uma possibilidade de mudança para a parte profissional da psique, isto é, para um setor definido e limitado da vida psíquica. Formação não é terapia: Balint deu a este respeito indicações preciosas, que mantêm seu valor. Enid Balint (1975) salientou novamente que o objetivo do trabalho Balint é o de permitir ao clínico uma melhor medicina, um exercício mais seguro de sua arte, e uma percepção bem definida de sua profissão, que não é "nem de um mágico, nem de um redator de receitas, ou de um psicanalista".

Outro efeito possível do trabalho é questionar novamente, não apenas as identificações adquiridas durante os estudos médicos desde o seu início, mas também as conseqüências destas sobre a atitude do médico em sua prática. A referência a um discurso científico, que se constituiu em ideal do corpo médico, e as relações com aqueles que o encarnam e que o ensinam, permitiu ao estudante atingir e depois ultrapassar as dificuldades "emocionais" de seu encontro com o corpo do doente. Graças a isto seus fantasmas de confusão ou de não-distinção com o corpo do doente puderam obscurecer-se (a esse respeito, ver supra, p. 172); o paciente pode ser objetivado e uma distância pode ser estabelecida entre o médico e ele, distância necessária para uma reflexão sobre o caso.

Com as primeiras identificações, dois mecanismos psíquicos são colocados em ação. A idealização do médico: ela também se apóia no sentimento de onipotência que, desde as origens do narcisismo, está associado à prevalência do corpo unido sobre o corpo fragmentado.

A clivagem é o mecanismo psíquico necessário, que permite a cada um ter a garantia de que o doente é o outro, o qual se torna então objeto de estudo. Esta vantagem tem muitas vezes como conseqüência extrema a recusa e, em seguida, a repressão (por vezes o recalcamento) de todas as reações emocionais e afetivas do médico, o que, por vezes, limita e até mesmo bloqueia suas capacidades de funcionamento psíquico.

Os possíveis efeitos da formação Balint, quando as primeiras identificações são iluminadas por uma nova luz, são não apenas o acesso a uma concepção mais ampla da medicina, mas também o reconhecimento, pelo clínico geral, da especificidade de sua prática, de seu domínio de ação, diferente daquele da medicina hospitalar, e das modalidades pessoais de seu trabalho. Ele sabe, "em seu coração, como ele deseja passar a vida profissional" (E. Balint, 1975). A mudança se realiza através da perda das identificações anteriores e através dos movimentos depressivos, possibilitados pela dupla referência ao líder e ao grupo. Paralelamente, desenvolvem-se novas identificações com os outros, em movimentos de projeção e de introjeção que garantem uma mobilização das diferentes partes de cada um. As modificações que ocorrem referem-se àquilo que podemos denominar aqui de personalidade profissional do médico (ou a parte profissional da personalidade do médico).

Designamos (A. Missenard,1976) por esta formulação utilizada primeiramente por R. Gelly (1969), uma parte da psique que se desenvolve a partir de fantasias organizadoras e que compreende diversas instâncias. Estas se relacionam entre si assim como os três registros de ideal, de superego e de ego.[8] As modificações do registro do ideal profissional, possivelmente trazidas pela formação, consistem em uma diminuição relativa da importância do ego ideal em sua dimensão de onipotência megalomaníaca. As modificações do superego são o correlato de uma flexibilização das exigências interiores

---

8 Estes conceitos psicanalíticos, cômodos porém abstratos, remetem aos processos de identificação dos quais são a marca, ou traço. A personalidade resulta de uma sucessão de identificações que deixam, na psique, "objetos". Ocorre o mesmo com a parte profissional da personalidade.

e da diminuição da culpa. As mudanças do ego ocorrem, se elas operarem uma diminuição da angústia de culpa e da angústia diante das pulsões, obtida pelas identificações com os outros, por uma partilha com eles das experiências profissionais que permitem um alívio do peso da solidão na qual o novo clínico se percebe. A aceitação das "próprias besteiras" é um outro aspecto do reforço do Ego profissional, quando o sujeito pode funcionar de outro modo, diferente daquele relacionado com os ideais de onipotência e de trabalho cintífico "puro", com os quais, em maior ou menor grau, implicitamente se formou. Nisto reside o elemento determinante do reforço da "estima de si" que o paciente retira de um encontro *flash* com o médico (E. Balint, 1975).

Participa igualmente das modificações do Ego, um olhar sobre si mesmo no trabalho, em suas particularidades, nas tendências e nos traços de caráter de cada um, um olhar que foi tornado possível e que permite certo recuo.

Uma parte importante do trabalho de formação reside em um desenvolvimento das identificações, principalmente narcísicas. Graças as elas, as outras modificações podem se operar sem que os sujeitos se sintam ameaçados. Com efeito, qualquer eventual mudança na personalidade profissional é sentida como fonte de angústia e de ameaça dos mecanismos de defesa e das referências identificatórias, trazidas pela instituição médica. Nesta última, os médicos encontraram um apoio, até há pouco, para as partes mais antigas de sua personalidade (identificações primárias, narcisismo primário, imagos de um corpo unificado), no momento de sua formação inicial, abordando o corpo doente.

Qualquer mudança posterior só pode ser realizada se as partes arcaicas de cada um, até então sustentadas pelo corpo médico, encontrarem um novo apoio. O grupo de formação Balint é o lugar onde este pode ser encontrado, juntamente com os outros e com o líder, ao longo de um trabalho psíquico.

Este quadro constitui um leque das possíveis mudanças obtidas pelo trabalho Balint. Ele evidentemente não representa uma soma necessária ou um programa preliminar, ao qual cada participante estaria obrigado a chegar após um grupo. Os efeitos possíveis são, evidentemente, os mais abertos, e sobre eles J. Guyotat (1978) dá uma amostra interessante através de testemunhos.[9] É preciso salientar que a *formação é uma constatação a posteriori*, e não um programa. Podemos dizer quando o caminho foi percorrido: "eis a estrada que percorri", mas antes da viagem, evidentemente, ignoramos a paisagem que está por vir. Esta é a razão, talvez, pela qual Balint queria, antes de tudo, que seus grupos fossem de pesquisa. Assim, com ele, os clínicos de então sentiam sua ignorância a respeito do que iriam descobrir, inventar, criar, estando disponíveis para qualquer eventualidade, senão para qualquer mudança... Os clínicos de hoje podem estar certos de que, para cada um deles, há descobertas a serem feitas.

---

[9] A diversidade das formas da "modificação limitada" também surgiu durante um debate sobre este tema na Société Médicale Balint (em 6.02.81).

VII. Resistência à Mudança na Formação Balint

Existe uma resistência à formação Balint. Ela é de duas categorias. Qualquer trabalho sobre o processo de mudança encontra inevitáveis resistências. Nos grupos, estas são constituídas menos por cabeçudagem do que pelo material sobre o qual se trabalha. Uma outra forma de resistência é aquela que o corpo médico, considerado em sua grande maioria, opõe à penetração e ao desenvolvimento das concepções de Balint. Em um período onde as pesquisas sem paixão demonstraram desde há muito tempo a importância dos distúrbios "funcionais"[10] e da "demanda" dos pacientes em medicina geral, podemos nos surpreender com o fechamento de inúmeros clínicos a uma abordagem que pode ampliar seu campo de ação terapêutica.

Irei me demorar nesta segunda forma de resistência, sublinhando que ela é, ao mesmo tempo, aquela do corpo médico como corpo profissional, e aquela daqueles que o compõem, sendo o corpo e os membros solidários em seu funcionamento assim como em sua relação com os pacientes. A articulação dos diferentes elementos deste conjunto pode, portanto esclarecer o fenômeno da resistência. Sublinharei aqui algumas particularidades deste, sem dar, contudo, uma teoria geral exaustiva dos vínculos entre médico, doença e corpo médico.

As fantasias, cujo ressurgimento a doença provoca, são vetores de angústia: elas, com efeito, estão ligadas às representações arcaicas do corpo, tais como as imagos do corpo fragmentado. A criança pôde ultrapassar outrora estas formações psíquicas, por ocasião de seu acesso à fase narcísica de seu desenvolvimento: ela fez então a descoberta de sua imagem, adquiriu uma representação de seu corpo reunido, localizável e diferente do materno, do qual, em fantasia, não se distinguira até então. Foi assim conduzida a viver ao mesmo tempo o júbilo da onipotência imaginária de seu corpo unificado, mas também o drama que a separação do corpo de sua mãe constitui, corpo cuja primeira forma está, a partir daí, perdida para a criança.

A doença é a recolocação em movimento de uma organização da psique análoga a esta, com suas angústias de corpo desfeito e a espera de sua passagem para uma unidade do corpo reencontrada. Esta passagem se torna possível pelo estabelecimento da relação com o médico e pelo desenvolvimento do "fantasma terapêutico" (J. P. Valabrega, 1962). Nesta fantasia, o paciente se identifica com a imagem de onipotência sustentada pelo médico. Mas este se identifica inconscientemente com um traço que especifica o paciente enquanto tal: aquele de ser carente daquilo que o constitui habitualmente como corpo unificado. Entre os dois, a doença "circula". Isto é ilustrado em certas civilizações onde o contato estabelecido entre os corpos do doente e do xamã permite que este último "tome sobre si" a doença da qual o doente se livra.

Esta relação imaginária escapa à fascinação que poderia ameaçar dois protagonistas ligados entre si por uma fantasia comum. Pois, a doença que "circula" tem para o

---

10 Os distúrbios ditos funcionais são melhor designados como sendo "relacionais", como sublinha M. Sapir (1980).

médico um lugar diferente do que na fantasia. Ela se situa, com efeito, naquilo que o conjunto dos médicos reuniu como saber de referência (os conhecimentos médicos) e aquilo que ele constitui como corpo.

O corpo médico é um corpo social profissional que serve de apoio para cada um dos clínicos no exercício da profissão. Isto deve ser entendido como articulação de uma parte da psique de cada médico com os elementos constituintes do corpo profissional: seus ideais, suas regras, seus objetos de investimentos específicos. Estes últimos, que designo como "objetos profissionais", são, no caso, os doentes.

Os ideais profissionais e o discurso, científico em nossas civilizações, que funciona como referência (mas que não é o único possível), são reconhecidos pela sociedade e favorecem a sublimação dos movimentos pulsionais, isto é, a transformação da parte destruidora presente nas pulsões de cada um.

As regras editadas pelo corpo profissional definem o quadro dentro do qual a profissão pode ser exercida. O quadro tem por função receber as pulsões sádicas destruidoras (co-extensivas com o desejo de cuidar), assim como remetê-las ao médico sob a forma das regras do código.

O objeto profissional, o doente, é idealizado na medida em que ele é ao mesmo tempo objeto de satisfação pulsional e objeto que permite aproximar-se ou atingir os ideais comuns ao indivíduo e ao seu corpo profissional. Libido de objeto e libido narcísica têm, para ele, a possibilidade de investimento. O paciente, por sua vez, encontra no corpo médico e em seus representantes os índices da onipotência que lhe é necessária na relação terapêutica. Porém, quando o discurso idealizado é puramente científico, o doente, de forma correlata, tende a ser constituído como objeto para a ciência, e apenas isto.

A articulação entre o médico e o corpo médico, psicologicamente considerada, fornece ao médico um conjunto de identificações que o especificam em sua relação com a sociedade global, na qual é reconhecido como "aquele que trata", em sua relação com o doente, que pode investi-lo de onipotência, e em sua relação consigo mesmo: ao se apoiar sobre o corpo profissional ele pode se afirmar na proximidade da morte e da castração ao mesmo tempo em que se distingue delas radicalmente: o doente é o outro. O médico cuida dele com referência a seu corpo de pertinência e ao discurso que nele é mantido.

Graças a isto, a cumplicidade corpo-doente/corpo-cuidante torna-se possível sem prejuízo algum.

O apoio é fornecido ao futuro médico desde os seus primeiros passos como estudante. Ele enfrenta então a anatomia — há não muito, o cadáver — e encontra aqueles que encarnam o saber, o poder, a possibilidade de ver dentro e através do corpo. Estes mesmos lhe transmitem as tradições, principalmente sob a forma de mecanismos de defesa que o corpo médico construiu ao longo de sua história para se proteger — não sem motivos — contra os afetos que assaltam o médico quando da aproximação do corpo "que está morrendo", ou "fragmentado", e que impediria o estudo com a distância necessária.

Um "pacto de troca" implícito é feito. Um "contrato narcísico" — não dito — é estabelecido entre o impetrante e o grupo no qual se insere.

Para ilustrar o mecanismo de defesa e sua importância, basta nos referirmos a uma teoria das relações entre o indivíduo e o corpo social. P. Castoriadis-Aulagnier (1975) designa esta relação como "contrato narcísico". Em um pacto de troca "... o grupo garante a transferência, sobre o recém-chegado, do mesmo reconhecimento que aqueles que o precederam usufruíram. O recém-chegado, por sua vez, se compromete em repetir o mesmo fragmento de discurso a que o grupo se refere. O 'contrato narcísico' se estabelece porque o conjunto, o corpo social pré-investe o 'infans' como futura voz, que tomará o lugar que lhe é designado". Mas o conjunto real só pode se preservar se a maioria dos sujeitos investe um mesmo conjunto ideal. Graças a isto se estabelece uma economia da libido narcísica de cada um. Um sujeito que é admitido em um grupo é nele investido: em troca, ele investe ao mesmo tempo o grupo e o grupo ideal ao qual este se refere. Cada um pode então estabelecer uma identidade entre possível perenidade de conjunto e desejo de perenidade do indivíduo. O investimento do grupo ideal se estabelece sobre um desejo individual de imortalidade.

Esta teoria das relações indivíduo-social se insere diretamente na linha de elaboração freudiana do narcisismo e dos grupos. A nosso ver, ela também vale para as relações entre indivíduo e grupo profissional, no caso a medicina. Ela é aqui tanto mais ativa quanto mais as fantasias que sustentam o desejo de curar são destruidoras e quanto mais as imagens do corpo e a pulsão de morte são aqui prevalentes. A necessidade é, portanto, tanto maior quanto mais aqui se afirma um desejo de imortalidade, deixando, por exemplo, o próprio nome em uma obra profissional original ou simplesmente participando de um corpo encarregado de cuidar que perdura, desde sua origem.

Essa organização deixa transparecer facilmente aquilo que assegura sua conservação e as dificuldades de ali introduzir mudanças. O corpo profissional fornece, com efeito, elementos que permitem a cada um que funcione sem ser ameaçado pelos fantasmas (organizadores) angustiantes que o encontro com o doentes mobiliza.

Na fantasia terapêutica, os traços que são trocados entre os protagonistas, são, por um lado, a falta, a fragmentação, e por outro, a onipotência. O corpo médico traz consigo possibilidades de identificação simbólica e um discurso científico que, às margens dos estudos, no momento em que se faz um pacto de troca, um "contrato narcísico", fornece ao futuro médico o meio de se defender contra os riscos da relação terapêutica: para participar do corpo daqueles que tratam, a gente se distingue do corpo que é tratado. De fato, as identificações simbólicas irão reforçar a onipotência imaginária, sustentada pelo médico na relação terapêutica. A propósito, por que não? A eficácia terapêutica, em certos casos, é facilitada por ela. Mas tudo se passa como se, inconscientemente — e conscientemente —, se confundissem o pertencer ao corpo, o fato de se permitir tratar e a adesão ao "discurso científico". Assim, uma referência diferente da "exclusivamente científica" na aproximação com os pacientes e no funcionamento do terapeuta é implicitamente sentida como uma traição ao meio de origem e um risco de não ser mais reconhecido pelos seus pares.

Assim, um fenômeno quase ideológico,[11] que é ao mesmo tempo um mecanismo defensivo e uma referência identificatória, esclarece talvez este fato surpreendente que é o desinteresse de inúmeros médicos por uma parte bastante considerável dos pacientes (30 a 60% dos casos, segundo os autores), os quais não respondem ao modelo definido pelo ideal atualmente em ação.

Contudo, os pacientes "demandam" ao seu modo não somente a ciência, mas também outra coisa. Ao médico, cabe encontrá-la, sem perder suas referências identificatórias dos modos de resposta e de tratamento, "mantendo-se o mesmo, porém de outro modo" (N. Bensaid, 1978).

---

11 É em termos de ideologia que R. Kaes (1980) trata de *l'esprit du corps* (espírito corporativista).

Bibliografia

ALBY, J. M.; SAPIR, M.; ALBY N. & LÉON-COHEN, S. "Relation de soins: formation continue-discontinue". *Revue de psychologie médicale*, 10, 1978, 2:271.

ALBY, J. M.; SAPIR, M. & FERRERI, M. "Pédagogie de la relation dans les études médicales". *Revue de psychologie médicale,* 10, 2, 1978.

AMSEL, M. & CHOPPY, E. "A propos de déviances bruxelloises". *Bulletin de la société médicale Balint,* 13, 1975, pp. 45-57.

ANZIEU, D. *le Groupe et l'inconscient.* Paris, Dunod, 1972, 2° — 1981.

ANZIEU, D.; BEJARANO, A.; KAES, R.; MISSENARD, A. & PONTALIS, J. B. *le Travail psychanalytique dans le groupes.* Paris, Dunod, 1972.

AUBRY, J. "Table ronde sur: la place de la psychanalyse en médecine". *Cahiers du Collège de médicine,* 12, 761-774, 1966.

AUDRAS DE LA BASTIE, M. *In* J. Guyotat, *Psychothérapies médicales.* Paris, Masson, tomo 1, 1978, pp. 243-247.

AULAGNIER, P. *la Violence de l'interprétation: du pictogramme à l'énoncé.* Paris, P.U.F., 1975.

AVRIL, A. M. "Réflexions sur une expérience de groupe Balint avec des psychologues cliniciens." *Connexions,* 31, 1980, pp. 61-71.

AXELRO, M. et coll. "Psychological aspects of outpatient medical emergencies." *in The Human face of medizin.* Londres, Éd. Ph. Hopkins, c/o Pitman Medical, 1979, pp. 112-119.

BACAL, H. A. "The treatment aspect of Balint Training". *Journal of Balint Society,* 4, 1975, pp. 10-13.

BALINT, E. "l'Élaboration des idées de Michaël Balint sur le remède médecin". *Bulletin Société Médicale Balint,* 14, 1975.

———. "le Psychanalyste et la médecine". *Revue de médecine psychosomatique,* 4, 18, 1976, pp. 323-334.

BALINT, E. & NORELL, J. S. *Six minutes par patient.* Paris, Payot, 1976, 1973.

BALINT, M. *le Médecin, son malade et la maladie.* Paris, Payot, vol. 1, 1968, 1957, trad. fr. J. P. Valbrega.

———. *le Défaut fondamental.* Paris, Payot, 1971, 1967.

———. "la Genèse de mes idées". *Gazette médicale de France,* 77, 3, 1970, pp. 457-462.

BALINT, M. & BALINT, E. *Techniques psychothérapeutiques en médecine.* Paris, Payot, 1970, 1961, trad. fr. J. Dupont e J. P. Valabrega.

BALINT, M.; BALINT, E.; GOSLING, R. & HILDEBRAND, P. *le Médecin en formation.* Paris, Payot, 1979.

BALINT, M.; ORNSTEIN, P. H. & BALINT, E. *la Psychothérapie focale.* Paris, Payot, 1975, 1972, trad. fr. J. Dupond e R. Gelly.

BALMARY, M. *L'homme aux statues: Freud ou la faute cachée du père.* Paris, Grasset, 1979.

BAYON DE NOYER, A.; BELLIER, P.; BUIS, P.; DAMATO, C.; GAUTHIER, P. & MEGARD, M. *in* J. Guyotat: *Psychothérapies médicales.* Paris, Masson, 1978, pp. 247-262.

BENOIT, P. "A propos de la formation psychologique des médecins". *Revue de médecine psychosomatique,* 6, 4, 1964, pp. 375-389.

BEN SAID, N. "Autrement le même". *Nouvelle revue de psychanalyse,* 17, 1964, 1978, pp. 27-41.

———. *la Consultation.* Paris, Denoël, 1979.

———. "Modèles et artistes". *Cahiers de la Société médicale Balint,* 24, 1979, pp. 15-21.

Bibliografia

————. *la Lumière médicale*. Paris, le Seuil, 1981.

BERNACHON, P. "la Formation Balint". *Psychiatries,* 26, 1976, pp. 113-120.

BERTON, F. "Que peut faire un généraliste balintien auprès de jeunes étudiants en médecine". *Cahiers de la Société médicale Balint,* 28, 1980, pp. 21-26.

BION, W. R. *Recherches sur les petits groupes.* Paris, P.U.F., 1965, 1961.

BIZOUARD, E. & JEAMMET, P. "le Désir d'être médecin dans le cadre de la formation médicale". *Revue de médecine psychosomatique,* 20, I, 1978, pp. 59-68.

BLANCHARD, A. M. & MATHIEU, M. *Autour de la perlaboration dans les groupes de formation.* 1979, não publicado.

BOURDIER, P. *Corps et langage en psychanalyse.* Lyon, Actes du Colloque des Arcs, P.U.L., 1980, publicado sobre a direção de J. Cosnier.

BOURNE, S. "la Filiation des cas dans le groupe Balint". *Revue de médecine psychosomatique,* 21, 2, 1979, pp. 137-152.

BOWEN, M. "Toward the differenciation of self in one's family of origine". *in Family therapy in clinical practice,* New York, Jason Aronson, 1978, pp. 529-547.

BRAUN, R. N. *Pratique, critique et enseignement de la médecine générale.* Paris, Payot, 1979.

BRES, Y. "Ragots sur les parents de Freud", *Psychanalyse à l'Université,* 21, 6, 1980, pp. 165-175.

BRISSET, CH. "Médecine et psychiatrie". *Bulletin de la société médicale Balint,* 18, 1976, pp. 17-34.

CANET, L.; AUBENY, E.; DELASNERIE, R.; NICOLLE, M.; STEIMER, P. & TOUBOUL, R. "l'après-Balint: Réflexions d'un séminaire de traivail sur les *hic* en médecine". *les Feuillets de psychiatrie de Liège,* 14 \ 1, 1981, pp. 65-76.

CASTORIADIS-AULAGNIER, P. *la Violence de l'interprétation.* Paris, P.U.F., 1975.

CHERTOCK, L. & BOURGUIGNON, O. *Vers une autre médecine.* 1977, Privado.

CLAVREUL, J. *l'Ordre médical.* Paris, le Seuil, 1978.

CLYNE, M. *Night calls.* Londres, Tavistock Publications, 1961.

COHEN, S. "l'Angoisse du médecin dans les groupes Balint". *Bulletin de la Société médicale Balint,* 12, 1974, pp. 23-26.

COHEN-LÉON, S. & SAPIR, M. "la Formation intensive discontinue". *Revue de médecine psychosomatique,* 21, 2, 1979, pp. 161-171.

DEVEREUX, G. *Essais d'ethnopsychiatrie générale.* Paris, Gallimard, 1970.

DICKS, H. V. *Marital Tensions.* Londres, Routledge and Kegan Paul, 1976.

DONNET, J. L. & OUTROS. *Psychanalyse et médecine, le point de la question.* Paris, S.G.P.P., 1969.

ENGEL, G. L. *Psychological development in health and disease.* Philadelphie, W. B. Sauders company, 1962.

ENRIQUEZ, E. "Perception psychanalytique dans les groupes". *in Speziale Babliacca; formazione e perceptione psycoanalitica,* Roma, Feltrinelli, 1979.

―――. "Ulysse, OEdipe et le Sphinx. Le formateur entre Scylla et Charybde". *in Speziale Bagliacca; formazione e perceptione psycoanalitica,* Roma, Feltrinelli, 1980.

FAIRBAIRN, W. R. D. *Psychoanalytic Studies of the personality.* Londres, Tavistock Publications, 1952.

FAURE, F. "Tradition orale et mouvement Balint". *Bulletin de la Société médicale Balint,* 19, 1976, pp. 35-42.

―――. *la Doctrine de Michaël Balint.* Paris, Payot, 1978.

FERREIRA, A. J. "Family myth and homeostasis". *Arch. of Gen. Psychiatry,* 9, 1963, pp. 457-463.

FIVAZ, E.; FIVAZ, R. & KAUFMANN, L. "Symptôme et thérapie: un modèle systémique". *Cahiers critiques et thérapie de famille et de pratique de réseau,* Bruxelles, 3, 1980.

FREUD, S. "Psychanalyse et Médecine". *in Ma vie et la psychanalyse,* Paris, Gallimard, 1940, 1926.

GACHKEL, V.; BOMPARD, A. & BOUTTIER, D. "la Formation psychologique des médecines dans le cadre d'un service de médecine à orientation psychosomatique". *Revue de médecine psychosomatique,* 6, 4, 1964, pp. 403-408.

GELLY, R. "la Personnalité professionnelle de l'aviateur". *Revue du corps de santé des armées,* V, 1969, pp. 585-598.

―――. "Réflexions sur les buts de la formation des médecins par la méthode Balint". *Gazette médicale de France,* 77, 3, 1970, pp. 497-502.

―――. "les Avatards de la relation entre les médecins Balint et les leaders de groupe Balint". *Cahiers de la société medicale Balint,* 27, 1980, pp. 3-12.

GENDROT, J. A. "la Formation psychologique et psychiatrique des médecins". *Evolution psychiatrique,* 32, IV, 1967, pp. 865-882.

———. "le Dialoque psychanalystes médecins et la méthode Balint". *Gazette médicale de France*, 77, 3, 1970, pp. 467-474.

———. "Principes fondateurs de l'oevre de Balint en médecine". *Bulletin de la Societé médicale Balint*, 8, 1972, pp. 17-23.

GILLIERON, E. "Psychanalyse et système sont-ils inconciliables?". *in Co-thérapies et Co-thérapeutes, Association des méthodes en psychothérapie, Annales de psychothérapie;* Paris, ESF, 1979, pp. 61-73.

———. "la Fonction des mythes dans l'equilibre des groupes. Quelques hypothèses". *Revue européenne des sciences sociales et Cahiers Vilfredo Pareto,* Genève, Droz éd., Tome XVII, 53, 1980a, pp. 97-120.

———. "le Patient et sa famille en médecine générale". *Revue médicale de la Suisse Romande,* 100, 1980b, pp. 615-625.

GOEDERT, J. & ROSOVSKY, O. *Une guérison impossible.* Paris, Payot, 1976.

GORI, R. & MIOLLAN, C. "Fragment d'une pratique de formation: à propos du transfert et du contre-transfert dans le groupes Balint". *Connexions,* 31, 1980, pp. 71-101.

GREEN, A. "l'Analyste, la symbolisation et l'absence dans le cadre analytique". *Nouvelle revue de psychanalyse,* X, automne, 1974.

GUÉRIN, G. "la Collaboration médecin-psychanalyste". *Cahiers de la Société médicale Balint,* 22, 1978, pp. 17-26.

GUÉRIN, G. & RAIMBAULT, G. "la Collaboration médecins-psychanalystes". *in Revue de médecine psychosomatique,* I, 21, 1979, pp. 61-70.

GUYOTAT, J. *Psychiatrie et formation psychologique du médecin.* Paris, Masson, 1967.

———. "Attitudes psychothérapeutiques spontanées du médecin". *Praxis,* 51, 1968, pp. 1804-1811.

———. *Psychothérapies médicales.* Paris, Masson, 2 vol., 1978.

———. *Mort/naissance et filiation.* Paris, Masson, 1980a.

———. "Délire mystique et mystique du soin". *Nouvelle revue de psychanalyse,* (résurgence et dérivés de la mystique), 22, 1980b, pp. 219-232.

ISRAËL, L. *le Médecin face au malade.* Bruxelles, Dessart, 1968.

JACQUES, E. "Systèmes sociaux en tant que défenses contre l'anxiété". *in Psychologie Sociale,* Paris, Dunod, tr. fr., reunido por A. Lévy, 1965, 1955.

JONES, E. *la Vie et l'oevre de S. Freud.* Paris, P.U.F., vol. III, 1955, 1957, 1969.

KAËS, R. *l'Appareil psychique groupal.* Paris, Dunod, 1976.

———. "Désir de toute-puissance, culpabilité et épreuves dans la formation". *in Désir de former et formation du savoir,* Paris, Dunod, 1 vol, en col., 1976.

———. "Introduction à l'analyse transitionnelle". *in Crise, rupture et dépassement,* Paris, Dunod, en coll., "Inconscient et culture", 1979, pp. 1-81.

———. *l'Idéologie, études psychanalytiques.* Paris, Dunod, 1980.

KAËS, R.; ANZIEU, D. & OUTROS. *Fantasme et formation.* Paris, Dunod, 1973.

KAËS, R.; MISSENARD, A. & OUTROS. *Crise, rupture et dépassement.* Paris, Dunod, 1979.

KELLNER, E. "Psychotherapy in psychosomatic disord, a survey of controlled studies". *Arch. Gen. Psychiat,* 32/8, 1975, pp. 1021-1028.

LACAN, J. *Écrits.* Paris, le Seuil, 1966.

———. "Psychanalyse et médecine". *Lettres de l'E.F.P.,* Intervention lors d'une table ronde au Collège, le 16 février 1966 à la Salpêtrière, I, 1967, pp.34-61.

LE GOES, G. "le Groupe Balint ou le choix de l'ambiguïté". *Cahiers de la Société médicale Balint,* 21, 1977, pp. 3-23.

LYTH, O. "Obituary: Wilfred Ruprecht Bion (1897-1979)". *International Journal of Psycho-Analysis,* 61, 1980, pp. 269-273.

MARTY, P.; M'UZAN, M. & DAVID, CH. *l'Investigation psychosomatique.* Paris, P.U.F., 1963.

MAZUD-KHAN, M. *le Soi caché.* Paris, Gallimard, 1976.

———. "Frustrer, reconnaître et faire défaut dans la situation psychanalytique". *Nouvelle revue de psychanalyse,* 17, 1978, pp. 115-139.

MISSENARD, A. "Aspects du narcissisme dans les groupes". *l'Évolution psychiatrique,* XLI, II, 1976, pp. 273-303.

———. "Formation de la personnalité professionnelle". *Connexions,* 17, 1976.

———. "Narcissisme et rupture". *in Crise, rupture et dépassement,* op. cit., 1980.

MISSENARD, A. & GELLY, R. "le Processus d'identification au cours des études médicales", *Psychologie médicale,* 2, I, 1969, pp. 45-62.

MORSE, S. J. "Structure and reconstruction: a critical comparaison of Michaël Balint and D. W. Winnicott". *International Journal of Psychoanalysis,* 53, 1972, pp. 487-500.

POÏVET, D. "les Leaders de groupes Balint". *Revue de médecine psychosomatique,* 21, 2, 1979, pp. 171-177.

———. "Temporalité dans le groupes Balint". *Revue de médecine psychosomatique,* 21, 4, 1979, 469-475.

RAIMBAULT, G. *Médecins d'enfants.* Paris, le Seuil, 1973.

REYNOLDS, A. M. "Formation Balint et enseignement de la médecine générale". *Cahiers de la Société médicale Balint,* 28, 1980, pp. 31-34.

REYNOLDS, A. M. & VELLUET, L. "Quelques difficultés rencontrées dans la pratique de l'enseignement de la médecine générale en petit groupe". U.E.R. Bobigny, 48 p. dact., 1980.

ROSOLATO, G. "Clerambault et délires passionnels". *Nouvelle revue de psychanalyse,* 21, 1980, pp. 199-225.

———. "la Psychanalyse transgressive". *Topique,* 26, 1981, pp. 55-83.

ROSOWSKY, O. "le Balint en France, Début d'un bilan". *Cahiers de la Société médicale Balint,* 22, 1978, pp. 3-16.

ROUY, J. L. "Un balintien parmi les autres". *Revue de médecine psychosomatique,* 22, 2, 1980, pp. 215-220.

———. "l'Expérience de Bobigny. Son originalité, une entreprise en perpétuel devenir". *Cahiers de la Société médicale Balint,* 28, 1980, pp. 16-20.

SAPIR, M. "Des psychosomaticiens. Pourquoi? Comment?" *Revue de médecine psychosomatique,* 6,4, 1964, pp. 343-361.

———. "la Médecine d'accompagnement". *Mdizin rundschau,* Zurich, 1967.

———. *la Formation psychologique du médecin.* Paris, Payot, vol. 1, 1972.

———. "Trouble fonctionnel ou troble de la relation". *Revue de médecine psychosomatique,* 21, 4, 1979, pp. 417-434.

———. *Soignant-soigné: le corps à corps.* Paris, Payot, 1980.

———. "le Corps dans la relation soignant-soigné". *Revue de médecine psychosomatique,* 10, 1981, pp. 23-35.

SAPIR, M. & CANET-PALAYSI "Voir et dire". *Bulletin de psychologie,* XXIX, 1975-1976, pp. 322.

SAPIR, M.; REVERCHON, F.; COHEN-LÉON, S.; PHILIBERT, R. & OUTROS. *la Relaxation: son approche psychanalytique.* Paris, Dunod, 2ª ed. rev., 1979.

SELVINI, M. & OUTROS. *Paradoxe et contre-paradoxe, un nouveau mode thérapeutique face aux familles à transaction schizophrénique.* Paris, E.S.F., 1978.

SOWERBY, P. "The doctor, his patient, and illness: a reappraisel". *Journal of the Royal College of General practitionners,* 27, 1977, pp. 583-589.

SZASZ, T. S. "The concept of Transference". *International Journal Psycho-Analysis,* 44, 1964, p. 432.

VALABREGA, J. P. *la Relation thérapeutique.* Paris, Flammarion, 1962.

———. *Phantasme, mythe, corps et sens.* Paris, Payot, 1980.

VELLUET, L. "A propos des tables rondes du 3e cycle à Bobigny". *Cahiers de la Société médicale Balint,* 28, 1980, pp. 27-30.

WEAKLAND, J. H. "Somatique familiale: une marge négligée". *Sur l'interaction,* Paris, le Seuil, *in* P. Walzlawick, J. H. Weakland, 1981.

WILLIAMSON, J. D. "Balint' contribution to general practique". *Journal of the Royal College of general Practionners,* 28, 1978, pp. 207-209.

Impresso nas oficinas da
EDITORA PARMA LTDA.
Telefone: (011) 912-7822
Av. Antonio Bardella, 280
Guarulhos - São Paulo - Brasil
Com filmes fornecidos pelo editor